P. VERGILI MARONIS

AENEIDOS I

P. VERGILI MARONIS
AENEIDOS
LIBER PRIMUS

EDITED WITH NOTES BY
THE LATE
ROBERT SEYMOUR CONWAY
Litt.D., F.B.A.

CAMBRIDGE
AT THE UNIVERSITY PRESS
MCMXXXV

CAMBRIDGE
UNIVERSITY PRESS

University Printing House, Cambridge CB2 8BS, United Kingdom

Published in the United States of America by Cambridge University Press, New York

Cambridge University Press is part of the University of Cambridge.

It furthers the University's mission by disseminating knowledge in the pursuit of education, learning and research at the highest international levels of excellence.

www.cambridge.org
Information on this title: www.cambridge.org/9781107662490

First published 1935
First paperback edition 2014

A catalogue record for this publication is available from the British Library

ISBN 978-1-107-66249-0 Paperback

CONTENTS

PREFACE

At the time of his death in September 1933 my father Professor Conway was engaged upon the preparation of a new edition of the *Aeneid*, a work planned originally as a further revision of the Conington-Nettleship edition of Vergil and one to which he had looked forward for many years. The brief but busy years of his retirement, however, allowed him only a small proportion of the time which he had hoped to devote to this undertaking. The work which he had completed, that is the commentary up to the end of Book I, is now published in this volume, and I regret that the limited amount of time which I have been able to give to the preparation of the notes for press, has necessitated the considerable delay in the appearance of the book.

The notes which Professor Conway left were complete except for the necessity of a careful though largely mechanical revision, and the preparation of indices. No alterations of subject-matter have been made except in occasional instances of minor importance, where apparent omissions or inaccuracies awaited final correction. Textual criticism and topographical and archaeological notes, which were to have been included in the book, are necessarily absent; so too is the longer Introduction to the whole *Aeneid*, in which subjects briefly touched upon in the notes would have been discussed at greater length. For the fuller treatment of many of these subjects the reader may be referred to Professor Conway's previous publications and papers on Vergilian subjects: especially to the chapters on Vergil in his *New Studies of a Great Inheritance* (John Murray 1921) and in his *Harvard Lectures on the Vergilian Age* (Harvard 1928); to his lectures on *The Philosophy of Vergil* (Bulletin of the John Rylands Library 1922), on *Vergil's Creative Art* (British Academy Proceedings 1931), on *Vergil as a Student of Homer*, and *Ancient Empires and the Modern World*, published in *The Martin Classical Lectures* (Harvard 1931); and to Chapters IV, V and VI of his *Ancient Italy and Modern Religion* (the Hibbert Lectures for 1932) (Cambridge 1933).

The text here printed is based on that of Sidgwick, with modifications of spelling and pronunciation to bring it into line with the principles envisaged in the notes. Professor Conway's decision between variant readings was always clear, except that in line 2 he was undecided between *Lauina* and *Lauinia*.

In the work of revision I have to acknowledge with very grateful thanks the valuable assistance afforded by my cousin Mr L. W. P. Lewis, M.A., formerly Senior Classical Master at Bradford Grammar School, who undertook a large proportion of the work and contributed many helpful suggestions. I am also greatly indebted to Mr A. J. Ellis, Superintendent of the Reading Room, the British Museum, for reading the proofs, and to Mr Ernest Harrison, M.A., and Mr F. H. Sandbach, M.A., of Trinity College, Cambridge, who were good enough to answer questions addressed to them on specific points. Lastly my thanks are due to Miss W. R. Walker, of St Albans, formerly Professor Conway's secretary, whose excellent secretarial work greatly facilitated the revision, and who was responsible for the preparation of the two larger Indices.

G. S. CONWAY

June 1935

NOTE ON ABBREVIATIONS USED IN THE NOTES

Ctn. means Conington, in the last edition revised by Henry Nettleship (1884).

H.N. marks notes of Henry Nettleship himself. The names of other commentators, Sabb(adini), Forb(iger), (Dr James) Henry will be easily recognised. Serv. means Servius including the Scholia added by Daniel. But Dan. means that in this place the Schol. Dan. alone is cited, because a different view, not worth quoting, is given in the part of the Servian note for which we do not depend on Dan. Roby means Roby's *Latin Grammar* (2 vols. 1882). Hale and Buck means their *Latin Grammar* (Boston 1903).

Of Professor Conway's own writings, *Gr. Inher.* means *New Studies of a Great Inheritance* (John Murray, ed. 2, 1932), *Mak. Lat.* means *The Making of Latin* (John Murray, ed. 2, 1929), *It. Dial.* means *The Italic Dialects* (Cambridge 1897), *Prae-It. Dial.* means *The Records of the Prae-Italic Dialects of Italy* (Oxford and Harvard 1933).

In references to other passages in Vergil *E.* stands for Eclogues, *G.* for Georgics. Roman figures II, III, IV and the like, used separately with no preceding title or sign, refer always to other Books of the *Aeneid*. Arabic figures, used alone, refer always to lines in Book I of the *Aeneid*. Where n. is added the reader should consult the note to that line.

INTRODUCTION TO BOOK I

The content and purpose of the First Book, considered as a complete unit, are thoroughly characteristic of Vergil.

The Book itself falls into four parts, which vary but little in length. After a brief preface (1–33) the first chapter (34–222) tells us of the storm, its source in the ill-will of Juno, and its consequence—the separation of part of the Trojans from the rest, and the shipwreck and safe landing of those with Aeneas. The second chapter (223–417) gives us the supernatural background of these events. Venus, the divine champion of the Trojans, elicits from Jove a promise of the greatness of the race which Aeneas is destined to found, and she is then allowed to comfort her son by taking the form of a Carthaginian huntress and assuring him of a welcome in the newly founded Carthage and of the safety of his lost companions. The third chapter (418–587) brings us to the climax of the story of the Book in a rapid succession of scenes, which depict the approach of Aeneas with his comrade Achates to the rising city, his visit to the great temple in the centre, and his watching the arrival of Dido and her royal activities, of which the last and chief part is her gracious reception of an appeal from Ilioneus and his comrades, who represent the lost half of the Trojan fleet. During all this, Aeneas and Achates are concealed from sight; but at the end of Dido's queenly answer to Ilioneus the presence of Aeneas is revealed both to her and to his comrades, and the crisis of the Book is reached. The last chapter (588–756) gives us the natural result of the meeting. The queen herself becomes the hostess of the shipwrecked hero, and, after a brief, but cordial, interchange of courtesies (carefully proportioned, both to one another and to the longer speech of Ilioneus) the Book ends with the reception of Aeneas in the palace. There are hints of ill omen, accompanied by the continual interference of Venus, hastening the course of events towards a romantic complication, whose tragical issue the reader begins to foresee.

The arrangement of the incidents is a masterpiece of narrative.

From the picturesque point of view, we note the continual alternation of light and shade. First the gloom and danger of the storm contrasted with the peace and clear vision of Olympus, and the sunny meeting of the hero and his mother, in beautiful human form, in the open woods. Then the climb of Aeneas to the citadel and his mournful envy of the Carthaginians, whose walls are already rising as he watches them from without; this is succeeded by the discovery of their love for things of beauty and their sympathetic interest in the sufferings of Troy. The pitiful, though dignified, appeal of Ilioneus is succeeded by Dido's generous response, and finally the whole suspense of the wanderers is resolved into their royal welcome at the palace.

The psychological development of the story is not less carefully planned than the pictures by which it is illumined. From despair and almost complete overthrow the hero is gradually raised to hopes, first of safety and then of new friendship. Just as the desolate night of the storm at sea at the beginning is sharply contrasted with the golden ceiling, the crimson hangings, and blaze of light, which mark the banquet at the end, so its mirth and civilised intercourse are contrasted with the loneliness and forebodings of Aeneas as he lands in strange and wild country. The reader will note also the imaginative art by which the first meeting of Aeneas and Dido is contrived. Both are lonely and in danger, but Dido's enterprise and magnanimous wisdom has triumphed, so far, over her dangers; and the courage of Aeneas, who at first gave way (94–101), revives, on his landing, sooner than that of his comrades (198–209). Before Aeneas sees Dido he has learnt something of her greatness from the fortress which she has designed, and from the zeal with which her citizens are working to build it; something of her humanity from the pictures in the temple; and something of her royal justice and pity from her treatment of his comrades. Before Dido sees Aeneas she has learnt of his calamity, of the sufferings of his comrades, and of their reverence for him, from his faithful follower, Ilioneus. The climax of all this preparation is the shock of surprise rendered more delightful by the art of Venus.

These beauties of the story even its youngest reader enjoys without any conscious analysis. The picturesque supernatural machinery conveys, in fact, to every thoughtful reader of Vergil's day and since, a subtle representation of human motive, especially in the gradual though in the end overpowering growth of passion. In this Book it springs from the noblest part of the character of each of the two royal lovers, and is absolutely natural in its whole course. One way of measuring the power of Vergil's imagination is to contrast the meeting of Dido and Aeneas in this book with that of Medea and Jason in the *Argonautica*. Medea falls in love with Jason at sight, before he has spoken a word to her, or to anyone in her presence; and her first speech to him is an intimation that she loves him and that he is expected to respond if he wishes to attain his quest.

This Book, therefore, is mainly devoted to the human interest of the story. Our sympathy is enlisted at the outset by the danger of Aeneas and the nobility of Dido; and a Roman reader was still more deeply bound by realising, as he was made to do, that on the fortunes of this exile hung the future of Rome, and that from the fate of the warm-hearted queen was to spring the greatest of all the dangers which the Empire had survived. The other strains of purpose which are woven into the tissue of the poem are also felt in this Book, though only the historical motive becomes explicit in the speech of Jove. The religious and philosophical motives appear implicitly—on the one hand, in the plaintive wonder of Aeneas under the weight of calamity, and in the sinister foreboding with which the reader has to view the glory of Dido; and on the other in what may be called the unitary effect of the *fata*, that is the will of Providence so far as declared by oracles, to which appeal is made in the course of the story. The local bearings of the epic are, of course, deferred until Italy is approached, except so far as a description of the site of Carthage possessed a special interest for the Roman reader.

There is little to say, in spite of continued speculation, about the sources, if any, from which Vergil drew the idea of the landing of Aeneas at Carthage. If fortune should ever restore to us some larger portion of the first Book of the *Bellum Punicum* of Naevius, we may find, what is often taken for granted, that he depicted Aeneas as having been shipwrecked at Carthage and entertained, in some fashion, by Queen Dido. What we shall certainly not find is any hint of a romance involving Aeneas and

Dido.[1] Had any such parallel existed, it would quite certainly have been recorded by long extracts in the Book which Macrobius devotes to the *furta* of Vergil. Such a story would have been even more directly pertinent to the First Punic War than to the foundation of Rome; and if Naevius had so imagined his plot, it is inconceivable that no record of it should have been made by Varro or Cicero or the eager students of the second and fourth centuries A.D.

[1] The only suggestion of a love-story is a statement quoted from Varro, who, of course, was familiar with old Latin poetry, that Anna died of love for Aeneas, and this seems to be reflected by Ovid's story of Anna Perenna.

P. VERGILI MARONIS

AENEIDOS

LIBER PRIMUS

[*Ille ego, qui quondam gracili modulatus auena* 1a
carmen, et egressus siluis uicina coegi 1b
ut quamuis auido parerent arua colono, 1c
gratum opus agricolis at nunc horrentia Martis] 1d

Arma uirumque cano, Troiae qui primus ab oris 1e
Italiam fato profugus Lauinaque uenit
litora, multum ille et terris iactatus et alto
ui superum, saeuae memorem Iunonis ob iram,
multa quoque et bello passus, dum conderet urbem
inferretque deos Latio, genus unde Latinum
Albanique patres atque altae moenia Romae.
Musa, mihi causas memora, quo numine laeso
quidue dolens regina deum tot uoluere casus
insignem pietate uirum, tot adire labores
impulerit. tantaene animis caelestibus irae?
Urbs antiqua fuit, Tyrii tenuere coloni,
Carthago, Italiam contra Tiberinaque longe
ostia, diues opum studiisque asperrima belli;
quam Iuno fertur terris magis omnibus unam
posthabita coluisse Samo: hic illius arma,
hic currus fuit; hoc regnum dea gentibus esse,
si qua fata sinant, iam tum tenditque fouetque.
progeniem sed enim Troiano a sanguine duci
audierat, Tyrias olim quae uerteret arces;
hinc populum late regem belloque superbum
uenturum excidio Libyae: sic uoluere Parcas.
id metuens ueterisque memor Saturnia belli,
prima quod ad Troiam pro caris gesserat Argis,
necdum etiam causae irarum saeuique dolores
exciderant animo; manet alta mente repostum

iudicium Paridis spretaeque iniuria formae,
et genus inuisum, et rapti Ganymedis honores;
his accensa super iactatos aequore toto
Troas, relliquias Danaum atque immitis Achilli,
arcebat longe Latio, multosque per annos
errabant acti fatis maria omnia circum.
tantae molis erat Romanam condere gentem.
Vix e conspectu Siculae telluris in altum
uela dabant laeti et spumas salis aere ruebant,
cum Iuno aeternum seruans sub pectore uolnus
haec secum: 'mene incepto desistere uictam
nec posse Italia Teucrorum auertere regem?
quippe uetor fatis. Pallasne exurere classem
Argiuum atque ipsos potuit submergere ponto
unius ob noxam et furias Aiacis Oilei?
ipsa Iouis rapidum iaculata e nubibus ignem
disiecitque rates euertitque aequora uentis,
illum exspirantem transfixo pectore flammas
turbine corripuit scopuloque infixit acuto;
ast ego, quae diuum incedo regina Iouisque
et soror et coniunx, una cum gente tot annos
bella gero. et quisquam numen Iunonis adorat
praeterea aut supplex aris imponet honorem?'
Talia flammato secum dea corde uolutans
nimborum in patriam, loca feta furentibus austris,
Aeoliam uenit. hic uasto rex Aeolus antro
luctantis uentos tempestatesque sonoras
imperio premit ac uinclis et carcere frenat.
illi indignantes magno cum murmure montis
circum claustra fremunt; celsa sedet Aeolus arce
sceptra tenens mollitque animos et temperat iras.
ni faciat, maria ac terras caelumque profundum
quippe ferant rapidi secum uerrantque per auras:
sed pater omnipotens speluncis abdidit atris
hoc metuens molemque et montis insuper altos
imposuit regemque dedit qui foedere certo
et premere et laxas sciret dare iussus habenas.
ad quem tum Iuno supplex his uocibus usa est:
'Aeole, namque tibi diuum pater atque hominum rex

et mulcere dedit fluctus et tollere uento,
gens inimica mihi Tyrrhenum nauigat aequor,
Ilium in Italiam portans uictosque penatis:
incute uim uentis submersasque obrue puppis,
aut age diuersos et disice corpora ponto.
sunt mihi bis septem praestanti corpore Nymphae,
quarum quae forma pulcherrima Deiopea
conubio iungam stabili propriamque dicabo,
omnis ut tecum meritis pro talibus annos
exigat et pulchra faciat te prole parentem.'
  Aeolus haec contra: 'tuus, o regina, quid optes,
explorare labor: mihi iussa capessere fas est.
tu mihi quodcumque hoc regni, tu sceptra Iouemque
concilias, tu das epulis accumbere diuom
nimborumque facis tempestatumque potentem.'
  Haec ubi dicta, cauum conuersa cuspide montem
impulit in latus: ac uenti uelut agmine facto,
qua data porta, ruunt et terras turbine perflant.
incubuere mari totumque a sedibus imis
una Eurusque Notusque ruunt creberque procellis
Africus et uastos uoluunt ad litora fluctus.
insequitur clamorque uirum stridorque rudentum.
eripiunt subito nubes caelumque diemque
Teucrorum ex oculis; ponto nox incubat atra.
intonuere poli et crebris micat ignibus aether,
praesentemque uiris intentant omnia mortem.
extemplo Aeneae soluuntur frigore membra;
ingemit et duplicis tendens ad sidera palmas
talia uoce refert: 'o terque quaterque beati,
quis ante ora patrum Troiae sub moenibus altis
contigit oppetere! o Danaum fortissime gentis
Tydide, mene Iliacis occumbere campis
non potuisse tuaque animam hanc effundere dextra,
saeuus ubi Aeacidae telo iacet Hector, ubi ingens
Sarpedon, ubi tot Simois correpta sub undis
scuta uirum galeasque et fortia corpora uoluit!'
  Talia iactanti stridens Aquilone procella
uelum aduersa ferit fluctusque ad sidera tollit.
franguntur remi; tum prora auertit et undis

dat latus; insequitur cumulo praeruptus aquae mons.
hi summo in fluctu pendent, his unda dehiscens
terram inter fluctus aperit; furit aestus harenis.
tris Notus abreptas in saxa latentia torquet,
saxa, uocant Itali mediis quae in fluctibus Aras,
dorsum immane mari summo; tris Eurus ab alto
in breuia et syrtis urguet (miserabile uisu)
inliditque uadis atque aggere cingit harenae.
unam, quae Lycios fidumque uehebat Oronten,
ipsius ante oculos ingens a uertice pontus
in puppim ferit: excutitur pronusque magister
uoluitur in caput; ast illam ter fluctus ibidem
torquet agens circum et rapidus uorat aequore uortex.
apparent rari nantes in gurgite uasto,
arma uirum tabulaeque et Troïa gaza per undas.
iam ualidam Ilionei nauem, iam fortis Achati,
et qua uectus Abas, et qua grandaeuus Aletes,
uicit hiems; laxis laterum compagibus omnes
accipiunt inimicum imbrem rimisque fatiscunt.
   Interea magno misceri murmure pontum
emissamque hiemem sensit Neptunus et imis
stagna refusa uadis, grauiter commotus; et alto
prospiciens summa placidum caput extulit unda.
disiectam Aeneae toto uidet aequore classem,
fluctibus oppressos Troas caelique ruina.
nec latuere doli fratrem Iunonis et irae.
Eurum ad se Zephyrumque uocat, dehinc talia fatur:
   'Tantane uos generis tenuit fiducia uestri?
iam caelum terramque meo sine numine, uenti,
miscere et tantas audetis tollere moles?
quos ego—sed motos praestat componere fluctus.
post mihi non simili poena commissa luetis.
maturate fugam regique haec dicite uestro:
non illi imperium pelagi saeuumque tridentem,
sed mihi sorte datum. tenet ille immania saxa,
uestras, Eure, domos; illa se iactet in aula
Aeolus et clauso uentorum carcere regnet.'
   Sic ait et dicto citius tumida aequora placat
collectasque fugat nubes solemque reducit.

Cymothoe simul et Triton adnixus acuto
detrudunt nauis scopulo; leuat ipse tridenti
et uastas aperit syrtis et temperat aequor
atque rotis summas leuibus perlabitur undas.
ac ueluti magno in populo cum saepe coorta est
seditio saeuitque animis ignobile uolgus,
iamque faces et saxa uolant, furor arma ministrat:
tum pietate grauem ac meritis si forte uirum quem
conspexere, silent arrectisque auribus adstant;
ille regit dictis animos et pectora mulcet:
sic cunctus pelagi cecidit fragor, aequora postquam
prospiciens genitor caeloque inuectus aperto
flectit equos curruque uolans dat lora secundo.

Defessi Aeneadae, quae proxima litora, cursu
contendunt petere et Libyae uertuntur ad oras.
est in secessu longo locus: insula portum
efficit obiectu laterum, quibus omnis ab alto
frangitur inque sinus scindit sese unda reductos.
hinc atque hinc uastae rupes geminique minantur
in caelum scopuli, quorum sub uertice late
aequora tuta silent: tum siluis scaena coruscis
desuper horrentique atrum nemus imminet umbra;
fronte sub aduersa scopulis pendentibus antrum,
intus aquae dulces uiuoque sedilia saxo,
Nympharum domus. hic fessas non uincula nauis
ulla tenent, unco non alligat ancora morsu.
huc septem Aeneas collectis nauibus omni
ex numero subit; ac magno telluris amore
egressi optata potiuntur Troes harena
et sale tabentis artus in litore ponunt.
ac primum silici scintillam excudit Achates
succepitque ignem foliis atque arida circum
nutrimenta dedit rapuitque in fomite flammam.
tum Cererem corruptam undis Cerealiaque arma
expediunt fessi rerum, frugesque receptas
et torrere parant flammis et frangere saxo.

Aeneas scopulum interea conscendit et omnem
prospectum late pelago petit, Anthea si quem
iactatum uento uideat Phrygiasque biremis,

aut Capyn, aut celsis in puppibus arma Caici.
nauem in conspectu nullam, tris litore ceruos
prospicit errantis; hos tota armenta sequuntur
a tergo et longum per ualles pascitur agmen.
constitit hic arcumque manu celerisque sagittas
corripuit, fidus quae tela gerebat Achates,
ductoresque ipsos primum, capita alta ferentis
cornibus arboreis, sternit; tum uolgus et omnem
miscet agens telis nemora inter frondea turbam;
nec prius absistit quam septem ingentia uictor
corpora fundat humo et numerum cum nauibus aequet.
hinc portum petit et socios partitur in omnis.
uina bonus quae deinde cadis onerarat Acestes
litore Trinacrio dederatque abeuntibus heros,
diuidit, et dictis maerentia pectora mulcet;
'o socii, neque enim ignari sumus ante malorum,
o passi grauiora, dabit deus his quoque finem.
uos et Scyllaeam rabiem penitusque sonantis
accestis scopulos, uos et Cyclopia saxa
experti: reuocate animos maestumque timorem
mittite; forsan et haec olim meminisse iuuabit.
per uarios casus, per tot discrimina rerum
tendimus in Latium, sedes ubi fata quietas
ostendunt; illic fas regna resurgere Troiae.
durate, et uosmet rebus seruate secundis.'
  Talia uoce refert curisque ingentibus aeger
spem uoltu simulat, premit altum corde dolorem.
illi se praedae accingunt dapibusque futuris:
tergora diripiunt costis et uiscera nudant,
pars in frusta secant ueribusque trementia figunt,
litore aëna locant alii flammasque ministrant.
tum uictu reuocant uires fusique per herbam
implentur ueteris Bacchi pinguisque ferinae.
postquam exempta fames epulis mensaeque remotae,
amissos longo socios sermone requirunt
spemque metumque inter dubii, seu uiuere credant
siue extrema pati nec iam exaudire uocatos.
praecipue pius Aeneas nunc acris Oronti,
nunc Amyci casum gemit et crudelia secum

fata Lyci fortemque Gyan fortemque Cloanthum.
  Et iam finis erat, cum Iuppiter aethere summo
despiciens mare ueliuolum terrasque iacentis
litoraque et latos populos, sic uertice caeli
constitit et Libyae defixit lumina regnis.
atque illum talis iactantem pectore curas
tristior et lacrimis oculos suffusa nitentis
adloquitur Venus: 'o qui res hominumque deumque
aeternis regis imperiis et fulmine terres,
quid meus Aeneas in te committere tantum,
quid Troes potuere, quibus tot funera passis
cunctus ob Italiam terrarum clauditur orbis?
certe hinc Romanos olim uoluentibus annis,
hinc fore ductores reuocato a sanguine Teucri,
qui mare, qui terras omni dicione tenerent,
pollicitus: quae te, genitor, sententia uertit?
hoc equidem occasum Troiae tristisque ruinas
solabar fatis contraria fata rependens;
nunc eadem fortuna uiros tot casibus actos
insequitur. quem das finem, rex magne, laborum?
Antenor potuit mediis elapsus Achiuis
Illyricos penetrare sinus atque intima tutus
regna Liburnorum et fontem superare Timaui,
unde per ora nouem uasto cum murmure montis
it mare proruptum et pelago premit arua sonanti.
hic tamen ille urbem Pataui sedesque locauit
Teucrorum, et genti nomen dedit armaque fixit
Troïa, nunc placida compostus pace quiescit:
nos, tua progenies, caeli quibus adnuis arcem,
nauibus infandum amissis, unius ob iram
prodimur atque Italis longe disiungimur oris.
hic pietatis honos? sic nos in sceptra reponis?'
  Olli subridens hominum sator atque deorum
uoltu, quo caelum tempestatesque serenat,
oscula libauit natae, dehinc talia fatur:
'parce metu, Cytherea: manent immota tuorum
fata tibi; cernes urbem et promissa Lauini
moenia sublimemque feres ad sidera caeli
magnanimum Aenean; neque me sententia uertit.

hic tibi (fabor enim, quando haec te cura remordet,
longius et uoluens fatorum arcana mouebo)
bellum ingens geret Italia populosque ferocis
contundet moresque uiris et moenia ponet,
tertia dum Latio regnantem uiderit aestas
ternaque transierint Rutulis hiberna subactis.
at puer Ascanius, cui nunc cognomen Iulo
additur (Ilus erat, dum res stetit Ilia regno),
triginta magnos uoluendis mensibus orbis
imperio explebit, regnumque ab sede Lauini
transferet et Longam multa ui muniet Albam.
hic iam ter centum totos regnabitur annos
gente sub Hectorea, donec regina sacerdos
Marte grauis geminam partu dabit Ilia prolem.
inde lupae fuluo nutricis tegmine laetus
Romulus excipiet gentem et Mauortia condet
moenia Romanosque suo de nomine dicet.
his ego nec metas rerum nec tempora pono,
imperium sine fine dedi. quin aspera Iuno,
quae mare nunc terrasque metu caelumque fatigat,
consilia in melius referet, mecumque fouebit
Romanos rerum dominos gentemque togatam.
sic placitum. ueniet lustris labentibus aetas,
cum domus Assaraci Phthiam clarasque Mycenas
seruitio premet ac uictis dominabitur Argis.
nascetur pulchra Troianus origine Caesar,
imperium Oceano, famam qui terminet astris,
Iulius, a magno demissum nomen Iulo.
hunc tu olim caelo spoliis Orientis onustum
accipies secura; uocabitur hic quoque uotis.
aspera tum positis mitescent saecula bellis;
cana Fides et Vesta, Remo cum fratre Quirinus
iura dabunt; dirae ferro et compagibus artis
claudentur belli portae; Furor impius intus
saeua sedens super arma et centum uinctus aënis
post tergum nodis fremet horridus ore cruento.'
  Haec ait et Maia genitum demittit ab alto,
ut terrae utque nouae pateant Carthaginis arces
hospitio Teucris, ne fati nescia Dido

finibus arceret. uolat ille per aëra magnum
remigio alarum ac Libyae citus adstitit oris.
et iam iussa facit, ponuntque ferocia Poeni
corda uolente deo; in primis regina quietum
accipit in Teucros animum mentemque benignam.
  At pius Aeneas per noctem plurima uoluens,
ut primum lux alma data est, exire locosque
explorare nouos, quas uento accesserit oras,
qui teneant, nam inculta uidet, hominesne feraene,
quaerere constituit sociisque exacta referre.
classem in conuexo nemorum sub rupe cauata
arboribus clausam circum atque horrentibus umbris
occulit; ipse uno graditur comitatus Achate,
bina manu lato crispans hastilia ferro.
cui mater media sese tulit obuia silua
uirginis os habitumque gerens et uirginis arma
Spartanae, uel qualis equos Threissa fatigat
Harpalyce uolucremque fuga praeuertitur Hebrum.
namque umeris de more habilem suspenderat arcum
uenatrix dederatque comam diffundere uentis,
nuda genu nodoque sinus collecta fluentis.
ac prior 'heus' inquit 'iuuenes, monstrate, mearum
uidistis si quam hic errantem forte sororum,
succinctam pharetra et maculosae tegmine lyncis,
aut spumantis apri cursum clamore prementem'.
  Sic Venus; et Veneris contra sic filius orsus:
'nulla tuarum audita mihi neque uisa sororum,
o—quam te memorem, uirgo? namque haud tibi uoltus
mortalis, nec uox hominem sonat; o dea certe,
an Phoebi soror an Nympharum sanguinis una?
sis felix nostrumque leues, quaecumque, laborem,
et quo sub caelo tandem, quibus orbis in oris
iactemur, doceas; ignari hominumque locorumque
erramus, uento huc et uastis fluctibus acti:
multa tibi ante aras nostra cadet hostia dextra.'
  Tum Venus: 'haud equidem tali me dignor honore;
uirginibus Tyriis mos est gestare pharetram
purpureoque alte suras uincire cothurno.
Punica regna uides, Tyrios et Agenoris urbem;

sed fines Libyci, genus intractabile bello.
imperium Dido Tyria regit urbe profecta,
germanum fugiens. longa est iniuria, longae
ambages; sed summa sequar fastigia rerum.
huic coniunx Sychaeus erat, ditissimus agri
Phoenicum, et magno miserae dilectus amore,
cui pater intactam dederat primisque iugarat
ominibus. sed regna Tyri germanus habebat
Pygmalion, scelere ante alios immanior omnis.
quos inter medius uenit furor. ille Sychaeum
impius ante aras atque auri caecus amore
clam ferro incautum superat, securus amorum
germanae; factumque diu celavit et aegram
multa malus simulans uana spe lusit amantem.
ipsa sed in somnis inhumati uenit imago
coniugis; ora modis attollens pallida miris
crudelis aras traiectaque pectora ferro
nudauit caecumque domus scelus omne retexit.
tum celerare fugam patriaque excedere suadet
auxiliumque uiae ueteres tellure recludit
thesauros, ignotum argenti pondus et auri.
his commota fugam Dido sociosque parabat.
conueniunt, quibus aut odium crudele tyranni
aut metus acer erat; naues quae forte paratae,
corripiunt onerantque auro. portantur auari
Pygmalionis opes pelago; dux femina facti.
deuenere locos, ubi nunc ingentia cernis
moenia surgentemque nouae Carthaginis arcem,
mercatique solum, facti de nomine Byrsam,
taurino quantum possent circumdare tergo.
sed uos qui tandem quibus aut uenistis ab oris,
quoue tenetis iter?' quaerenti talibus ille
suspirans imoque trahens a pectore uocem:
  'O dea, si prima repetens ab origine pergam,
et uacet annalis nostrorum audire laborum,
ante diem clauso componat Vesper Olympo.
nos Troia antiqua, si uestras forte per auris
Troiae nomen iit, diuersa per aequora uectos
forte sua Libycis tempestas adpulit oris.

sum pius Aeneas, raptos qui ex hoste penatis
classe ueho mecum, fama super aethera notus.
Italiam quaero patriam et genus ab Ioue magno.
bis denis Phrygium conscendi nauibus aequor,
matre dea monstrante uiam, data fata secutus;
uix septem conuolsae undis Euroque supersunt.
ipse ignotus, egens, Libyae deserta peragro,
Europa atque Asia pulsus.' nec plura querentem
passa Venus medio sic interfata dolore est:
'Quisquis es, haud, credo, inuisus caelestibus auras
uitalis carpis, Tyriam qui adueneris urbem.
perge modo atque hinc te reginae ad limina perfer.
namque tibi reduces socios classemque relatam
nuntio et in tutum uersis Aquilonibus actam,
ni frustra augurium uani docuere parentes.
aspice bis senos laetantis agmine cycnos,
aetheria quos lapsa plaga Iouis ales aperto
turbabat caelo; nunc terras ordine longo
aut capere aut captas iam despectare uidentur:
ut reduces illi ludunt stridentibus alis
et coetu cinxere polum cantusque dedere,
haud aliter puppesque tuae pubesque tuorum
aut portum tenet aut pleno subit ostia uelo.
perge modo et, qua te ducit uia, derige gressum.'
Dixit et auertens rosea ceruice refulsit,
ambrosiaeque comae diuinum uertice odorem
spirauere; pedes uestis defluxit ad imos;
et uera incessu patuit dea. ille ubi matrem
adgnouit, tali fugientem est uoce secutus:
'quid natum totiens, crudelis tu quoque, falsis
ludis imaginibus? cur dextrae iungere dextram
non datur, ac ueras audire et reddere uoces?'
talibus incusat gressumque ad moenia tendit.
at Venus obscuro gradientis aëre saepsit
et multo nebulae circum dea fudit amictu,
cernere ne quis eos neu quis contingere posset
moliriue moram aut ueniendi poscere causas.
ipsa Paphum sublimis abit sedesque reuisit
laeta suas, ubi templum illi, centumque Sabaeo

thure calent arae sertisque recentibus halant.
  Corripuere uiam interea, qua semita monstrat:
iamque ascendebant collem, qui plurimus urbi
imminet aduersasque adspectat desuper arces.
miratur molem Aeneas, magalia quondam,
miratur portas strepitumque et strata uiarum.
instant ardentes Tyrii; pars ducere muros
molirique arcem et manibus subuoluere saxa,
pars optare locum tecto et concludere sulco.
iura magistratusque legunt sanctumque senatum.
hic portus alii effodiunt; hinc lata theatris
fundamenta petunt alii, immanisque columnas
rupibus excidunt, scaenis decora alta futuris:
qualis apes aestate noua per florea rura
exercet sub sole labor, cum gentis adultos
educunt fetus, aut cum liquentia mella
stipant et dulci distendunt nectare cellas,
aut onera accipiunt uenientum, aut agmine facto
ignauum fucos pecus a praesepibus arcent;
feruit opus, redolentque thymo fragrantia mella.
'o fortunati, quorum iam moenia surgunt!'
Aeneas ait et fastigia suspicit urbis.
infert se saeptus nebula (mirabile dictu)
per medios miscetque uiris, neque cernitur ulli.
  Lucus in urbe fuit media, laetissimus umbrae,
quo primum iactati undis et turbine Poeni
effodere loco signum, quod regia Iuno
monstrarat, caput acris equi: sic nam fore bello
egregiam et facilem uictu per saecula gentem.
hic templum Iunoni ingens Sidonia Dido
condebat, donis opulentum et numine diuae,
aerea cui gradibus surgebant limina nixaeque
aere trabes, foribus cardo stridebat aenis.
hoc primum in luco noua res oblata timorem
leniit; hic primum Aeneas sperare salutem
ausus et adflictis melius confidere rebus.
namque sub ingenti lustrat dum singula templo
reginam opperiens, dum quae fortuna sit urbi
artificumque manus inter se operumque laborem

miratur, uidet Iliacas ex ordine pugnas
bellaque iam fama totum uolgata per orbem,
Atridas Priamumque et saeuum ambobus Achillem.
constitit et lacrimans 'quis iam locus' inquit 'Achate,
quae regio in terris nostri non plena laboris?
en Priamus! sunt hic etiam sua praemia laudi,
sunt lacrimae rerum, et mentem mortalia tangunt.
solue metus; feret haec aliquam tibi fama salutem'.
sic ait atque animum pictura pascit inani
multa gemens, largoque umectat flumine uoltum.
namque uidebat uti bellantes Pergama circum
hac fugerent Graii, premeret Troiana iuuentus;
hac Phryges, instaret curru cristatus Achilles.
nec procul hinc Rhesi niueis tentoria uelis
adgnoscit lacrimans, primo quae prodita somno
Tydides multa uastabat caede cruentus,
ardentisque auertit equos in castra prius quam
pabula gustassent Troiae Xanthumque bibissent.
parte alia fugiens amissis Troilus armis,
infelix puer atque impar congressus Achilli,
fertur equis curruque haeret resupinus inani,
lora tenens tamen; huic ceruixque comaeque trahuntur
per terram, et uersa puluis inscribitur hasta.
interea ad templum non aequae Palladis ibant
crinibus Iliades passis peplumque ferebant
suppliciter tristes et tunsae pectora palmis:
diua solo fixos oculos auersa tenebat.
ter circum Iliacos raptauerat Hectora muros
exanimumque auro corpus uendebat Achilles.
tum uero ingentem gemitum dat pectore ab imo,
ut spolia, ut currus, utque ipsum corpus amici
tendentemque manus Priamum conspexit inermis.
se quoque principibus permixtum adgnouit Achiuis,
Eoasque acies et nigri Memnonis arma.
ducit Amazonidum lunatis agmina peltis
Penthesilea furens mediisque in millibus ardet,
aurea subnectens exsertae cingula mammae
bellatrix, audetque uiris concurrere uirgo.
   Haec dum Dardanio Aeneae miranda uidentur,

dum stupet obtutuque haeret defixus in uno,
regina ad templum, forma pulcherrima Dido,
incessit magna iuuenum stipante caterua.
qualis in Eurotae ripis aut per iuga Cynthi
exercet Diana choros, quam mille secutae
hinc atque hinc glomerantur Oreades; illa pharetram
fert umero gradiensque deas supereminet omnis;
Latonae tacitum pertemptant gaudia pectus:
talis erat Dido, talem se laeta ferebat
per medios instans operi regnisque futuris.
tum foribus diuae, media testudine templi,
saepta armis solioque alte subnixa resedit.
iura dabat legesque uiris operumque laborem
partibus aequabat iustis aut sorte trahebat;
cum subito Aeneas concursu accedere magno
Anthea Sergestumque uidet fortemque Cloanthum
Teucrorumque alios, ater quos aequore turbo
dispulerat penitusque alias auexerat oras.
obstipuit simul ipse, simul percussus Achates
laetitiaque metuque: auidi coniungere dextras
ardebant, sed res animos incognita turbat.
dissimulant et nube caua speculantur amicti,
quae fortuna uiris, classem quo litore linquant,
quid ueniant: cunctis nam lecti nauibus ibant
orantes ueniam et templum clamore petebant.
   Postquam introgressi et coram data copia fandi,
maximus Ilioneus placido sic pectore coepit:
'o regina, nouam cui condere Iuppiter urbem
iustitiaque dedit gentis frenare superbas,
Troes te miseri, uentis maria omnia uecti,
oramus: prohibe infandos a nauibus ignes,
parce pio generi et propius res aspice nostras.
non nos aut ferro Libycos populare penatis
uenimus aut raptas ad litora uertere praedas;
non ea uis animo nec tanta superbia uictis.
est locus, Hesperiam Grai cognomine dicunt,
terra antiqua, potens armis atque ubere glaebae;
Oenotri coluere uiri; nunc fama minores
Italiam dixisse ducis de nomine gentem;

hic cursus fuit,
cum subito adsurgens fluctu nimbosus Orion
in uada caeca tulit penitusque procacibus austris
perque undas superante salo perque inuia saxa
dispulit: huc pauci uestris adnauimus oris.
quod genus hoc hominum? quaeue hunc tam barbara morem
permittit patria? hospitio prohibemur harenae;
bella cient primaque uetant consistere terra.
si genus humanum et mortalia temnitis arma,
at sperate deos memores fandi atque nefandi.
rex erat Aeneas nobis, quo iustior alter
nec pietate fuit nec bello maior et armis:
quem si fata uirum seruant, si uescitur aura
aetheria neque adhuc crudelibus occubat umbris,
non metus: officio nec te certasse priorem
paeniteat: sunt et Siculis regionibus urbes
armaque Troianoque a sanguine clarus Acestes.
quassatam uentis liceat subducere classem
et siluis aptare trabes et stringere remos,
si datur Italiam sociis et rege recepto
tendere, ut Italiam laeti Latiumque petamus;
sin absumpta salus, et te, pater optime Teucrum,
pontus habet Libyae nec spes iam restat Iuli,
at freta Sicaniae saltem sedesque paratas,
unde huc aduecti, regemque petamus Acesten.'
talibus Ilioneus; cuncti simul ore fremebant
Dardanidae.
  Tum breuiter Dido uoltum demissa profatur:
'soluite corde metum, Teucri, secludite curas.
res dura et regni nouitas me talia cogunt
moliri et late finis custode tueri.
quis genus Aeneadum, quis Troiae nesciat urbem
uirtutesque uirosque aut tanti incendia belli?
non obtunsa adeo gestamus pectora Poeni,
nec tam auersus equos Tyria Sol iungit ab urbe.
seu uos Hesperiam magnam Saturniaque arua
siue Erycis fines regemque optatis Acesten,
auxilio tutos dimittam opibusque iuuabo.

uoltis et his mecum pariter considere regnis?
urbem quam statuo, uestra est; subducite nauis;
Tros Tyriusque mihi nullo discrimine agetur.
atque utinam rex ipse noto compulsus eodem
adforet Aeneas! equidem per litora certos
dimittam et Libyae lustrare extrema iubebo,
si quibus eiectus siluis aut urbibus errat.'
His animum arrecti dictis et fortis Achates
et pater Aeneas iamdudum erumpere nubem
ardebant. prior Aenean compellat Achates:
'Nate dea, quae nunc animo sententia surgit?
omnia tuta uides, classem sociosque receptos.
unus abest, medio in fluctu quem uidimus ipsi
submersum; dictis respondent cetera matris.'
uix ea fatus erat, cum circumfusa repente
scindit se nubes et in aethera purgat apertum.
restitit Aeneas claraque in luce refulsit
os umerosque deo similis; namque ipsa decoram
caesariem nato genetrix lumenque iuuentae
purpureum et laetos oculis adflarat honores:
quale manus addunt ebori decus, aut ubi flauo
argentum Pariusue lapis circumdatur auro.
tum sic reginam adloquitur cunctisque repente
inprouisus ait: 'coram, quem quaeritis, adsum
Troïus Aeneas, Libycis ereptus ab undis.
o sola infandos Troiae miserata labores,
quae nos, relliquias Danaum, terraeque marisque
omnibus exhaustis iam casibus, omnium egenos
urbe domo socias, gratis persoluere dignas
non opis est nostrae, Dido, nec quidquid ubique est
gentis Dardaniae, magnum quae sparsa per orbem.
di tibi, si qua pios respectant numina, si quid
usquam iustitia est et mens sibi conscia recti,
praemia digna ferant. quae te tam laeta tulerunt
saecula? qui tanti talem genuere parentes?
in freta dum fluuii current, dum montibus umbrae
lustrabunt conuexa, polus dum sidera pascet,
semper honos nomenque tuum laudesque manebunt,
quae me cumque uocant terrae.' sic fatus amicum

Ilionea petit dextra laeuaque Serestum,
post alios, fortemque Gyan fortemque Cloanthum.
  Obstipuit primo adspectu Sidonia Dido,
casu deinde uiri tanto, et sic ore locuta est:
'quis te, nate dea, per tanta pericula casus
insequitur? quae uis immanibus applicat oris?
tune ille Aeneas, quem Dardanio Anchisae
alma Venus Phrygii genuit Simoentis ad undam?
atque equidem Teucrum memini Sidona uenire
finibus expulsum patriis, noua regna petentem
auxilio Beli; genitor tum Belus opimam
uastabat Cyprum et uictor ditione tenebat.
tempore iam ex illo casus mihi cognitus urbis
Troianae nomenque tuum regesque Pelasgi.
ipse hostis Teucros insigni laude ferebat,
seque ortum antiqua Teucrorum a stirpe uolebat.
quare agite o tectis, iuuenes, succedite nostris.
me quoque per multos similis fortuna labores
iactatam hac demum uoluit consistere terra:
non ignara mali miseris succurrere disco.'
sic memorat; simul Aenean in regia ducit
tecta, simul diuum templis indicit honorem.
nec minus interea sociis ad litora mittit
uiginti tauros, magnorum horrentia centum
terga suum, pinguis centum cum matribus agnos,
munera laetitiamque dei.
at domus interior regali splendida luxu
instruitur, mediisque parant conuiuia tectis:
arte laboratae uestes ostroque superbo,
ingens argentum mensis caelataque in auro
fortia facta patrum, series longissima rerum
per tot ducta uiros antiquae ab origine gentis.
  Aeneas (neque enim patrius consistere mentem
passus amor) rapidum ad nauis praemittit Achaten,
Ascanio ferat haec, ipsumque ad moenia ducat;
omnis in Ascanio cari stat cura parentis.
munera praeterea Iliacis erepta ruinis
ferre iubet, pallam signis auroque rigentem
et circumtextum croceo uelamen acantho,

ornatus Argiuae Helenae, quos illa Mycenis,
Pergama cum peteret inconcessosque hymenaeos,
extulerat, matris Ledae mirabile donum;
praeterea sceptrum, Ilione quod gesserat olim,
maxima natarum Priami, colloque monile
bacatum et duplicem gemmis auroque coronam.
haec celerans iter ad nauis tendebat Achates.
At Cytherea nouas artis, noua pectore uersat
consilia, ut faciem mutatus et ora Cupido
pro dulci Ascanio ueniat donisque furentem
incendat reginam atque ossibus implicet ignem.
quippe domum timet ambiguam Tyriosque bilingues;
urit atrox Iuno, et sub noctem cura recursat.
ergo his aligerum dictis affatur Amorem:
'nate, meae uires, mea magna potentia, solus,
nate, patris summi qui tela Typhoea temnis,
ad te confugio et supplex tua numina posco.
frater ut Aeneas pelago tuus omnia circum
litora iactetur odiis Iunonis acerbae,
nota tibi, et nostro doluisti saepe dolore.
nunc Phoenissa tenet Dido blandisque moratur
uocibus; et uereor, quo se Iunonia uertant
hospitia; haud tanto cessabit cardine rerum.
quocirca capere ante dolis et cingere flamma
reginam meditor, ne quo se numine mutet,
sed magno Aeneae mecum teneatur amore.
qua facere id possis, nostram nunc accipe mentem.
regius accitu cari genitoris ad urbem
Sidoniam puer ire parat, mea maxima cura,
dona ferens pelago et flammis restantia Troiae;
hunc ego sopitum somno super alta Cythera
aut super Idalium sacrata sede recondam,
ne qua scire dolos mediusue occurrere possit.
tu faciem illius noctem non amplius unam
falle dolo et notos pueri puer indue uoltus,
ut, cum te gremio accipiet laetissima Dido
regalis inter mensas laticemque Lyaeum,
cum dabit amplexus atque oscula dulcia figet,
occultum inspires ignem fallasque ueneno.'

paret Amor dictis carae genetricis et alas
exuit et gressu gaudens incedit Iuli.
at Venus Ascanio placidam per membra quietem
inrigat et fotum gremio dea tollit in altos
Idaliae lucos, ubi mollis amaracus illum
floribus et dulci adspirans complectitur umbra.
iamque ibat dicto parens et dona Cupido
regia portabat Tyriis duce laetus Achate.
cum uenit, aulaeis iam se regina superbis
aurea composuit sponda mediamque locauit;
iam pater Aeneas et iam Troiana iuuentus
conueniunt, stratoque super discumbitur ostro.
dant manibus famuli lymphas Cereremque canistris
expediunt tonsisque ferunt mantelia uillis.
quinquaginta intus famulae, quibus ordine longam
cura penum struere et flammis adolere penatis;
centum aliae totidemque pares aetate ministri,
qui dapibus mensas onerent et pocula ponant.
nec non et Tyrii per limina laeta frequentes
conuenere, toris iussi discumbere pictis.
mirantur dona Aeneae, mirantur Iulum
flagrantisque dei uoltus simulataque uerba
pallamque et pictum croceo uelamen acantho.
praecipue infelix, pesti deuota futurae,
expleri mentem nequit ardescitque tuendo
Phoenissa et pariter puero donisque mouetur.
ille ubi complexu Aeneae colloque pependit
et magnum falsi impleuit genitoris amorem,
reginam petit. haec oculis, haec pectore toto
haeret et interdum gremio fouet, inscia Dido
insidat quantus miserae deus. at memor ille
matris Acidaliae paulatim abolere Sychaeum
incipit et uiuo tentat praeuertere amore
iam pridem resides animos desuetaque corda.

  Postquam prima quies epulis, mensaeque remotae,
crateras magnos statuunt et uina coronant.
it strepitus tectis uocemque per ampla uolutant
atria; dependent lychni laquearibus aureis
incensi, et noctem flammis funalia uincunt.

hic regina grauem gemmis auroque poposcit
impleuitque mero pateram, quam Belus et omnes
a Belo soliti; tum facta silentia tectis:
'Iuppiter, hospitibus nam te dare iura locuntur,
hunc laetum Tyriisque diem Troiaque profectis
esse uelis nostrosque huius meminisse minores.
adsit laetitiae Bacchus dator et bona Iuno;
et uos o coetum, Tyrii, celebrate fauentes.'
dixit et in mensam laticum libauit honorem,
primaque libato summo tenus attigit ore;
tum Bitiae dedit increpitans; ille inpiger hausit
spumantem pateram et pleno se proluit auro;
post alii proceres. cithara crinitus Iopas
personat aurata, docuit quem maximus Atlans.
hic canit errantem lunam solisque labores,
unde hominum genus et pecudes, unde imber et ignes,
Arcturum pluuiasque Hyadas geminosque Triones,
quid tantum Oceano properent se tinguere soles
hiberni, uel quae tardis mora noctibus obstet.
ingeminant plausu Tyrii, Troesque secuntur.
nec non et uario noctem sermone trahebat
infelix Dido longumque bibebat amorem,
multa super Priamo rogitans, super Hectore multa;
nunc quibus Aurorae uenisset filius armis,
nunc quales Diomedis equi, nunc quantus Achilles.
'immo age, et a prima dic, hospes, origine nobis
insidias' inquit 'Danaum casusque tuorum
erroresque tuos. nam te iam septima portat
omnibus errantem terris et fluctibus aestas.'

NOTES

1 *a*–1 *d*. About these lines two things seem equally certain: first, that Vergil wrote them, which is shown not merely by the testimonies of Donatus and Servius, but by the points characteristic of V.'s style (see below) which they exhibit; secondly, that V. himself, some time before his death, marked them for deletion, so that Varius and Tucca excluded them from their text, which they certainly would not have done otherwise. Little need be added to the twelve arguments in defence of the lines eloquently stated by Henry (*Aeneidea* (1873), pp. 2 ff.), of which perhaps the most convincing, apart from the ancient testimonies, are:

(1) the close correspondence of 1 *a* and 1 *c* with passages in V.'s earlier work (*Cul.* 1; *E.* I. 2; X. 44, 50; *G.* I. 47, 99, 125);

(2) the eightfold citation of 1 *a* by Priscian in Books XII, XVII and XVIII (see Keil's index to *Gramm. Lat.* voll. II and III);

(3) the manifest allusion to them by the author of the *Laus Pisonis*, 233–5 (*Poet. Lat. Min.* (Baehrens), I. p. 221), a poem written under one of the early Emperors.

It is not however necessary to accept Henry's criticism of *arma uirumque* as the beginning of the poem ("brusque and ambiguous"), a matter on which it seems more prudent to study V.'s deliberate choice than to criticise it.

Ille ego, qui was understood by Priscian (Keil, III. p. 203), following earlier grammarians (id. *ib.* IV. p. 500; V. p. 202), to mean 'I, that very man who', rather than, as the great majority of interpreters have taken it, 'I am he who'. Henry accounts the omission of *sum* too harsh, and he easily shows that it is avoided by writers like Tibullus and Ovid (e.g. *Ex Pont.* I. 2. 131–8). Passages, however, such as *tu coniunx* (IV. 113) 'you are his wife', show that such an ellipse was possible in the more solemn style which V. chose for his epic. And, on the other hand, what Henry calls the anacoluthon in 1 *d* (but what would be more truly described as the archaic use of *at* in apodosi, which Priscian's rendering implies) might seem an even greater stumbling-block in the first sentence of the poem. But the question is hardly worth debating, since V. himself rejected the lines, possibly because, among other reasons, he felt unwilling to leave even a shadow of doubt as to the construction of his first sentence.

Nettleship argued from Horace, *Epist.* I. 9. 17, that the word *arma* may have been put first by Ennius in his *Annales*, and pointed out that lines 1 *e*–7 "correspond strikingly in rhythm with the first seven lines of the *Iliad*". The metrical likeness can hardly be denied though it is not complete. It is equally certain that *uirum* and the general tenour of the description which follows would remind every educated Roman reader of the opening of the *Odyssey*:

> ἄνδρα μοι ἔννεπε, Μοῦσα, πολύτροπον, ὃς μάλα πολλὰ
> πλάγχθη ἐπεὶ Τροίης ἱερὸν πτολίεθρον ἔπερσεν
>
> * * * * *
>
> πολλὰ δ' ὅ γ' ἐν πόντῳ πάθεν ἄλγεα ὃν κατὰ θυμόν.

In this silent way, at the outset, V. confesses his debt to the great Greek epics, and his ambition to write in Latin something like them both.

1 *a*. **gracili auena** means (Henry) the shepherd's oaten pipes, that is, an instrument made of stout oaten stalks of graduated lengths, bound together

in a single plane by waxed string, properly called *fistula* or *syrinx*. This, by metaphor, represents pastoral poetry. The slenderness of the stem typifies the unambitious character of the poet's work (cf. *E.* I. 10, II. 34 with *E.* II. 32 and 36; or *E.* X. 34 with *E.* VI. 69; and the close imitations of Calpurnius, e.g. IV. 58–63). It is hardly necessary to point out the absurdity of the supposition, held by more than one distinguished writer, that the shepherd is represented as playing his pipes and singing to them at the same moment. The epithet *gracili* is less happily applied to the muse Thalia, herself, in V.'s schoolboy effort (*Cul.* 1), and the change is typical of the way in which V. used what he borrowed from his earlier work.

1 *b.* **siluis** 'from the wild country' represents pastoral poetry, as regularly in the *Eclogues* (II. 5, IV. 3). **egressus** tells us that V. had abandoned it for the more serious enterprise of the *Georgics.* **uicina**, a modest epithet, suggesting that only the poet's neighbours would heed him, claims for him, nevertheless, the right to sing of farming, as having been himself a farmer. But it also perhaps marks the transition now from a subject natural to him, in view of his early life, to a harder theme (cf. VII. 45 *maius opus moueo*).

1 *c.* **auido**, followed by *agricolis*, from *G.* I. 47.

1 *d.* **gratum opus** with Dat. perhaps reflects Theocr. XX (XXII), 42. **at nunc**, if Priscian's view of *ille* in 1 *a* be just, must be defended by such examples as *at sperate deos*, I. 543 n. **horrentia**, as in 165 and 311, is literally true. The spears of an army and the shadow of a wood beside a field do 'bristle'; but see 165 n.

1 *e.* **arma uirumque**. The frequency with which these words are quoted by subsequent Latin writers, including even the schoolboys who scribbled them on walls of Pompeii (*C.I.L.* IV. 1282, 2361, 3198) before it was overwhelmed in A.D. 79, makes it certain that our most ancient MSS. are right in taking the words to be the beginning of the poem as it was first published. The phrase is typical of V.'s habit of impressing manifold meaning upon a particular word by the position and association in which he set it. *arma* alone might require the addition of *Martis* to give it the meaning of 'war', which it here bears (contrast e.g. *G.* I. 160); but with *uirum* following, no addition is needed. Just so *uir* without *arma* might mean 'individual' or 'husband', instead of 'warlike hero'. For a similar combination Sabbadini well compares III. 156. *arma* also marks at once, as Ctn. suggested, the contrast between this poem and the *Georgics*. See especially the tone in which V. (in the Epilogue to the *Georgics*) contrasts his own peaceful and inglorious work with the thunderous wars of Caesar. The brevity and abruptness of the phrase, which Henry disliked, is certainly intentional, and has been approved by general consent as taking the reader at once to the centre of the story.

1–7 state the subject of the poem, the foundation of the Roman race by a Trojan hero under divine command.

2. **Italiam.** In Latin prose this Lative Acc. (as it has been happily named) after verbs of movement is confined to towns and small islands, with one or two words like *domum*; but the use which appears here is not uncommon in poetry (Hale and Buck, *Lat. Gramm.* § 385 *c*; cf. IV. 165) and is generally regarded as representing one of the oldest uses of the case, being common e.g. in Greek poetry after words like ἱκνοῦμαι; cf. Eng. *take it home*. On the history of the name *Italia* see 533 n.; on the quantity of the first syllable see 258 n. on *Lauini.* **Lauinaque...litora**. The epithet is a natural, and indeed inevitable, anticipation of the time when the town would be founded, as in IV. 236.

On the use of *que* or *et*, or occasionally some other particle, to couple, not the names of different concrete things, but different aspects of the same fact ("theme" and "variation", to use Henry's term), see 54 n.; the idiom here as in 27 and elsewhere (e.g. x. 13) is used to impose a limit on the meaning of the first member of the pair or group, like the Ciceronian *atque adeo* 'or rather', or the German *und zwar*, 'Italy and in particular the Lavinian coast'. Both parts of the statement are true, but by their combination a special meaning is imposed upon them which in prose would be expressed otherwise, e.g. by the use of the genitive *Italiae*. It is obvious that the use was commended by the metrical convenience of the short syllable *que* in a language whose words mostly ended in long syllables; but the divided form of expression was congenial to V.'s mind. This limitative effect of the variant was not first devised by V.; examples abound in Lucretius, e.g. II. 500 *barbaricae* needs to be explained by *Meliboeaque purpura*; *ib.* 622 *ingratos animos* would be irrelevant unless limited to its connexion with Cybele by *atque impia pectora*; and v. 2 *pro rerum maiestate* is limited by *hisque repertis*, so that *rerum* is shown to mean only *harum rerum*.

3–5. **multum...iactatus...et...passus** closely modelled on *Od.* I. 1–4 with the two halves of the poem 'Wanderings and Wars' indicated in that order, and thus contrasted with the Homeric sequence. *iactatus... passus* need not be separated from *uenit* in 2.

3. **ille** is used, as often, with a resumptive and emphasising force; cf. v. 457, IX. 479. In some cases, as in VI. 593, it implies a definite contrast with some other person. Here it reflects precisely the ὅ γε of *Od.* I. 4.

4. **ui superum** is contrasted as well as combined with *fato profugus*. Aeneas obeys the declared will of Heaven by going into exile; but still suffers much 'from the might of the gods', some of whom force him on, others impede him; and Juno is named at once as the centre of this hostility. Some have strangely supposed *ui superum* to mean 'in spite of the gods'; but Val. Flac. I. 670 knew better. **saeuae**: "Re uera saeuam (dixit) quae persequeretur innocentem" (Tib. Donatus). **memorem**, perhaps suggested by Aesch. *Ag.* 155 μνάμων μῆνις, and most probably remembered by Livy (IX. 29. 11). **ob iram** 'thanks to the wrath'; the Preposition has its orig. force 'stumbling on', 'brought sharp up against'; so in 251.

5. **dum conderet**. This Prospective Subj. 'until he could found his city' represents the active, creative will of the hero and his piety (*deos* 6). The *urbs* is (I. 258; II. 294; XII. 193) *Lauinium*, the first of three stages of the Empire (followed by Alba and Rome) as in XII. 826–7, reflected (Ctn.) in the three phrases of the clause *genus...Romae*.

6. **inferretque** is attached closely to *conderet* by a Vergilian idiom and is equivalent in meaning to *postquam intulisset*, see 90 n. **unde** is better not referred to *urbem*, but (Henry and Ctn.) to *ille*, the subject of the main sentence, as in v. 123, 568; VI. 766; cf. *inde* x. 54.

8–33 take up the contrast already suggested in 4 and give the reasons for Juno's opposition—her grievances against Troy and her fears for Carthage.

8. **memora**. This is the regular function of the Muses, as in VII. 645 and *E.* VII. 19. The words *Musa...quidue* are given in an open roll held in the hands of a mosaic portrait of V. (attended by two Muses) found at Hadrumetum, now in the Bardo Museum of Tunis, and referred by Comparetti (*Atene e Roma*, XVII (1914), pp. 65 ff.) to the first century A.D. See my article in *Discovery*, May, 1933, where the reign of Hadrian is accepted as a safer date. **numine**. Great difficulty has been caused here through understanding this word in its common sense of 'deity'. It is clear that Juno is the only deity who has been offended. Henry has best seen V.'s meaning, interpreting it by the word *arbitrium*; cf. II. 123 *quae sint ea numina diuom* 'what decisions of the gods could these be?' The word is one of a group of which V. has made a characteristically subtle, and sometimes playful, use, namely those which have, in fact, more than one meaning because they spring

from more than one source. A concrete example is the word *ambrosia*, which is derived in fact from an Arabic word denoting perfume; but in Greek the word, of course, was inevitably connected with ἄμβροτος 'immortal' (see 403 n.); hence in poetry both Greek and Latin the word means such fragrance as the immortals exhale. *Numen* comes not merely from *nuo* 'to nod', hence meaning 'nod, decision, declaration of will', but is (at least very probably) connected with the Greek πνεῦμα in the sense of 'spirit, superhuman being'. Hence in V. it is used to mean both 'divine authority', as in 133, 447, 666, XI. 232, XII. 188, and 'a deity with authority', 603, II. 735, IV. 204; and in any particular passage the context must decide whether the meaning of 'deity' or 'decision' is uppermost. See 85 n. on *ruunt*, 114 n. on *ingens*, 704 n. on *adolere*.

9. **uoluere casus.** V. here extends to words denoting experience the use of *uoluo* well established with expressions of time, as in *G.* II. 295 *multa uoluens saecula*, cf. *condere soles*, *E.* IX. 52; with Lucr. III. 1090 and Hor. *Od.* IV. 5. 29; and *annos demoror* II. 648. The process of watching time pass (quickly or slowly) is picturesquely represented as though the watcher were responsible for the passing. So *reuoluere casus* X. 61. Contrast 22.

10. **insignem pietate** gives us at the first mention of Aeneas (as in VI. 403) the central element of his nature; V. allows himself very few standing epithets, and in this he diverges markedly from the style of Homer; but in appropriate passages he likes to use the word *pius* of his hero. The Latin adjective means far more than its English derivative; it is derived from the root contained in *purus*, and though it has thus something of a negative colour, it is not more negative than the English word 'faithful', its best rendering. **adire**: used after *impulerit* as in Ciceronian prose after *cogo*. The poets retain the freer use from old Latin (cf. *esse* 17) and were imitated by prose writers of the silver age. **labores** involves a comparison with Hercules, who also was a victim of Juno's persecution. Henry adds a survey of passages in the *Aeneid* where the likeness of its hero to Hercules, and of both to Augustus, is suggested, e.g. VIII. 362; VI. 802 with 807.

11. The question of this line is typical of V.'s attitude to the greatest problems of human experience. It is true to say that the question is, in some way, answered by the poem; but truer to accept it as representing the reverent sense of mystery with which V. regarded life. Milton translates it in *Par. L.* VI. 788:

"In Heavenly Spirits could such perverseness dwell?"

impulerit. This verb and its object *insignem...uirum* are distributed between the two co-ordinate infinitive clauses (13 n.).

12. **antiqua** expresses the feeling put into words by Serv.: "eam deleuerat Aemilius Scipio". **Tyrii** 'from Tyre', cf. VII. 422.

13. **contra...longe.** These words, of course, go together, and in prose the order would be *longe contra Italiam Tiberinaque ostia* 'far away and directly facing Italy and the mouth of the Tiber'. The peculiarity here is that the two words *longe contra* both go with the two accusatives, but are distributed or interwoven with the co-ordinated accusatives as though one went with *Italiam* and the other with the other half of the phrase. So precisely in IX. 9 *sceptra Palatini sedemque petit Euandri.* This method of arrangement in poetry is common for metrical reasons, and it is by no means unknown in prose for the sake of rhetorical balance; but it has been sometimes unhappily overlooked. For other examples see 11, 66, 80, 160, 165, 231–2, 326, 513, XI. 906. Cases of difficulty arise where the arrangement is so adopted as to dispense with a second connecting particle (*et* or *-que*); see

v. 87. For Livy see the notes in the Bibl. Class. Oxon. on XXII. 8. 7; XXIX. 4. 4; and on the use in Greek and Latin generally *Cl. Rev.* XIV (1900), p. 357.

14. **diues opum** recurs II. 22; on the Gen. see 343 n. **asperrima**, an epithet often used by V. of people, like the Carthaginians, 'sternly given to warlike pursuits' (VI. 882; VII. 505, 647; X. 87); cf. 279 n.

15. **unam** strengthens a Superl. phrase (here *magis omnibus*) as often, cf. e.g. II. 426.

16. **coluisse** 'cherished'. Beyond its agricultural meaning this word is generally used by V. in two senses. With human subjects it governs words denoting either (*a*) their home or (*b*) some object of their affection, attention or worship (IV. 422) and occasionally some treasured custom (VII. 602; *G.* II. 532). With a god as subject it seems to occur in V.'s mature work only here and in *E.* II. 62, III. 61; and both ideas, of regular presence and affectionate regard, seem to be included.

17. **hoc regnum**. The pronoun, which is of course the subject of the subordinate clause and denotes Carthage, is attracted in gender to the noun which makes the predicate, as always, e.g. VI. 129 *hoc opus, hic labor est*; 534; IV. 46 and 237; Hale and Buck, § 326. 1. **gentibus** '(a government) for the nations' like *caput urbibus* VIII. 65; cf. X. 203. **esse...tenditque fouetque**: "tendit et fouet, ut regnum esse possit" (Serv.). The old Latin use of the Inf. is boldly extended so as to give it a subject different from that of *tendit*. *fouet* should strictly be taken as governing *hoc*; but it is difficult to doubt Ctn.'s view that phrases like *fouere spem* led the poet to allow both *tendit* and *fouet* to govern the dependent clause. Prudentius reproduces l. 18, preceded by precisely the same construction, *contra Symm.* 2. 498 *subiectis dominam gentibus esse*, which is decisive for the meaning here (Henry).

18. **si quā...sinant** 'if only the Fates would grant it' is Virtually Oblique, expressing Juno's silent hope; for *si quā* expressing a direct wish see VI. 882.

19. **progeniem** is the race descending from Aeneas; and in 21 *hinc* means *Troiano a sanguine*; cf. 235. **sed enim**, as in II. 164, 'but in truth', 'but we know that', shows the old Latin use of *enim* as a particle of asseveration (*G.* II. 509) not necessarily giving a reason; the Greek ἀλλὰ γὰρ has a somewhat parallel use; see n. on *neque enim* 198. **duci** is Pres. because the process had begun.

20. **olim** 'one day', referring to the future, as in 203, 234, 289; IV. 627; IX. 99; *G.* II. 94, 190, 403. **uerteret** 'was to overthrow'; the Obl. Prospective Subj. (cf. 5, 63, 236) expresses the purpose in the mind of Providence. *uerteret* with the meaning of *euerteret* shows the poetic fashion of using simple verbs in place of some one of their compounds; so in 528 (for *auert-*); II. 652 (for *subuert-*); *cernere* XII. 709 (for *decern-*). This form of brevity is beloved by Tacitus (e.g. *trahere* and *firmare* for more than one compound of each; see Furneaux, *Tac. Ann.* (1883), Introd. Ch. v, § 40).

21–2. These two lines explain the preceding sentence, see 175 n. On *hinc* see 19 n.

21. **regem**. Like other old nouns, such as *dux*, formed directly from the root, *rex* has here an adjectival or participial force, like *regina* in 46; so often the nouns in *-tor* and *-trix*, e.g. 319, 493; VI. 804, 837. Hence it is naturally qualified by the adverb *late*, cf. Hor. *Od.* III. 17. 9. **superbum**, as applied to persons, has always a bad sense 'overbearing'; here so used by Juno of the nation she dreaded, cf. 523, 529; so of objects of proud or insolent display in 639, 697. The word is sometimes used in its more literal physical sense (from *super* and the root of *fui*, *Mak. Lat.* § 150) of high-built towns, or mountains, 'towering', e.g. VII. 630.

22. **excidio**: Dat. or Abl.? Some modern scholars have preferred to see

an Abl. in phrases like *mancipio dare*; but examples like *saluti esse* seem decisive for the Dat. in all words of parallel meaning, like *subsidio, detrimento* (Hale and Buck, § 360). See, however, Roby's collection of ablatives in his *Lat. Gramm.* II. § 1243 (e.g. *pessimo publico, bona uenia, usu uenire*). Roby's list of predicative datives in his preface (II. pp. xli ff.) is a safe guide to forms that may reasonably be so regarded, among which he counts our present example, since it is used by Tacitus (*Hist.* I. 80) with *esse*. *excidium* has invariably a short second syllable; and the question raised whether it is related to *scindo* or to *caedo* is needless, since both these verbs come from the same root; the *s* in *scindo* being all that is left of a preposition (cf. e.g. Gr. στέγος beside Lat. *tego*; Lat. *specto* beside Sansk. *paśatē* 'he looks', and many more; *sci-n-do* contains the present-forming nasal of *fundo, uinco, rumpo*, Eng. *bring*, etc.). **uoluere**. The question what kind of 'rolling' is denoted here (as in III. 376 *uertitur*) seems to be answered (Henry) by *Od.* XVI. 64, where ἐπέκλωσεν is used in a precisely similar context. It is the turning of the spinning-wheel or, less probably, the spindle of the Fates; but the wheel of time (e.g. 269; *G.* II. 402) rolls *proprio motu*. Sometimes (e.g. 262) the 'turning over' is merely in the mind. Contrast 9.

24. **prima** clearly does not mean, as it would do in prose, that Juno was the first person to wage war upon the Trojans. It appears from many examples that V. used the word with the freedom of an ordinary superlative, as when *optimus* means not 'the best', but 'very good'. In X. 427 *primus Abantem interimit* obviously does not imply that Abas was killed a second time by someone else; the adjective merely takes the place of the adverb *primum*—'his first act was to slay Abas'. In the present passage *prima* means 'in older time, earlier'; so VIII. 602. Similar freedom in slightly different senses appears in VI. 810, VIII. 407, XI. 26, and perhaps in VIII. 319. There is no need, however, to see this use in I. I. **Argis**. This Masc. Pl. is the only form used by V. (e.g. X. 782), as by Plaut. *Amph.* 98 and Livy (e.g. XXXI. 7. 9), for the name of the Peloponnesian Ἄργος (Neut.); among Latin authors the Neut. form appears only in Grecising poets like Horace (*aptum dicet equis Argos, Od.* I. 7. 9). Its people are *Argiui* no doubt on the pattern of *Achiui* (Gr. Ἀχαιϝοί), since Gr. Ἀργεῖοι shows no trace of ϝ. Such violent changes point to the transfer of the names, not by literary channels, but from mouth to mouth, a process in which many things happen; so Ἀκράγαντα, Μαλόεντα (both Acc.) became *Agrigentum, Maleuentum* (changed to *Beneuentum*). *Argi, Argiui* existed in story in Latin long before any Roman soldier was seen in the Peloponnese.

25. **causae...dolores** are all words deliberately repeated from 4, 8, 9, explaining what was there merely hinted.

26. **alta**. This spondee in the fourth foot in a single word (but a word is not single when joined with a proclitic such as *pro* in 24 or *et* in 61, 295) is used without special meaning by Ennius (nine examples in the *Annales*, e.g. II. 14) and by Catullus (at least seven times in LXIV, e.g. l. 165, though sometimes avoided, e.g. l. 212, and six times in the hexameters of LXVI); and quite at random by Lucretius (e.g. I. 28). But in V. it is comparatively rare and reserved for phrases where the slowness of the rhythm which it involves corresponds to some special weight of feeling: 'deep, deep in her mind was stored'; cf. 209, 408; IX. 631, 700; VIII. 132 (*terris* 'throughout many lands'); VI. 42 (*ingens* 'vast and dread'); II. 661 (*isti* 'that pitiful fate you bid us share'). It is continually avoided by hyperbaton, e.g. 635 (*centum cum*); VIII. 141 (*caeli qui*), where Lucretius would have written *cum centum, qui caeli*, just as in prose.

27. **iudicium Paridis**. This famous story, the subject of many works of art, especially in Etruria, first appears in *Il.* XXIV. 29, a passage which Aristarchus condemned, since 'Homer nowhere else shows any knowledge of it, and he

would certainly have mentioned it'. The next phrase explains and completes the preceding, see 54 n. Unconscious of this Vergilian idiom some persons ("multi", Serv.) took this *iniuria* to be the boast of Antigone, daughter of Laomedon, that she was fairer than Juno.

28. **genus inuisum**: "Electra paelex fuit Iouis ex qua Dardanus natus est; a quo origo Troiana deducitur" (Gloss. in Serv. Codd. *BLH*). This taint of the whole race is well placed between two of Juno's grievances against particular Trojans, so as to avoid the appearance of a catalogue (Henry); and the variation represents vividly the thought or speech of a person in great anger. **rapti** 'raised to heaven', 'translated' (cf. v. 255) by a *sacra rapina* (Stat. *Sil.* III. 4. 13), in an honourable sense (so of Otho being raised to the throne by the Praetorians, several times in Tac. *Hist.* I, e.g. c. 26). Juno is jealous rather than contemptuous.

29. **super**: "Aut de his, aut super metum Carthaginis his quoque accensa" (Serv.). The second view is preferable, cf. II. 71, VII. 462; Val. Flac. II. 126; Prisc. XIV. 52. **iactatos...arcebat**: cf. 246 n.

30. **relliquias Danaum** 'whom the Greeks had not destroyed', perhaps taken from Cic. *Sen.* VI. 19, where old Cato, speaking to the younger Scipio, calls the city of Carthage *aui relliquias* 'what your grandfather spared' (similar phrases in Aesch. *Ag.* 517; Lyc. 662). The *-ll-* which makes the word possible in hexameters comes from *-dl-*; the word contains the older form of the Preposn. which appears e.g. in *redire. Danaum*, used of the Greeks, properly refers to the Argives, Argos having been founded, according to tradition, by Danaus. **Achilli** shows the regular Gen. of Greek names ending in *-es* which are parisyllabic and do not belong to the 1st Declension; so *Vlixi*, III. 613; contrast *Anchisae*; Hale and Buck, §§ 68, 95. It is perhaps worth while to state briefly the three paradigms.

	N.	V.	Ac.	G.	D.	Abl.
(*b*)	Anchisēs	-ā	-ēn	-ae	-ae	-ā
(*a*)	Achillēs	-ē	-em	-ī (or -ĭs)	-ī	-ĕ
(*c*)	Achatēs	-ē	-ēn	-ae (or -ī)	-ae	-ē

Whether evidence can be found to explain the peculiarities of the third paradigm I do not know; conjectures are easy. For the plural forms see 565 n.

32. **acti fatis**: cf. 2 *fato profugus*; but probably the word here includes both the impelling and the hindering forces which determined their wandering to and fro.

33. A line whose weight in sound suggests its weight of meaning, the whole purpose of Heaven which the epic is to unfold. **moles** means properly a weight which cannot be moved without great effort and (generally) some large tools or apparatus, and hence the difficulty or toil involved; especially appropriate (Ctn.) with a verb like *condere* of laying foundations (cf. Hor. *Epist.* I. 14. 30; Livy XXV. 11. 17).

34–64 open the narrative at the point where the Trojans are leaving Sicily, and describe the interference of Juno—first her angry reflections and then her visit to Aeolus, the god of the winds.

34. **in altum**. This neuter substantive generally denotes either the sea at a distance from land or the depth of the sky; though sometimes, as in *G.* III. 505, some other kind of depth. But its precise meaning as applied to the sea varies with the context. In x. 687 *alta secans* describes 'a man swimming in a deep river', and in *G.* I. 142, and probably *A.* IX. 125, it must connote depth. But elsewhere, as in 126, IV. 661, V. 764, it seems to correspond to our phrase 'the high seas', which represents the natural feeling of a

spectator from the land; cf. the use of *decurro* of a ship coming to shore, in v. 212, and *conscendi aequor* in 381; and the uses of the Greek prepositions in such verbs as ἀνάγεσθαι and καταπλεῖν. **telluris**: Obj. Gen. 'out of sight of Sicily'; cf. e.g. Cic. *Sull.* 9. 26.

35. **dabant**. In prose this phrase would need the addition of *uentis* or its equivalent, as in Cic. *De Or.* II. 44. 187 *ad id, unde aliquis flatus ostenditur, uela do*, lit. 'expose my sails to the quarter from which a breeze is promised'; but V., as in *G.* II. 41 he replaced *uentis* by *pelago*, here substitutes for the Dat. the phrase *in altum* 'spread his sails for the high sea', in both places deliberately varying the idiom; see 314 n. **laeti** colours the whole two lines and no comma is needed; cf. Hom. *Od.* v. 269 γηθόσυνος. **ruebant**, exactly as *G.* I. 105 *cumulos...ruit...harenae* of cross-ploughing; i.e. the simple verb is used for *proruo* as in IX. 516; in XI. 211 it is used for *eruo*; and in 85 (*totum mare*) for *subruo* ('throws up'); and this is its meaning in the derivative *rutrum* 'shovel', and in the legal phrase for the by-products of a farm, *rūta caesa* 'stuff dug out (sand or chalk) and timber cut down'. Cf. 20 n. on *uerteret*.

36. **sub pectore** suggests (Ctn.) both the depth and the secrecy of the wound. Aesch. *Eum.* 156; Theocr. XI. 15. **aeternum...uolnus** from Lucr. I. 34, II. 639.

37–49 have been clearly influenced by Eurip. *Tro.* 23 ff. and 77–94. Ovid remembered them in *Met.* IV. 422.

37. **secum**: "sine conscio" (Serv.); cf. e.g. 221, II. 93; Hom. *Od.* v. 285. **uictam**, so *uincor* VII. 310, in a soliloquy 293–322, clearly intended as a counterpart in the second half of the story to recall and balance this soliloquy here. **mene...desistere**: Exclam. Inf. (Hale and Buck, § 596), in origin a clause depending on some idea in the speaker's mind of saying, thinking or commanding; but the use was so well established that it is hardly true to say that such a verb is definitely "understood". The same holds of similar *ut*-clauses, e.g. Hor. *Sat.* II. 5. 18; Cic. *Cat.* I. 9. 22; Hale and Buck, § 503; Roby, II. § 1708.

38. **Teucrorum** juxtaposed to *Italiam*, probably with contempt as in VII. 359, X. 866 no less than *regem*, cf. *regnet* 141, both contrasted indignantly with *Italia*. This name for the Trojans is connected with the (Cretan) story (III. 105) which made Teucer founder of Troy. The royal house, however, was traced to Dardanus (III. 167) by some accounts. **auertere** 'turn away,' often implying frustration (*G.* II. 172). Similarly *auertere tauros* VIII. 208, cf. *uertere* I. 528 'to lift cattle', 'turn them from their path'.

39. **quippe**, 59 n. **Pallasne**. Her wrath is given as the cause of the νόστον Ἀχαιῶν λυγρόν in *Od.* I. 326, and in Aesch. *Ag.* 652. The storm also afflicts the whole fleet, although in the *Odyssey*, Books III and IV, no general storm is mentioned, only the fate of Aiax Oilei.

40. **Argiuum**, 24 n.

41. **unius** of course means *Aiacis*, but it is best attached only to *noxam* and *et* taken as explaining the phrase which precedes it by adding a complement, see 54 n. **noxam**: Lyc. 365 ἑνὸς δὲ λώβης ἀντί. It is characteristic of V. to veil the nature of the outrage in these two words 'guilt' and 'madness'; so in II. 413, where Ajax is one of several Greeks who gather to seize Cassandra again after her rescue by Coroebus, Aeneas naturally mentions only what he saw in the fighting. **et**, see above. **furias**: μέγ' ἀάσθη *Od.* IV. 503, 509, though there referring to his defiance of Poseidon; it is a poetical equivalent for *furor*, as in IV. 474, VIII. 494; *G.* III. 244. **Oilei**, the regular Gen. of Greek names which in Latin had *-eus* in the Nom. (Hale and Buck, §§ 95 *a*, 658). He is called always Ajax, son of Oileus, to distinguish him from the greater Ajax, son of Telamon. For the declension of Greek names with *-es*, see 30 n.

42. **ipsa**, Pallas, to whom the Greek tragedians, e.g. Aesch. *Eum.* 827, attribute a special connexion with the thunderbolt (*Iouis ignem*). Indeed, Eurip. *Tro.* 80 in his dainty, sceptical fashion, restricts to this her share in the punishment of Ajax; the storm came from Zeus and the sea was to be raised by Poseidon. **rapidum**. Here as often (cf. e.g. 59, 117, II. 305, VI. 75, VII. 676, XI. 298; *E.* II. 10; *G.* IV. 263) the word keeps its original colour as derived from *rapere* 'swift and destructive'.

43. **-que...-que**. In prose *disiecit...euertendo*, see 90 n.

43–4. An excellent commentary on these lines, as on 52 ff., is to be found in Quintus Smyr. *Posthomerica,* XIV. 427–90. I follow Ctn. and Funaioli ('Sul Mito di Laocoonte', *Atti del Congr. Naz. di Studi Romani* (April, 1928), p. 10; as against Heinze, *Epische Technik,* ed. 2 (Leipzig 1908) pp. 63 ff.) in holding that the likenesses cannot be accidental. But I cannot discuss here the complex problem how far they are due to the influence of V.'s story through Greek channels upon Greek poetry of the second century A.D., or merely to the use by V. and these later Greek poets of common Greek sources. On this see the acute and delightful discussion by W. F. J. Knight entitled 'Iliupersides' (*Cl. Quart.* XXVI (1932), p. 178); though he does not seem to have reckoned with the Greek translation of the *Aeneid* by Polybius, the secretary of the Emperor Claudius (Sen. *Cons. ad Polyb.* 8. 2; 11. 5) on which Funaioli (*l.c.*) rightly lays stress.

44. **exspirantem:** not a literal breathing through the throat but simply of bursting into flame, like *halent* in Lucr. VI. 391, a passage V. clearly had in mind, cf. Aesch. *Prom.* 361, where the thunderbolt itself is breathing flame. Both V. and Lucretius no doubt remembered Attius, *Clyt.* quoted by Serv. in his interesting note here.

45. **corripuit** refers to Ajax, not his ship; see Lucr. VI. 395. **infixit**. Tib. Don. certainly understood the word as meaning 'violently fixed on' (not 'transfixed'): "figi enim non potuit nisi ingenti turbine cum pondere atque magno actu saxo fuisset inlisus"; and so Henry, rightly.

49. Ctn. compares with Juno's complaint that of Poseidon in *Il.* VII. 446 ff., a passage which V. no doubt had in mind; but he does not observe the most interesting feature in the comparison. Juno in the *Aeneid* has the faults of an angry human queen; but she never descends to the primitive simplicity of Poseidon's concluding grumble that the Greek wall will eclipse in fame the wall that he, Poseidon, helped to build round Troy. *Andere Zeiten, andere Götter.*

51. **austris,** 536 n.

52. **uasto...antro**. Few of V.'s scenes have exercised the minds of prosaic commentators more than the Cave of Aeolus. The light-hearted (though critical) spirit in which V. handles the miraculous elements in the Books with odd numbers has been illustrated in my 'Vergil's Creative Art' (Proceedings of the Brit. Acad., Vol. XVII, 1931). The habit of reticence in minor details, which is an important part of the grace and sustained dignity of his style, here brings his readers safely through the strangeness of a piece of naturalistic mythopoeia, without demanding more of them than a general willingness to tolerate the notion of the winds being normally imprisoned in a mountain under a particular divine authority, but on occasion released; an image which may be said at least to be less childish than the Homeric expedient of letting Aeolus tie them up in a leather bag—not to mention his domestic arrangements (*Od.* IX. 5–11). It is essential to the romantic colour of V.'s story that their mischief should be launched by a sudden and definite act, and that this should be done by some cosmic power at the cost of some trouble; but it is waste of time to dispute just how the door of their cave was constructed, fastened and opened: on such points (among others) the curious may study some sixty humorous and eloquent pages of Henry's *Aeneidea* (I. 265–324). V. is careful n o t to specify where the

mountain is—only *Aeoliam, loca feta furentibus Austris*; even in VIII. 417 we only learn that the island of Lipare is 'Aeolian'. Valerius Flaccus on the contrary (I. 579, 588, 609), with this passage certainly before him, tells us precisely when Aeolus was made responsible, where his cave was, and how its door swung round. The outlines of V.'s story are clear; the winds are imprisoned all together in a cave (*uasto antro* 52, i.q. *speluncis atris* 60), above which the mass of the mountain rises (61); their king Aeolus lives in a castle higher up, the πόλις of Homer, *l.c.* (see n. on *celsa arce* 56), and there is visited by Juno. He then gives egress to the winds by a blow on the side of the mountain with his spear, having of course left his castle to do it, as Quintus Smyrnaeus obligingly explains (μολὼν ἔκτοσθε μελάθρων XIV. 480). This outline is enough for the schoolboy or for any lover of poetry. Readers hungry for more details may just as well debate what became of the winds after 155; or, more profitably, consider with Serv. Dan. (on 71) why Aeolus discreetly makes no answer to Juno's offer of a (new) wife, much less importunes her to confirm the promise by a long oath, as Sleep does in the passage of the *Iliad* which V. had in mind (XIV. 268–76). That V. had in mind also the physical allegory behind his story (in which Juno stands for the air) is no doubt true, as Serv. reminds us (on 47, 58, 71, 78) and Heinze (*Epische Technik*, p. 296) has abundantly made clear.

No earlier "authority", so far as I can find, is known for this rocky prison of the winds; and we may guess that it was V.'s own happy development of Lucretius' theory (VI. 189–203) of the winds, confined like wild beasts in cages in the hollows of mountainous clouds and causing thunder by their growling while they chafe and circle round to find a way out. How vividly V. remembered this passage appears directly it is quoted (I space the words in which his recollection is clearest). Note especially the repeated mention of *montes* and the piling of the clouds one upon the other (*insuper* 61).

"Contemplator enim, cum montibus adsimulata
nubila portabunt uenti transuersa per auras,
aut ubi per magnos montis cumulata uidebis
insuper esse aliis alia atque urgere superne
in statione locata sepultis undique uentis.
tum poteris magnas moles cognoscere eorum
speluncasque uelut saxi pendentibu' structas
cernere, quas uenti cum tempestate coorta
complerunt, magno indignantur murmure clausi
nubibus, in caueisque ferarum more minantur;
nunc hinc nunc illinc fremitus per nubila mittunt
quaerentesque uiam circum uersantur et ignis
semina conuoluunt ⟨e⟩ nubibus atque ita cogunt
multa rotantque cauis flammam fornacibus intus,
donec diuolsa fulserunt nube corusci" (Lucr. VI. 189–203).

One or two further points will appear in subsequent notes.

54. **uinclis et carcere.** Henry rightly understands *uinclis* in the general sense of 'constraint', comparing VII. 203 *gentem haud uinclo nec legibus aequam* 'a race impatient of coercion and laws'. There as here (and e.g. in *G.* II. 192 *pateris libamus et auro*) we have a conception expressed in two aspects coupled by a conjunction, where a prose-writer would be content to use one noun accompanied by an adjective or some case of the other noun: 'constraint in a prison', 'the coercion of laws', 'vessels made of gold', the ἓν διὰ δυοῖν of Greek grammarians. It is a special case of V.'s cumulative manner, of which we have had examples in 2, 25, 27, 41; others appear in 61, 175, 258, 293, 447, 738; II. 627; IV. 354, 355; VI. 734.

This practice of Theme and Variation, as Henry calls it in an admirable excursus (*Aeneidea*, I. pp. 745–51), is of course familiar in many poets and endeared to Englishmen by its frequency in Hebrew poetry ("founded it upon the seas and stablished it upon the floods"; "the man that findeth wisdom and the man that getteth understanding"). In Latin V.'s forerunner Lucretius indulged it almost ad nauseam (e.g. II. 534 *regione locoque alio terrisque remotis*, where the idea of place is expressed three times and that of remoteness twice; cf. 542, 550, 556, 557, 558, 559 in the same paragraph). A particular type of this double statement, where the two aspects of the description are not identical but in some respects contrasted, is especially characteristic of V., e.g. *G.* IV. 18.

carcere. From what has been said it is clear that V. used this word in its ordinary sense, as a place of restraint for authors of mischief. But much of the description, e.g. the words *frenat*, *fremunt* and *claustra*, as Henry saw, show that V. is playing with the meaning of *carcer* as the part of the circus in which horses awaited the signal for beginning a race; Valerius Flaccus, who calls the Northerly winds in the cave *Thraces equi* (I. 611), and Sidonius Apollinaris, who begins his picture of a chariot-race (*Carm.* 23. 331) with the words *illi* (i.e. the horses) *ad claustra fremunt*, were conscious of the suggestion. The unruly winds have to be shut up till they are wanted; but they behave like race-horses, not like human evildoers.

56. **celsa sedet Aeolus arce.** These words are in Coupling Contrast (76–7 n.) with the preceding clause (*illi. . .fremunt*), and Henry rightly notes that the emphatic position of *celsa* contrasts in particular the subterranean prison with the lofty citadel, the ἀκρόπολις, 'Burg' or 'Schloss', which of course, as Ctn. adds, is the natural abode of a despot; see, e.g. Herodt. I. 59, 60 and, after V., Ov. *Heroid.* XI. 65, of this very abode; Stat. *Theb.* VIII. 21, of Pluto's palace; more generally Juv. X. 307.

57. **animos.** V. plays with the etymology of this word, which in origin is identical with Gr. ἄνεμος, but has undergone the same change to a metaphorical meaning as e.g. *spiritus*, which of course is closely related to *spirare*, and the parallel collective noun *anima*, which however was used in its physical sense as well as its derived meaning of 'living being, soul'. For similar etymologising cf. *nouae arces* (298), a rendering of the Phoenician *Karthago*; *pluuias Hyadas* (744); *Actia litora* (III. 280); and three examples close together (*Plemmyrium*, *Helorus*, *Acragas*) in III. 693 ff.

58. **maria ac terras caelumque profundum.** This phrase is adapted to what may be called a humbler use here from *E.* IV. 51 and *G.* IV. 222, in both of which *terrasque tractusque maris caelumque profundum* is a sonorous representation of the vast Universe; in the *Eclogue* its mystic suggestions are enforced by the rhyme with *mundum* in the preceding line, rhyme being constantly associated with magic, as Prof. Oliffe Richmond has reminded me; many of the charms given by Cato (*Res Rust.* e.g. 160) are rhyming jingles. Even here, the long phrase imports an oecumenic touch and serves to link the fortunes of Aeneas, and therefore of Rome, with the mystery of the cosmos. As Mr John Sparrow has shown (*Half-lines and Repetitions in Virgil* (Oxford, 1931), pp. 90, 111), the right which V. claims of using again material from his own earlier work, with any modification needed in the new context, is well illustrated here by this repetition from *E.* in *G.* and from *G.* in *A.* It is particularly frequent where the words repeated are taken in each occurrence from a common source (e.g. VI. 625 = *G.* II. 43, ascribed in both places by Serv. to Lucretius and placed by Lachmann at Lucr. VI. 840; cf. Macrob. *Sat.* VI. 3. 6, who quotes e.g. Hom. *Il.* II. 489). But our present line is not cited from any earlier writer. See further on 430.

59. **quippe** 'surely' has an explanatory force which colours the whole sentence; a compound of *quid* and the particle which appears in *nem-pe*, *pro-pe*, it means lit. 'What indeed, what then, why then?', a question to which the speaker himself gives the answer, and so a parenthetic interjection, like

Eng. *why*, *well*, or *yes*; and Cicero several times uses it in this lively way (*Caec.* 19. 55; *De Or.* II. 54. 218; *De Fin.* IV. 3. 7). Hence it might come at any point, and V. here (as in IV. 218, XII. 422) follows this freer use; but in the written prose of Cicero's day, like his favourite *Quid?* ('What next?'), it had come to be felt mainly as a particle of transition ('for you know', 'for indeed', sometimes with irony as in 39) whose natural place was at or near the beginning of a sentence, as in e.g. 39, 661 and *G.* II. 49. The same gradual attraction to the beginning of the sentence appears in many other particles, e.g. *et*, *igitur*, *tamen*, *scilicet*, *adeo*, when they had acquired some kind of connective force. **rapidi**, 42 n.

60. **speluncis...atris** is only a variation for the *uasto antro* of 52 (n.), not, as the serious Schaper supposed, a whole row of caves, one carefully provided for each wind and each with a door for the unhappy Aeolus to open (81)! This vague or generalising "pluralis pro singulari" is commonest in the neuter (*iuga*, *tecta*, *aratra*, *praemia*), partly, no doubt, because of the great metrical convenience of the final short syllable, but more fundamentally because it can hardly be doubted that the strongest, if not the only, real source of the idiom lay precisely in these forms. The Nom. Neut. Pl. ending, originally *-ā*, was once identical with the Sing. Collective *-ā* (hence taking a Sing. Vb. in Greek); *loca* 'district, neighbourhood' stands to *locus* exactly as *pugna* 'fisticuffs, fighting' does to *pugnus* 'fist', or *fuga* 'crowd of runaways, flight' to *(pro-)fugus* 'fugitive' (see further *Mak. Lat.*, p. 86); Brugmann, *Kurze Vergl. Gramm.* (Leipzig, 1903), §§ 455, 481). The type established by such words, e.g. *tecta* 'set of buildings, house', practically synonymous with *tectum* 'building', was naturally followed by poets in other nouns whose Plur. was more convenient for metre or sound.

61. **molem et montis**, 54 n.

62. **regemque dedit**. Homer (*Od.* X. 21) calls him only ταμίης 'steward', though ascribing to him unfettered authority; V. on the contrary rationalises the myth so far as to subordinate him to the central Power of the universe under fixed conditions; note *iussus*, and *foedere certo*, a standing Lucretian phrase (e.g. I. 586) for what in recent times have been entitled the "Laws of Nature"; cf. *G.* I. 60 *has leges aeternaque foedera certis imposuit natura locis*. In our present context this meaning, which in Lucretius is merely a metaphor (and an unhappy metaphor from his materialist standpoint), is prettily dramaticised, so to speak, into the allegory of a 'covenant' between Jove and Aeolus. In this and many other cases (e.g. *carcere* 54, *dare* 63) it is possible to dispute which of two aspects of a word or conception was uppermost in V.'s mind; he was certainly conscious of both. But generally, if not always, one of the two (what one may call t h e meaning) may be compared to the bright part of the moon, which every one can see at once; the other to her penumbra, only discerned by knowledge and keen sight.

62–3. **foedere** of course is constructed with *sciret* and *sciret* with both *premere* and *dare*; and it is (so I think, with Henry) more Vergilian also to take *iussus* 'when bidden' with both infinitives, just as, e.g., in V. 449 *radicibus eruta* goes with both *aut Erymantho* and *aut Ida in magna*. But whoever wishes, with Voss, to restrict *iussus* to *dare* is within his grammatical rights.

63. **premere...habenas** like *pressis habenis* XI. 600; in *laxas dare* the usual donative meaning which is used with *habenas* alone in XI. 623 ('give reins to') colours the old causative use, not uncommon in Plautus (e.g. *Cas.* 439) and Terence (e.g. *Heaut.* 950) with Partcc. (so even in Sall. *Jug.* 59. 3 *hostis uictos dare*), which V. adopts in *uasta dabo* IX. 323 'make waste'; cf. *dare ruinam* 'collapse' II. 310; *dare fenestram* II. 482 'open into a gap'; *dant cuneum* XII. 575 'form a wedge'.

64. **ad quem**: "apud quem, ut supra (24)" (Serv.), perhaps not unsuitably of Juno's suppliant tone. What Serv. read in x. 742, where *ad quae* has rather better MSS. support than *ad quem*, we do not know. Ctn. prefers to take *ad* in the sense merely of 'directing (herself) to' as in *adloquor*; this is on the whole better, in view of the somewhat familiar tone implied in her addressing him as *Aeole* (65). **usa est**. This word is rare in V., who has it four times only elsewhere (all in *A*. and all with the same kind of word: *uiribus, fortuna, fatis, sorte*); *utilis* occurs only four times (all in *G*. II). Both words had no doubt become too colourless for V.'s liking, through the hard wear of familiar use. The phrase here had to V. probably a certain fullness of meaning 'availed herself of' from Lucr. v. 1046, who applies it to the first development of this means of communication.

65–123. Juno begs Aeolus to raise a storm, offering him a reward, and Aeolus consents; he then releases the winds by opening the doors of their cavern. A hurricane ensues with darkness and a thunderstorm, and Aeneas, thinking that all is lost, utters a wish that he had perished in the battles at Troy. The hurricane bursts upon the fleet and the ships are variously injured, three upon rocks, three upon a sandbank, and that of Orontes is sunk.

65. **Aeole**, see 76 n. on *regina*. **diuum...rex** from Homer (e.g. *Il*. I. 544) through Ennius (Macrob. *Sat*. VI. I. 10), who seems responsible for the addition of *rex* to Jove in this phrase—though Sleep is called ἄναξ, King of gods and men, in *Il*. XIV. 233; Varro (*L.L.* v, § 65) quotes from Ennius the variant *diuumque hominumque pater rex*; Cicero (*Nat. Deor*. II. 3. 4) quotes from him *patrem diuumque hominumque*. The parenthesis immediately following the vocative explaining why the speaker comes to the person addressed (as in 327, 731 and x. 19) is also Greek, e.g. Hom. *Il*. VII. 328; Herodt. I. 8 (Γύγη, οὐ γάρ σε κ.τ.λ.).

66. **dedit fluctus...uento** are interwoven (13 n.) with the two infinitives; both go with both. Henry describes from his own experience the calming effect of the wind when it begins to blow from the direction contrary to that from which it raised the sea; this no doubt V. had often noticed, as Homer had (*Od*. x. 22); cf. *placidi strauerunt aequora uenti* v. 763 and *E*. II. 26 with Hor. *Od*. I. 3. 16 and e.g. Soph. *Aj*. 674. On Aeolus' functions see 52 n. The reading *uentos* has no authority worth mention and, as Henry saw, gives us a far less closely knit and therefore less Vergilian structure for the line.

67. **nauigat** here with an Acc. as even in Cicero (*De Fin*. II. 34. 112); in its only other occurrence in V. (IV. 237) it is "absolute", i.e. no object is expressed, which is its regular use in prae-Augustinian prose.

68. **Ilium** like *Troia* in II. 703, III. 86 and VII. 233, *Etruria* in VIII. 494, is used not of walls and buildings but of the Trojan citizens, in the spirit of Pericles' famous saying ἄνδρες γὰρ πόλις (Thuc. VII. 77); and so taken over by Ov. *Heroid*. VII. 151; *F*. IV. 251. **uictos**, a taunt repeated by Turnus' followers (VIII. 11).

69. **incute uim uentis** 'strike fury into the winds', the first interpretation offered by Serv., as in the sentence he quotes from Ennius *dictis* (Abl.) *Romanis* (Dat.) *incutit iram*, is clearly right as most of the commentators (e.g. Heyne, Forb., Ctn.) have seen, for this is the only use of the verb in Lucretius and other writers before Livy (and the prevailing use in Livy also) and it takes direct objects like *dolorem, timorem, metum, desiderium*. The verb seems not to occur elsewhere in V. (in XI. 728 it is Heinsius' conjecture); and the parallels which Henry pleads for Servius' second thought 'turn force on them by the winds' are all later (e.g. *uerbera* from Seneca, *minas* from Ovid) and hardly even justify its use with *uim* in the physical sense. **submersas**

obrue, like *age diuersos* in 70 and *iactatos...arcebat* in 29, give us an action and its result in a single phrase, thanks to the old timeless use of the Partc. in *-tus*, on which see 246 n. (*it mare proruptum*). It differs from the compendious idiom familiar in the historians, Caesar's *pontem captum incendit*, 'took and burned', because the past meaning had been by that time more fully (than in old Latin) impressed in everyday use on the Partc. in *-tus*, which had thus come to express, in most cases, an immediately preceding, not a contemporaneous act.

70. **corpora** pictures the Trojans scattered one by one over the waves, but does not necessarily imply their death, though it does suggest helplessness; Henry rightly quotes II. 18, VI. 22, X. 430.

71. **praestanti corpore** applied to bulls chosen for sacrifice in *G.* IV. 538 is V.'s equivalent to the (Χαρίτων μίαν) ὁπλοτεράων of *Il.* XIV. 267; see 52 n. Henry compares III. 329 and *Od.* XXI. 213 for "the ancient custom of rewarding faithful servants with wives".

72. **quae**: for the omission of *est* cf. 157 n. **formā**, always a dignified word, enhances ("plus ornauit" Serv.) here, as in 496 and V. 570, the value of the Adj. *pulcher* so as to mean 'beautiful', not merely 'pretty', which is its older sense; this however survived beside the later, and is often rather contemptuous (e.g. IV. 266). *forma* itself carries an artistic colour from its origin, being, I believe, simply a collective-abstract from *formus* 'oven' (on which see *Mak. Lat.* § 181) and so meaning lit. 'a baking of pottery', 'the potter's work' and hence 'shaping, design'. **Deiopea** is a name V. had already used, in the Aristaeus-*epyllion* (*G.* IV. 343), for one of the attendants of the sea-nymph Cyrene. The badly supported reading *-peam* gives a construction easier to an English eye, but probably less idiomatic in Latin, if one may judge from such stereotyped phrases as *cuius es beneuolentiae* and others in which the antecedent of the relative is attracted into the relative clause; cf. *urbem* in 573, and *telum* in XI. 552.

73. **conubio**, if it is identical in all but Case and Number with *cōnūbĭă* in IV. 316 (from Catull. LXIV. 141); III. 319; IV. 213, 535; IX. 600; XII. 42 and *Cul.* 247, must be scanned with *-i-* treated as a consonant, like that in *omnia* VI. 33, and often the *-e-* in cases of *aureus*, e.g. 698, 726 below. But the words *prōnŭba*, *innŭbus* show the root in a shorter form (like *dux*, *dŭcis* beside *dūco*), and H. A. J. Munro in his note to Lucr. III. 776 follows Lucian Müller (*De Re Metr.* p. 258) in making a strong case for supposing that the shorter form of the syllable *-nub-* is to be recognised even in V. The chief evidence is that cases of the word in which the last syllable is long are always placed as they are in this line, so that the line can be scanned even if the syllable *-nub-* is regarded as short, and never so placed that that syllable comes first in a foot so that it must be scanned as long. The same statement applies even to the neuter plural in the poets Lucretius and Statius, who never treat that form as we have seen that V. and Catullus do, e.g. Lucr. *l.c.*; Stat. *Theb.* I. 245. It is also clear from the usage of Lucan and Seneca, who never treat the vowels *i* or *u* as consonants but yet scan *conubium* always as containing more than one foot, that they also regarded the *-nub-* as a short syllable. A similar variation of quantity is common not merely in proper names, as in *Ĭtalus* beside *Ītalia*, but e.g. in the word *propago*. The varying treatment of the first syllable of *patris patrem* (II. 663) and the like shows V.'s love of exercising freedom in such matters where he had good precedent. **propriam** implies a gift outright, not to be shared with others, nor, like a mere loan, returned (see e.g. VI. 871; *E.* VII. 31); σὴν κεκλῆσθαι ἄκοιτιν *Il.* XIV. 268. *tibi* is at once supplied from *tecum* in 74. **dicabo** is spoken by the goddess of lawful wedlock who has a right to 'solemnly declare her yours'; "obsequentem eam fore demonstrat" (Serv.). This line is clearly in place here; cf. IV. 126.

74. **omnis...annos**: ἤματα παντα in *Od.* VI. 281, which V. may have found also in *Il.* XIV. 269 if that line was part of the text in his day. "Bene, quia dea est; non enim 'usque ad senectutem'" (Serv. Dan.).

75. The question has been asked whether the ablative *pulchra prole* should be taken with *faciat* or with *parentem*. It should certainly be taken with both. That is to say, to a Roman reader the phrase denoted a circumstance or feature so central in the result described that to attach it to one word rather than another was superfluous. So in 105 *cumulo* goes equally with the word that precedes and with the word that follows; cf. 190 n., 269 n., 318 n., 471 n., 637–8 n. V.'s sentences and lines must be read as a whole; to ask which of two possible constructions must be chosen for any one word is often like enquiring whether a particular figure in a picture is to be regarded as belonging to the left- or the right-hand side. This so-called ἀπὸ κοινοῦ construction is well known in Horace (e.g. *Odes*, III. 2. 32, 5. 5; IV. 5. 23) and plays a part in Livy's rapid and pregnant descriptions, defying the commas of industrious editors (see the Praefatio, § 31 (*d*) to Livy, vol. I, Bibl. Class. Oxon. 1914).

76–7. **tuus...mihi**. The clauses which these words begin are united by the characteristic Latin idiom long known to grammarians as "Asyndeton Aduersatiuum" for which I hope the more intelligible name of 'Coupling Contrast' (proposed in 1901 in a note on Livy II. 1. 8 in the Camb. Univ. Press edition) is now commonly accepted by English-speaking scholars. To a Latin ear the clauses were as closely linked as if some subordinating conjunction like *cum* had introduced the first, or some co-ordinating particle like *sed* or *autem* had been used with the second; and the meaning can rarely be expressed in a modern language except by the use of such particles: 'your task is to..., while my lawful privilege is to...'. Examples are abundant, see 56, 145 (cf. § 74 of the Praefatio to Livy, Books XXI–XXV, Bibl. Class. Oxon. 1929). As a general rule, the points of contrast occupy corresponding positions in the two clauses and the most sharply contrasted words stand at the beginning of each, as here *tuus...mihi*. This natural rule is in poetry often neglected for convenience of metre, as in 56, where in prose *Aeolus* would have come first to match *illi*, or else *circum claustra* would have stood first in its own clause to match *celsa arce* in the second.

76. **regina**. "Inferioris personae reuerentia est, maiorem meritis appellare, non nomine. Contra maioris est, minorem nomine tantum uocare. Qui ordo non nisi per indignationem corrumpitur: ut in duodecimo Sages in extremis rebus Turnum, non regem uocat: et alibi [*G.* IV. 356] de Aristaeo" (Serv.); cf. 65. **quid optes** ("quid uelis", Serv.) is a gentler, more refined equivalent of the plain *poscas*, or *iubeas*, which Aeolus uses in the next line to express his own humble submission. Henry happily quotes Ter. *Eun.* 1057 (V. 9. 26), where the parasite Gnatho being told *optare quoduis donum et praemium* replies with *postulo ut* etc.

77. **explorare**, as Henry points out, is again a courteous periphrase for *constituere* or the like; the region of enquiry is merely that of Juno's own desires, and the word has no ethical implication, as Heyne and others supposed ("recte secusne id fiat"). This Seneca saw, if we may judge from a scene of *Herc. Oet.* (272) where Deianira bids Juno to employ her for any ill deed: *utere furente; quod iubes fieri nefas? reperi*. So in Eurip. *Ion*, 1020, which V. no doubt had in mind: σὸν λέγειν τολμᾶν δ' ἐμόν. Milton (*Par. L.* x. 68) probably remembered our present passage:

> "Thine is to decree,
> Mine both in heaven and earth to do Thy will".

V. quite as much as Milton carefully avoids the evil colour of τολμᾶν natural to the sceptical Euripides, whereas Seneca prefers the more sensational *nefas*. In Homer (*Il.* XIV. 196) the answer of Sleep to Hera is on a very human level and suggests no awkward questions; αὔδα ὅ τι φρονέεις. τελέσαι δέ με θυμὸς ἄνωγεν. **fas est** 'it is my lawful privilege'; so, rightly, Henry. The noun has always the notion of a law whose commands are mainly negative. Out of the 24 occurrences in V. (Merguet) ten are with a negative (e.g. VI. 563 *nulli fas casto*); another six have the same colour, e.g. III. 55 *fas omne abrumpit.* In six others, like 206 and IV. 113, *tu coniunx; tibi fas animum temptare,* though the statement is positive, the meaning is always 'it is not forbidden'. There remain IX. 96 *fas immortale* 'the privilege of the immortals' (i.e. of being permitted to live for ever), and the present passage. The rendering 'duty' misses the point. Juno's henchmen all think they 'have a right' to obey her; but they are all (Aeolus, Allecto, Juturna) rudely undeceived.

78. **tu mihi**, a juxtaposition emphasising the personal relation just stated, and explaining it. **quodcumque hoc regni** 'this throne whate'er its worth', as *hoc aeui quodcumque est* in Lucr. II. 16, conveys a certain depreciation; for very different reasons in IX. 287 Euryalus refuses to estimate too highly *huius quodcumque pericli est*, the danger he is resolved to face. Statius (*Sil.* V. 3. 213) follows our present passage closely in expressing gratitude to his father (*decus hoc quodcumque lyrae...dedisti*). On the reference to Juno as queen of, or a name for, the air see 52 n. *ad fin.* **sceptra Iouemque.** To the view taken by more than one scholar, including Ctn., that *sceptra* is another term for the *regnum* just mentioned, Henry's answer (that V. in that sense would certainly have linked it to *hoc regni* by writing *haec sceptra*), with his apt comparison of *arma uirumque*, is decisive; 'sovranty and Jove' stands for 'sovran Jove' (54 n.). It is true that *conciliare* is an old word which to start with had no very elevated meaning ('fold or put closely together under one surface or roof', from the root of *oc-culo*, Gr. καλ-ύπτειν); yet in the only other passage where it occurs in V. (X. 151 *Mezentius arma quae sibi conciliet*) it has in effect a personal object, and this is its prevailing use, though objects like *fauorem* are common enough; it has always a familiar, often contemptuous, suggestion as to the means used to bring about union. On Juno's influence cf. Stat. *Theb.* X. 130.

79. **epulis accumbere diuom.** Was this suggested to V. by part of Hera's first offer to Sleep (*Il.* XIV. 238), a passage which V. certainly had in mind (see n. on 52 and on *propriam* 73)? Examples of this mark of divine rank are cited in abundance, e.g. Aesch. *Eum.* 351; Theocr. XVII. 14 ff.; Hor. *Od.* III. 3. 11; Verg. *E.* IV. 63. But θρόνος is not the furniture for a dinner party (*accumbere*), and had Hera the right to give such a privilege?

80. **nimborum...potentem** is an amplification of the *regni* in 78 (see 2 n. and 54 n.) but not superfluous, since it applies the picture of his power and his gratitude to the situation at the moment, thus bringing us back to the story of Aeneas with no sense of digression such as the reader would certainly have felt if Aeolus' answer had ended with the preceding line (79). *facis* and *potentem* are interwoven with the co-ordinated genitives; see 13 n.

81–2. **cauum...latus** 'he pushed against the hollow rock, striking it on its side with the butt of his spear'. Henry is probably right in suggesting that the opening, which Aeolus is thus described as making, is to be pictured as that of gates moving back inwards, like the doors of the temple of Janus which Juno herself opens (VII. 621 *impulit ipsa manu portas*). But V. is careful to avoid insignificant detail; the essential point is that the king of the winds promptly releases them from their mountain cave by a vigorous act; and more than that would burden the story; see 52 n.

81. **cauum...montem**. What Aeolus struck looked like part of the mountain, but it had a cave behind it, 'the mountain where it was hollow'. **conuersa** 'turned round', i.e. 'reversed', the commonest meaning, as Henry had realised by 1872 (citing e.g. Lucan VII. 576; Ov. *Met.* XIV. 300); cf. in V., e.g. V. 582, XI. 654.

82. **in latus**. The blow fell 'on to the side (of the mountain)': "quasi in rem quae facile cedit ictu" (Serv.), who quotes from Ennius (*Ann.* 508, L. Müller, i.e. 18. 13), "nam me grauis impetus Orci percutit in latus". So II. 51. In XII. 507 Aeneas 'catches Sucro on the side' (*Sucronem excipit in latus*) with a fatal thrust of his sword. **uelut agmine facto** 'like an army marshalled for advance' includes both the ideas which Servius offers us as alternatives: 'impetu', as in II. 212; and 'multitudine', as in VI. 572; the phrase also implies the appearance of a joint purpose. The words of a poet are pictures, precise, no doubt, but not with the colourless precision of a term in Euclid. The military sound of *agmen* gives the keynote of the splendid lines that follow (82–91); "the storm to V. was always a battle, and the battle always a storm", as Henry finely says.

84. **incubuere** and in 90 **intonuere**, like *fugere ferae* in *G.* I. 330, are perfects of instantaneous result: 'in a moment they have fallen'. Note with Henry the impressive effect of the four verbs, *incub.* and *inton.* with *insequitur* and *eripiunt*, all compounded with intensive prepositions and all placed first in the line, leaving their subject nominatives to follow.

85. **ruunt**, 35 n.; contrast the intransitive use in 83. This is hardly a case of V.'s (sometimes playful) use of words with double origin (114 n. on *ingens*); but the awkwardness of the double use may perhaps be explained if we suppose that the storm-passage (84–101) was written separately and not quite perfectly adjusted to the Aeolus story when V.'s work was stopped. **creber...procellis**, a characteristic Vergilian turn, 'squall-crowding, multitudinous in (or "with" or "of") gusts', for the prosaic *procellosus*— "the peculiar character both of the Scirocco and Libeccio winds as I have myself frequently experienced at Leghorn". So Henry, who adds that Libeccio is the modern name for Gr. Λίψ with which the Africus was identified (e.g. by Sen. *Nat. Quaest.* V. 16. 6), i.e. W.S.W.

85–6. In the storm raised by Poseidon upon Odysseus (*Od.* V. 291–305) there are ἄελλαι παντοίων ἀνέμων (304), those of Eurus, Notus, Zephyrus and Boreas being especially mentioned (295–6). So writes Milton (*Par. Reg.* IV. 413), whose 'stony caves' is meant to remind the reader of this passage. Of the comments of various scholars, led by Seneca (*Nat. Quaest.* V. 16. 2), I will only say that if they had spent 30 hours with me on Aug. 25, 26, 1928, on a large liner in the Southern Pacific, or had been with V. in a bad storm on the Mediterranean, they would have learnt enough of the nature of a hurricane not to spend time in reproving three great poets for describing one correctly.

88–9. Like III. 198 these lines spring from Hom. *Od.* V. 293

σὺν δὲ νεφέεσσι κάλυψεν
γαῖαν ὁμοῦ καὶ πόντον· ὀρώρει δ' οὐρανόθεν νύξ

(where it is Poseidon who gathers the clouds). The simplicity of the older poet is replaced by not less direct and beautiful lines, which bear a greater weight of thought in the sinister suggestions of *eripiunt* and *incubat*, in the climax of *caelum*, *diem*, *nox atra*, and in the picture of all the Trojans gazing with straining eyes upon the growing storm.

90. As Serv. points out, the mention of the (two) poles means thunder on every side, 'from pole to pole' as Ctn. happily gives it. This line apparently puts the thunder before the lightning; but to omit *et*, as some have wished to

do, would in fact injure the meaning, as Ctn. saw, though no one in his day had understood that the line contains an idiom which V. has developed more fully, it would seem, than any other Latin poet. Starting from an observation of Mr T. E. Page (*Cl. Rev.* VIII (1894), p. 203), in his *Aeneis*, VI (Anhang II. 2) Norden has shown that V.'s dislike of subordinate clauses has led him again and again to replace what in prose would have been put into a clause introduced with *cum*, *simul*, or the like, by one connected with the main statement merely with *et* or *-que*; and that he often does this deliberately to imply that the clause so connected is part of the main action and not to be distinguished from it in point of time, or, if distinguished at all, that it was prior; as in VI. 567 *castigatque auditque dolos* 'after hearing their guilty ways, he chastises them'; VI. 226 *conlapsi cineres et flamma quieuit* 'the ashes fell in when the flame died down'. Other examples in 43, 123, 398; II. 353 and 749; VI. 115, 331, 365 f., 543, 545; VII. 7. Sometimes the arrangement is complicated by an Interweaving of the order (v. 731 ff.). How strongly V. preferred this simpler form of narrative to the subordination which is natural in Latin prose, Norden illustrates happily by contrasting five lines from Lucretius (VI. 58–62) which contain four subordinated clauses with the opening of Book VI, where there are two periods each containing three clauses which would have been subordinated in prose, but which in V. are connected merely by *et*, *-que* and *tum*.

91. **uiris intentant**. See Henry's remark quoted 82 n.; the picture is of men fighting for life. Yet part of the line was taken from and meant to recall a totally different scene, like this only in the despair it bred—the loneliness of Ariadne deserted in Naxos (Catull. LXIV. 186):

omnia muta
omnia sunt deserta, ostentant omnia letum.

The change of preposition in the main verb, and of *letum* (death in which one forgets and is forgotten—so the Romans derived the word, from Gr. λήθη (Varro, *L.L.* VII, § 42), and so V. uses it, e.g. VI. 434) into *praesentem mortem* and the addition of *uiris* (not only Aeneas) show us V. at work in his own way.

92. **soluuntur**: not so much 'relaxed' as 'put out of gear, out of control', 'paralysed' as we say; the same result is sometimes expressed by *uincire*; thus beside *somno uinoque soluti* (IX. 189) we have in *G.* II. 94 the effect of wine denoted by *uincire* (*linguam*) (cf. Ov. *Met.* XI. 238, of sleep). The whole phrase used here of the chill shudder of sudden fear (as λύτο γούνατα in *Od.* V. 297) is applied in XII. 951 to death itself. Whether this involuntary sensation implies culpable cowardice is a question of psychology on which Homer (*l.c.*) clearly implies a negative answer, and V. no answer; but in what follows the openly expressed wish to have died at Troy and enjoyed the glory of a warrior's burial which is attributed by Homer (*Od.* V. 306) to his hero with no hint of disapproval, is by V. clearly stigmatised as a weakness; for the word *iactanti* (when used of speech) always implies some censure (e.g. II. 588, IX. 621, X. 322; *E.* II. 5). It is a mistake to suppose that V. meant to portray Aeneas as faultless.

93. **duplicis** 'both' (not 'clasped'); cf. IV. 470, VII. 140; Lucr. VI. 1146. In supplication Romans did not clasp their hands; cf. III. 176 with Henry, who points out that the notion of clasping is never expressed by *duplex* alone.

94. **uoce refert** 'utters aloud'; the word properly means 'bringing (out of one's mind) a response (to the situation, or to some one's previous speech)'. The opening of Aeneas' speech is closely modelled on that of Odysseus in a parallel situation (92 n.):

τρὶς μάκαρες Δαναοὶ καὶ τετράκις, οἳ τότ' ὄλοντο
Τροίῃ ἐν εὐρείῃ χάριν Ἀτρεΐδῃσι φέροντες.

καὶ δὴ ἐγώ γ' ὄφελον θανέειν καὶ πότμον ἐπισπεῖν
ἤματι τῷ, ὅτε μοι πλεῖστοι χαλκήρεα δοῦρα
Τρῶες ἐπέρριψαν περὶ Πηλεΐωνι θανόντι·
τῷ κ' ἔλαχον κτερέων, καί μευ κλέος ἦγον 'Αχαιοί.

Hom. *Od.* v. 306–11.

A similar horror of death by drowning appears in Achilles (*Il.* XXI. 272), who like Odysseus grieves to miss the honour that a death in battle would have earned.

95. **ante ora patrum**. To die or be burnt on the pyre, in sight of one's parents, is elsewhere (VI. 308; X. 443; *G.* IV. 477) spoken of by V. as a climax of the pathos of death, from the survivor's point of view. Here, from that of those who fall, the sense that the sacrifice they are making is known to those for whom it is made, is with equal truth regarded as a thing to be desired; it is not a cancelling of affection, but its supreme fulfilment. **Troiae sub moenibus altis** recurs, with the mention of Sarpedon, in X. 469, where, as here, it suggests the grandeur of the cause for which the warrior fell—but with a certain picturesque and pathetic irony—walls that towered so high but could not save the men who fought for them.

96. **contigit oppetere** 'to whom it was granted to meet their death'. *contigit*: the old dictum that *contingo* was used of good fortune, *accido* of bad, was incorrect, if so stated; but the first word does regularly refer to events that come in regular course and may, or might be, naturally expected, whereas *accidere* refers to something that breaks in upon ordinary ways. *oppetere* seems orig. to have meant 'go to meet' and so to have been used esp. of a courageous death (so *petunt G.* IV. 218). This colour may be felt here and in XII. 543, where a warrior falls with his face to the foe, and perhaps in XII. 640; so certainly in Catull. LXIV. 102 (*si sic legendum*); and in Cic. *Phil.* XII. 30; *Tusc.* I. 48. 116; Tac. *Ann.* II. 24. But it is used of Agamemnon's death by murder in XI. 268, where as in IX. 654 the notion of overwhelming fate, as in *obire* (for *diem* or *fatum obire*) and *occumbere* (e.g. II. 62), is more prominent than any other.

97. **Tydide**: Aeneas invokes the man who nearly slew him before he was rescued by Aphrodite (Hom. *Il.* V. 297) as a witness to his having deserved a warrior's death. The mention of Diomede's unique valour (from *Il.* VI. 98) is therefore relevant. The use of a patronymic, always a courteous address, is particularly common in poetry, both Greek and Latin, partly for the sake of the metrical convenience of an alternative form; Tȳdīdēs and Ā̆trīdēs suit many more places in the line than Dĭŏmēdēs and Ā̆gămēmnon or Mĕnĕlāŭs. **mene...non potuisse**: Exclam. Inf. (37 n.). **campis**: Local Abl.; cf. e.g. *terris et alto* 3, *mari summo* 110.

98. **anima** is used by V. in its strict sense of 'the soul', that is the living element in the body. As compared with *animus*, which is the conscious reflective mind and will, *anima* corresponds very closely to what modern psychologists describe as "the Unconscious", and this is the word which V. chooses to describe the part of the man that survives his death; hence it is far more frequent (22 times) in Book VI than in any other Book in the whole *Aeneid* (58 times in eleven Books). Etymologically it is related to *animus*, as *pugna* to *pugnus*, *repulsa* to *repulsus*; that is, it is a Collective or Abstract noun, meaning in its physical sense 'breath' or 'the principle of breathing' as contrasted with *animus* 'a breath' or 'the breath' (*Mak. Lat.* §§ 209 ff.). On *animus, animi*, see 149 n. **dextra** 'at', or 'beneath' (your right hand); the Abl. denotes not so much the instrument which he covets for the fulfilment of his wish, as its cause or condition.

99. **saeuus** here takes the place of the Homeric standing epithet of

Hector ἀνδροφόνος and generally may be said to be the word regularly used by V. to express the stern cruelty of battle; outside actual warfare it describes the fierce sternness which may at any time have cruel results, as in 4 and 25 (of Juno's resentment). Its emphatic place in the line here implies 'even fierce Hector (who might well have escaped death by his prowess)'. **iacet** 'fell'; Historic Pres. as though Aeneas said, 'I can still close my eyes and see Hector and Sarpedon fall'. Heyne compares κεῖται in *Od.* III. 109, which is used in exactly the same way; cf. *iacent suis testibus* 'are convicted by (the testimony of) their own witnesses', Cic. *Mil.* 18. 47. Those who took the word to mean 'still lies' forgot that neither Hector's nor Sarpedon's body (*Il.* XVI. 667) was allowed to remain where it fell in battle. **ingens**, 114 n.

100. **Sarpedon**, son of Jove; his death here, as in X. 471, is V.'s symbol for the inexorableness of fate; *stat sua cuique dies*. **Simois**. The mention of this river with *scuta* and *galeas* seems to show, as Serv. observes, that V. had in mind a phrase in *Il.* XII. 22, though that curious passage—a quasi-historical digression of the bard apparently intended to explain why no trace of the Greeks' fortification remained in his own day—is otherwise remote from the story here. Aeneas' recollection is really based on such passages as *Il.* XXI. 7 and 235, as Henry justly contends, although there it is the Xanthus that sweeps away the fleeing or fallen warriors. V. ascribes this to the Simois again in XI. 257.

100–1. **correpta sub undis...uoluit** 'seized and rolled beneath his waves'. The phrase *sub undis* is perhaps more naturally attached to *uoluit* in construction than to *correpta*, to which the alternative reading *sub undas* might seem more appropriate ('snatched down into his waves'). But in VIII. 538–9, which are almost exactly repeated from this passage (see Sparrow, *Half-lines and Repetitions* (Oxford, 1931), p. 103), we have (according to *MP*) *sub undas* without *correpta*, and in VI. 342 *sub aequore mersit*; see also my note to Livy III. 28. 11 in Bibl. Class. Oxon. 1914. It is best therefore to think of *correpta uoluit* as two parts of one event and of the phrase with *sub* as going with both; see 75 n. It is most unlikely that V. gave the Pres. tense in *uoluit* a different colour from that which we have seen in *iacet*; therefore we must reject the rendering 'once seized and still rolls', which *premat* in XI. 257 might suggest.

102. **iactanti**. This Dat. of Disadvantage connects the behaviour of Aeneas more directly with the course of the story than would the Abl. Abs. 'as he uttered these wild words...the blast smote his sail', not merely 'the sail'. *E.* II. 5 (*studio iactabat inani*) shows that *iactare* need not imply passion, but only the foolishness of the outburst. When applied to speech the word seems always to connote some degree of egotism which calls for censure; cf. Cicero's description of Pompey, *Syriam spernens Hispaniam iactans*, *ad Att.* IV. 9. 1. **Aquilone** with *stridens*, the Abl. of Specification greatly beloved by V. (cf. e.g. *furit harenis* 107; *creber procellis* 85; *formā pulcherrima* 72; *bello superbum* 21); *stridor*, esp. natural of the N. wind (Cic. *Tusc.* I. 28. 68); κεκληγώς is applied to the W. wind in Hom. *Od.* XII. 407, but few, if any, other resemblances to that passage appear here. For Seneca's comment see 85 n.

103. **aduersa** is the first explicit indication of the direction of Aeneas' voyage from Sicily (34); the N. wind blows 'in his teeth' and drives him away from Italy on to the African coast.

104. **franguntur**. The wind catches the blades of the oars and breaks the oars off at the portholes. Rowing and sailing together are said to be non-Homeric; in III. 207 we have the (Roman) practice in approaching shore. **prora**. This reading, justified by Porphyrion's note (*u. sup.*), is needed to

give *dat latus* its regular meaning of exposing one's unprotected side or part—cf. e.g. II. 553, IV. 73, X. 314, XI. 649, XII. 507, and for this meaning of *dare* X. 425; hence Sen. *Hipp.* 1072 and possibly Tib. I. 4. 46. The wind pushes the prow round and exposes one side to the waves as Valerius Flaccus (I. 619) understood: *puppis in oblicum resonos latus accipit ictus.*

105. **insequitur** is not *incidit* but means 'then followed after them', of course distressing the ship but not overwhelming it; cf. IV. 161, and esp. Sil. XVII. 248, whose story down to 282 closely follows this passage. **cumulo**: cf. II. 498 and for the Abl. *Aquilone* 102 n.; ἀπὸ κοινοῦ with *insequitur* and *praeruptus*, cf. 75 n. **aquae mons**: Apoll. Rh. II. 580; *Od.* III. 290; but *mons* (like *mentum* from the root of *pro-min-ēre* etc.) means orig. 'something prominent' and its size depends on the context (e.g. II. 15, and such phrases as *montes argenti*; so in the derivatives in French, Italian and Welsh).

106. **hi...his** denote men in different ships; contrast III. 564–5 of the same people at different times. **pendent**: cf. X. 303, describing a worse plight.

107. **furit harenis**: Abl. like *cumulo* in 105; cf. Ov. *Met.* XI. 499. The fuller description in III. 557 and *G.* III. 241 seems to point to some experience of V.'s own eyes. The sand is that which was at the bottom but is now swept up high in the waves. V. knew Apoll. Rh. IV. 1265 and probably Sall. *Jug.* 78, both passages describing the Syrtes, which are indicated here (111), though the Syrtis Maior and Syrtis Minor were both at some distance from Carthage. Lucan (V. 643) remembered this line.

108. **latentia** 'hidden', 'sunken', i.e. just reaching the surface of the water (110), hence the sailor might fail to see them.

109. **Aras**, which Varro, quoted by Serv., describes as rocks dangerous to those sailing between Sardinia and Sicily if they lose sight of both these islands (whence, no doubt, Pliny V. § 42); they are most probably to be identified with the Skerki rocks, about 60 miles S.W. of Lilybaeum. Identification with the *Aegimoerae*, which were some 30 miles E. of Carthage (Livy XXX. 24. 9, probably the modern Zembra islands), is due to a corrupt reading in Pliny *l.c.*, on which see Sillig *ad loc.* The note which Serv. quotes from Sisenna confuses them with the *Arae Philaenorum* which were a long way, at least 800 miles, along the coast to the E. The prose order would be *saxa quae in mediis fluctibus Itali Aras uocant.* The hyperbaton of *quae* in this line was censured by Quintilian (I. 2. 14); but from II. 295 and VII. 680 it is plain that V. felt no serious scruple where the meaning was plain; Quintilian was advising speakers, not poets.

110. **immane**. The essential meaning of this word in V. seems to be one of unnatural size. It is applied seven times to *corpus* or *membra*, twice to *pondus*, and no less than 25 times to persons or animals large enough to be terrifying, such as the seals in Neptune's train (V. 822), Cerberus (VI. 418), the Wooden Horse (II. 150); and only some six or seven times to such nouns as *ira* or *nefas*. It was unnatural, 'monstrous' of the reef to be so long and yet so nearly submerged.

111. **breuia et syrtis**: cf. 54 n. V. seems always to use *syrtes* as denoting any shallow seas off the Carthaginian coast (e.g. I. 146, IV. 41, VI. 60), without confining it to the bays to which later the names were specifically attached, Maior and Minor Syrtis—both a long way from Carthage.

113. **Lycios**: "Troiae ad auxilium uenerant; mortuo rege Pandaro Aeneam secuti sunt; unde et in II (796)...*comitum*...*nouorum*" (Serv.). **Oronten** is explicitly quoted by Charisius (Keil, I. p. 20) as a Greek form used in this line.

114. **ipsius** 'of their leader'; so on slaves' lips in Plautus *ipse* often means

'(our) master'. **ingens pontus** 'the great, incalculable sea'. There is no warrant for the assumption that *pontus* (a favourite word with V.) has here merely the meaning of Eng. 'a sea' in sailors' language ('we shipped a big sea'), which misses the climax of *procella* (102), *aquae mons* (105), *unda dehiscens* (106), *saxa* (109), *aggere harenae* (112); finally (no one of these smaller dangers but) the vast sea itself rises to swallow a whole ship. In V.'s use the idea of strangeness in *ingens* is more prominent than that of size, which is always relative—here to that of the ship, in (e.g.) *G.* II. 19 to that of a small shoot of bay just springing from the ground; cf. 192 n., 640 n. The sense of wonder or mystery seems to be associated with its double (or even, in V.'s mind, perhaps treble) origin; (1) 'unknown' (identical with Eng. *uncouth*), (2) 'unborn' and perhaps (3) 'inborn'. See Mackail's and my own remarks in *Cl. Rev.* XXVI (1912), p. 255, and n. on *numen* (8). The word *ingens* was too full of grave feeling to find a place anywhere in the *Eclogues*, though it is used once in the *Culex* (of a dangerous serpent, 174); and so, curiously, is *immanis*, which is equally absent from the *Eclogues*. **a uertice** 'from above', as in V. 444 and *G.* II. 310, no doubt translating κατ' ἄκρης of *Od.* V. 313; cf. *ab alto* (297 and probably *G.* I. 443).

115. **in puppim**: cf. *in latus* 82 n.; 'on(to) the poop'. **magister** in V. means one possessed of masterly, expert knowledge like Italian *maestro*, whom others trust as their leader (*pecoris G.* II. 529; *equitum* IX. 370) or teacher (e.g. of boxing V. 391; music *E.* V. 48; medicine XII. 427); in a ship it is the chief authority on sailing, the pilot; not necessarily the commander of a ship, except when he takes the helm, as here, cf. V. 224, 867; VI. 353. *magister*: "Leucaspis, ut in VI (334)" (Serv.).

116. **ter**: "quod Graeci τρικυμίαν uocant" (Serv. Dan.).

117. **rapidus** 'swift and greedy' here shows some of the meaning of *rapere* from which it is, of course, derived; cf. e.g. 42, 59; II. 305; VI. 75. **uorat** 'sucks down', whence *uorago*, an eddy that engulfs whatever floats in its circle, or a marsh in which one sinks.

118. **apparent** 'come suddenly into sight', several times used by V. at the beginning both of the sentence and of the line to mark something unexpected suddenly revealed. This is especially noteworthy when it is repeated in two successive lines, II. 483 and 484; cf. II. 622; *G.* I. 404. It begins a line though not a sentence in II. 422, III. 193 and 701, as in Lucr. III. 18. It has something of the same dramatic effect though with a slightly different meaning ('stand in attendance') in XII. 850. **rari**: predicative, contrasted with *uasto*. **gurgite**. This word (which contains the root of *uorare*) always means a depth of water in which things are apt to disappear with speed; cf. the Yorkshire word 'swallow' for a torrent disappearing in a limestone cavity; but it does not usually represent, as it does here, the water of an actual whirlpool. The men described as *nantes* were lucky exceptions, as the word *rari* indicates; cf. *uorago* 117 n. The line has become a proverb for a small number lost in a multitude; cf. 203 n.

119. **arma** no doubt means helmets and perhaps concave shields (cf. VIII. 539 and Livy I. 37), esp. if they were made of leather (as *galea* originally, cf. e.g. Val. Flac. VI. 379 of Gesander a Colchian (? 'a Scythian')) or wood (*scutum*, Pliny XVI. § 209). **tabulae** 'planks', the πίνακες νεῶν of e.g. *Od.* XII. 67. **Troïa**, the regular form of the ethnicon in V.; V. avoids the Greek form *Troïcus*, which is common in other writers. **gaza**: "Persicus sermo est" (Serv.); from Prof. E. J. Rapson I learn (Nov. 1932) of mod. Pers. *ganj* 'treasure-house', which appears as *gañja-* in late Sanskrit; that form became, as we should expect, Gr. γάζα, Lat. *gāza*. The oriental word is especially appropriate to fallen Troy, cf. II. 763.

120–1. Both the construction and the diction of these lines show the poet's care for variety. In 120 the first epithet is attached to *nauem*, the next to the proper name; in 121 a change of construction puts the proper names in the Nom. and only one of these has an epithet. **Ilionei**: cf. *Oilei* 41 n. This name and that of Abas are taken from two Trojans slain in *Il.* XIV. 489, V. 148. Ilioneus appears in 521 (where see the note) and Abas appears no more; but the name seems to have struck V. as convenient, and in III. 286 it is used of a Greek, in X. 170, 427 of an Etruscan. **Aletes** appears again in IX. 246, 307. The same name appears in Greek sources applied to other persons. **Achates** may be meant for the Trojan so named in *Il.* II. 701, and of course is mentioned frequently in the story of the *Aeneid.*

122–3. **laxis compagibus** may be a (purely verbal) reminiscence of Lucr. VI. 1070 f.; V.'s line was certainly remembered by Livy (XXXV. 26. 8).

123. **accipiunt** implies submission to what is inevitable, as in VI. 414, X. 907. **imbrem**: cf. *ratibusque fremebat imber Neptuni* (Ennius quoted by Serv.): and many examples of *imber* meaning 'water' in Lucr. **rimisque**. For this use of *-que* see note on *et*, l. 90.

124–79. Neptune hears the storm, reproves the winds, promising them punishment, and calms the sea, as easily as a trusted leader of men can calm a multitude. Aeneas' ships are divided; seven of them come to shore with him in a deep bay.

124. Cf. IV. 160 (of a thunderstorm).

125. **emissam** 'let loose', like a beast from a cage.

126. **stagna**: "profunda maris...quod non nisi nimia tempestate turbantur" (Serv.); more fully expressed by Lucan V. 643 f. **refusa** 'the deep water sucked in a flood from its lowest bed'. The particle *re-* implies 'out of place, wrongly' as often, e.g. VI. 107 and *G.* II. 163 (of the harbour water pouring out at the ebb); cf. *refigere, retundere.* **commotus**, mainly of startled surprise (cf. VII. 494 and e.g. Cic. *ad Fam.* III. 10. 1) which leads him to make enquiry; but partly, as Serv. saw, suggesting the physical identity of Neptune and the sea.

126–7. **alto prospiciens** 'looking forth from the height of waters': so Henry, quoting Sil. XVII. 236 *Neptunus ut alto prospexit uertique rates ad litora uidit*, which is decisive for the meaning here; cf. XII. 595; Catull. LXIV. 52; and later Val. Flac. III. 558; Sen. *Herc. Fur.* 132. The Abl. is closely connected with *pro*, with the same meaning as in *pro rostris, pro tribunali.* On *alto* see 34 n. The word is not used in the closely similar scene of *G.* IV. 352, which is (Henry) on a river, not the high sea.

127. **placidum** happily prepares the way (Heyne) for the *plācātio* of the storm that is to follow; but it mainly contrasts the "royal dignity" of "the god stilling the storm" with the turbulence of winds and waves (so Sil. VII. 254), and thus points on to the simile, "the effect in both cases being produced by the mere look" (Henry, who comments on the partial likeness of Stat. *Sil.* IV. 2. 40, a vivid picture of Domitian).

128. **toto aequore**: Locatival Abl. made clearer by the addition of an Adj. of extent—so often with *omnis, medius*, and sometimes other Adjj.; Hale and Buck, § 436; Roby, II. § 1170.

129. **ruina** is partly concrete as in XI. 888 and in the phrase *trahere ruinam* (e.g. II. 465), but mainly denotes the action 'the downfall of the sky'; so *G.* I. 324; Hor. *Od.* I. 16. 12; Sil. XVII. 252, and Sen. *Agam.* 485 (who, more suo, suggests that the gods themselves might tumble down too); XII. 610 is a line of similar cadence and structure. So Henry, who adds rightly that, as in VIII. 525, the word represents the effect of the blackness, thunder and lightning on the mind, not mere rain, which is not even mentioned.

130. **nec latuere**: cf. e.g. Hes. *Theog.* 550. On Neptune's old-time regard for Aeneas see V. 801 ff. **fratrem** admirably placed between *doli*

and *Iunonis*; 'her brother' knew well "her tricks and her manners" as Dickens would put it, which included the grudge (*irae*) of which the result was apparent to him in the misery of the Trojans.

131. **Eurum...Zephyrumque**: "per hos, omnes intellege; isti enim sunt cardinales...Cur tamen Zephyrus qui ad Italiam ducit, quem poeta supra tacuit, nunc uocatur? Ira in hoc Neptuni exprimitur si etiam eum obiurgat qui non adfuerit" (Serv.).

132. **generis...fiducia** 'confidence in your race', the regular construction with *fiducia*; cf. *fiducia mei* VIII. 395; further IX. 142, 188; XI. 502. For the *genus* see Hes. *Theog.* 378.

133. **iam** 'is it come to this, that...?' (Ctn.); cf. V. 790, though there *maria* is not remote from the context. **caelum terramque miscere**, a proverbial expression for creating disturbance and uproar, though not quoted earlier than Lucr. III. 842; later in Livy IV. 3. 6; Juv. II. 25; VI. 282. **meo numine**, 8 n. **venti** 'you winds' following on *uos* and *uestri* (132) contrasted with *meo*, and expressing contempt as Serv. rightly felt.

134. **audetis**. The *iussus* of 63 (cunningly omitted by Juno in 66) shows where Aeolus went wrong; he was only a gaoler; Juno's commands, recognised (*iussa* 77) for personal reasons by him, were unauthorised; a neat picture of disloyal administration (with which Romans were only too familiar) and of the mischief it caused.

135. **quos ego**: this famous aposiopesis ('breaking off into silence', *intermissio*) is counted an imitation of Demosth. *De Cor.* 226 by Macrob. VI. 6. 10, of Ter. *Andr.* I. I. 137 by Ctn. It leaves their penalty unspecified and is therefore more terrifying than an explicit sentence on their crime, and is often quoted in this sense; cf. 118 n. Ov. *Heroid.* XII. 207 weakens the threat by expanding it. **praestat** from *prae-stare* 'stand before, take rank before, be superior', but the (Ciceronian and later) Transit. *praesto* 'I guarantee, provide', as the old Latin spelling *praes sto* shows, is derived from the formula used in the law courts by a surety who at the proper moment declared 'I stand bail'. The Eng. colloq. 'stand (a drink to you all)' (Amer. 'stand for') has a parallel origin.

136. **non simili**: 'Later ye shall atone to me for your offences by a penalty which will more than match them'.

137. **maturate** 'speed well your flight'; the verb (lit. 'ripen') is used of speed in performance of duty, cf. *G.* I. 261; here with a touch of royal irony.

139. **sorte** refers to the lot by which Zeus, Hades ('Αΐδης) and Poseidon received the Upper and Lower Worlds and the Sea as their respective kingdoms, *Il.* XV. 190 ff. **immania**, 110 n.; **saxa** means the mountain or rocky island on which Aeolus reigns. **tenet** 'is master of' as in 12; cf. IV. 527, VII. 739, VIII. 194; Hor. *Od.* III. 4. 62.

140–1. Every word in these lines is contemptuous; even *domos* (*G.* II. 461); '(fit) mansions for you and your train'. For the Voc. (*Eure*) naming only one out of a number of persons whom the speaker has in mind, cf. e.g. IX. 525; *domus* often has a broader sense (VIII. 422; *G.* I. 371), but here their actual *carcer* seems clearly intended. It is in loose apposition to *saxa*; the mountain makes the cave and hence is identified with it. *in aula...regnet*, a reminiscence of *G.* IV. 90; *aula* and *carcer* are the same place. Since Aeolus has no subjects but the winds, he must visit their prison if he is to feel himself a king (*se iactet*). Henry was right in taking *clauso* as a Participial Abl. of Circumstance with *carcere*; 'place where' and 'means by which' are both included (Roby II. §§ 1164, 1174), and this is part of the command which was meant to recall Hom. *Il.* I. 179.

140. **Eure**: "Irascentium est uti proprio nomine, ut Terentius [*Andr.* 199] *ego te in pistrinum, Dave, dedam*" (Serv.); cf. 65 and 76 n. **se iactet** as in

G. I. 102. **aula**: "inrisio est; sequitur enim 'carcere' et nihil tam contrarium, si simpliciter intellegamus" (Serv.).

142. **dicto citius** 'sooner done than said', by the usual divine magic; cf. Aesch. *Suppl.* 598. **placat** as in III. 69 of quieting a storm at sea (not by sacrifice as in II. 116, III. 115); used of human or divine excitement in XI. 300; *G.* IV. 547. To call the use here 'metaphorical' is to err by twenty centuries; to V. the sea and the winds had a life of their own.

143 reverses the mischief of 88. **collectas**: cf. *E.* IX. 63.

144–6 bring out of their troubles first the three ships of 108 and then those of 110. Cymothoe (a grand-daughter of Oceanus, Hes. *Theog.* 245) and Triton taken together are balanced by Coupling Contrast (76–7 n.) against Neptune, whose powerful aid (*leuat*) precludes any damage which their rough work (*detrudere*) might involve. There is a certain picturesque humour in the whole, as so often in V.'s use of the supernatural. For the activities of sea-nymphs cf. X. 246; *G.* IV. 334–58 (an early piece of work); Apoll. Rh. IV. 930.

145–6. **leuat...aperit...temperat**, a succession of brief clauses marking (Serv.) Neptune's speed in an emergency; contrast V. 817–26.

146. **uastas** 'wild, savage, empty, hollow' (not 'huge') as in 52, 245; III. 421 and VII. 302 (Charybdis); V. 434 (the noise of a boxer's blow); XI. 208 (*agri* of the battlefield). **aperit syrtis** 'makes the sand banks navigable', dissolving the obstacles piled up in 112; cf. e.g. X. 13; Pliny, *N.H.* II. § 122; on *syrtis* see 111 n.

147, like *Il.* XIII. 25–30, gives us the familiar picture of Neptune driving his chariot over the waves.

148–53. This simile reverses the usual practice of illustrating human feelings and acts by comparison with natural phenomena, cf. e.g. IV. 401–7. The converse of this simile, the comparison of a multitude to a wind-tossed sea, was of course a commonplace, used e.g. by Scipio in his famous speech to the mutineers, Livy XXVIII. 27. 11; Polyb. XI. 29. 9. Silius, VII. 253–9, has turned the comparison round to picture Hannibal's power over his angry soldiers. This is one of the most elaborate in the *Aeneid* and appears to have been suggested to V. by a famous scene in the forum at which he may just conceivably have been present during Cato's praetorship in 54 B.C., see Plut. *Cato Minor*, xliv; where the commentators rightly refer to this passage. Probably the vividness of V.'s recollection of what he had seen (or heard from eyewitnesses) is one of the reasons why the sentence as a whole is complete in its construction and shows none of the ellipse that is usual in comparisons (e.g. *G.* II. 279–83 with *ut saepe...cum*); *ac* couples the whole statement down to 156 with what has preceded; *ueluti* subordinates the clause which ends with *mulcet* (153) to the main verb in *cecidit* (154); *cum* (148) subordinates the beginning of the story down to *ministrat* (150) to its conclusion of which the first main verb is *tum...silent,* with *si conspexere* (151–2) also subordinated.

148. **in populo** comes first as indicating the background of the whole scene; but its construction is with *coorta est.* It prepares for both the *uolgus* (149) and *conspexere* (152), but has no grammatical connexion with either. Its meaning is clear from Plaut. *Truc.* 74, Hor. *Sat.* I. 6. 78, 'in a great city' like Rome or Athens. **cum saepe**, a compressed expression for *cum ut saepe fit,* as in VIII. 353; and Lucr. V. 1231, where Munro collects other examples such as Lucr. III. 912, IV. 34; cf. *ceu saepe* V. 527, X. 723; *qualis saepe* V. 273.

149. **animis** 'the hearts of the low-born multitude are fiercely roused'. There are some 30 examples of the plural *animi* used of a single person in the *Georgics* and the *Aeneid,* always denoting what in modern English is repre-

sented by 'feeling' or 'spirit', in older English by the word 'heart'; whereas the singular has mostly an intellectual colour, 'mind', 'attention', 'intent'; although it can be used like the English 'mind' as at least the place of feeling, e.g. II. 575, IV. 197. But when the plural is applied, as here, to a number of persons, some doubt may arise whether it is merely plural of *animus* meaning 'minds', as XI. 315, or whether *animi* has the same colour as when it is used of a single person. Of this meaning ('heart') I have counted at least 38 certain cases, as in 57, 153, 202, II. 617. So here certainly with the strong word *saeuit*, as in V. 462. Of the non-emotional meaning of the plural it is difficult to be sure of more than about ten cases, e.g. III. 250, XI. 800, XII. 251. The cases in which real doubt may be felt are with words denoting astonishment, e.g. V. 529 and VII. 814; and further II. 799 ('intentions' or 'courage'?); III. 505 ('in mind' or 'in heart'?); VI. 832 ('in heart' or 'in will'?); but the longer one considers these doubtful cases the more one is inclined to see in them some tinge of emotion. But why should the plural have this colour? Probably from the original physical meaning, for the word is certainly identical with the Gr. ἄνεμος 'wind'; but took in Latin the special sense of the breathing or spiritual element in man as contrasted with the bodily substance. The plural of this word, as that of *spiritus, flatus* ('many (i.e. quick) breathings'), would naturally be associated with feelings that led to an outburst. On *anima* see 57 n. **ignobile** is particularly appropriate to the story (148–53 n.) of the scene in Cato's praetorship when his unpopularity had been caused by his vigorous efforts to repress bribery, which had reached extraordinary lengths in Rome. Cato nevertheless succeeded in subduing his assailants by his fearless dignity. **uolgus**: Neut. (but masc. in e.g. II. 99); like most of the heteroclite nouns (e.g. *plēbs* and *plēbēs*), is a fusion of two different words orig. as distinct as e.g. Gr. τεῖχος and τοῖχος, Lat. *pondus* (earlier **pendus*) n. and *pondus* m. (only surviving in Abl. *pondo*). Here the cause was the phonetic change of **uelg-* to *uolg-* (*Mak. Lat.* § 103).

150. **iam**, 133 n. **faces** as an incendiary weapon, its commonest use (e.g. Cic. *Cat.* I. 13. 32; *ad Att.* XIV. 10. 1); XII. 656 with 573, and IV. 604. Tisiphone has one as an instrument of torture in VI. 607. **furor** 'madness' (e.g. Hor. *Epist.* I. 2. 58), here of the multitude; the parenthesis begins as usual (e.g. 12, 25, 109) with the word most significant in the context and so connecting it best therewith. **arma**, 188 n. **ministrat**: cf. VII. 508.

151. **pietate**, 10 n.; here esp. of loyalty to his fellow-citizens; Abl. of Specification, 102 n.; the whole phrase gains emphasis by its trajection before *si forte*, which the Indef. Pron. *quem* must of course wait to follow.

152. **conspexere** implies a sudden sight, but full enough to be certain of one's recognising the person perceived. The word also implies here, as commonly, e.g. Livy XXV. 16. 2 and X. 43. 13 *conspecti...fugere*, the consciousness of being seen by the person who is seen (see n. *ad loc.* in Bibl. Class. Oxon.). The pause at this point of the line is unusual and implies a sudden and striking interruption to the natural course of things (Henry). **arrectis**, a word proper to animals, esp. dogs, regularly transferred to men; e.g. Plaut. *Rud.* V. 2. 6; so even with *animum* XII. 251. **adstant**, regularly used of watchers who are interested in what is happening and expect, or are expected, shortly to play a part in it themselves; cf. V. 478, VII. 72, IX. 677, X. 885; and even III. 123, VII. 181.

153. **animos**, 149 n.

154. **cecidit**, as of noisy breezes in *E.* IX. 58.

155. **genitor** of Neptune as in V. 817, so *pater* of the Tiber VIII. 72, of Vulcan VIII. 394, and of Bacchus *G.* II. 4. **caelo**: Circumst. Abl. 'with, beneath a clear sky'.

156 is equivalent to 147 and is put (Henry) to recall the reader to the point where the story was broken by the simile; so 63 beside 54; II. 574 beside 567 f.; IV. 527 beside 522; V. 575 beside 555; VII. 493 beside 481; XII. 860 beside 855. Henry quaintly observes that (as in Ov. *Heroid.* VII. 49) the sea-god prefers, like mortals, a calm sea for his excursions. **curru**: Dat. as *metu* (257 n.). **currus** includes, indeed mainly means, the horses (cf. VII. 163, XII. 350; *G.* I. 514); conversely Gr. ἵπποι is often used for 'chariot', e.g. *Il.* III. 265. **uolans**, as in *G.* II. 41. **dat lora**, as *dare habenas*, 63. **secundo** 'obedient', cf. Pind. *Pyth.* II. 11 ἅρματα πεισιχάλινα. The word is properly an old Pres. Partc. of the Dep. *sequor* 'following'; and is similarly used with *clamor, fortuna, res* (Plur.), *aures, uela* (Ovid, *A.A.* II. 64; *F.* III. 790).

157. **Aeneadae**, the citizens named after their king; Lucr. I. 1 uses the word of the Romans; cf. *Thesidae* 'Athenians' *G.* II. 383. **quae proxima** (*erant*), a common ellipse in such phrases, cf. 72 and *E.* I. 53. **cursu** 'at full speed', almost in its literal meaning 'at a run' (II. 321).

158. **uertuntur** 'arrive at' defies literal translation into English; the form in Latin implies neither deliberate action, as Eng. 'turned', nor being constrained, as Eng. 'were turned'.

159. **secessu**: "sinu secreto" Serv., who remarks "hunc locum in Africa nusquam esse constat" and conjectures that it is in fact a description of Noua Carthago in Spain. This is probably an early view of the passage, but not necessarily the true one.

159–69. These lines have been commonly taken as a romantic description not intended to depict any one known place. Serv. tells us that it fits New Carthage in Spain; a statement which is not hard to apply to the two heights of Castillo de S. Julian (920 ft.) on the E. and Castillo de las Galeras (650 ft.) on the W. of the mouth of the bay of Carthagena, and the island of Scombraria sheltering the mouth to the S.E. Serv. Dan. rightly points to like Homeric passages (*v. inf.*). If V. is romancing then Henry is right in taking *scopuli* (163) as the seaward end of the *rupes* (162), and Lucan (II. 619) may have so understood it; but he is describing the actual harbour of Brundisium, so that the relevance of the parallel is doubtful. *Od.* IX. 116–40 (the Cyclopian coast), X. 87 (the Laestrygonian), XIII. 97 (Ithaca), all have points in common with one or other part of V.'s picture; and it is difficult to doubt that V. had them in mind; but he may all the same have had knowledge of the bay of Tunis; and in that case no one who has been there can doubt that the *gemini scopuli* are the commanding twin peaks of Djebel Bou Kournine (1935 ft. and 1653 ft. high respectively), which are at the S. end of the large outer bay and the highest visible in the whole landscape; and in that case we should take the *uastae rupes* as being not identical with these but as the hills facing them from the N., rising towards the ancient acropolis or Byrsa (190 ft. high), so that *hinc atque hinc* will mean on 'N. and S. respectively'. This is a quite possible meaning of the Latin though the arrangement of the words on Henry's view is of the type more usual in V. (54 n., 175 n.). It should be added that *uastae rupes* 'wild rocks' (146 n.) does not imply height; indeed *uastae* is more appropriate to a slope broken into irregular terraces with fallen boulders on moorland or projecting from a forest, which is what the Northern aspect must have shown in V.'s time.

159. **in secessu longo** 'in a deep nook'—so Shakesp. *Temp.* I. 2. 226; see *Great Inheritance*, ed. 2 (1930), pp. 170 ff., for his familiarity with V. and cf. n. on *fessas* 168.

159–61. **omnis ab alto...unda**. The phrase is interwoven with the two sentences (13 n.). **ab alto**, 34 n. **secessu longo...sinus... reductos** are words of which each might be ambiguous taken alone;

together, no one familiar with the Vergilian economy of completing a picture by a series of suggestions (cf. e.g. 127 n., 130 n., 148–53 n.) ought to doubt that they describe a deep bay, retreating into a number of smaller creeks; see below.

161. **reductos** 'far withdrawn' (*G.* IV. 420), of the small creeks in the land into which a larger inlet breaks or is 'unfolded' or 'uncoiled' (see 159 n.). Some have strangely taken *sinus reductos* as if it were *fluctus retusos* ('waves beaten back from the island'). Not merely was the bay protected at its mouth but it offered safe landings in quiet creeks.

162. **uastae**, 146 n. **minantur in caelum**: cf. *in altum* 34 n. where, as here, V. by a slight variation of a common construction (314 n.) secures an economy of words; a prose writer would have needed to write *in caelum surgentes caelo terraeque imminent*; cf. II. 240, 628; IV. 88; and Lucr. VI. 562—where the *minent* of the good MSS. (though ἅπ. λεγ.) is right (not Lachmann's ridiculous *meant* or the hardly less feeble, though appropriate, *tument* of one det.). In form *minari* is only the Actitive (*Mak. Lat.* § 290) 'make oneself prominent (so as to affect some one else unfavourably)' parallel to the Passive Descriptive (earlier **menēre*) 'be prominent' (*ib.* § 291); the root appears in *mentum* and *mons*. The image of cliffs touching the sky is familiar, *Od.* V. 239, XII. 73; Henry quotes Pope (*Moral Epist.* III. 339) for a satiric application of the idea.

163. **uertice** 'summit', i.e. 'towering height' which shielded the bay from wind. **late**, esp. where it replaces a prosaic adjective, as here, is a favourite word (over 50 occurrences in *Cul.*, *E.*, *G.* and *A.*; e.g. 21, 181, 564, IV. 409, IX. 190) with the poet, whose first home was on the fringe of great mountains with a wide survey of the plain of the Po, 'beneath their height spread the broad silence of sheltered waters' (cf. *E.* I. 56).

164. **siluis**: Descriptive Abl. (as *saxo* 167); "posuit pro genetiuo, ut superius (75) *pulchra prole*" (Serv.), a remark not exactly true but worth quoting; on V.'s fondness for ablatival constructions where other cases would be used in prose see Madeleine E. Lees in *Cl. Quart.* XV (1921), p. 183. **scaena**: "pars theatri aduersa spectantibus in qua sunt regia" (Serv. Dan.). This is better than the paraphrase "inumbratio" in the preceding Servian note, which is too much like that of Luctatii Placidi...Glossae (Deuerling 82), who talks of an arched roof (*quasi concamerata*), a thing unknown to any theatre in V.'s time. The spelling *-ae-* attested by our MSS. and Varro (*L.L.* 7, § 96), as in *scaeptrum*, is clearly an attempt to represent in these borrowed words the open *e-* sound of Gr. η in the careful Attic pronunciation which the best Greek teachers in Rome enjoined; Lat. *ē* represented correctly Gr. ει before vowels (e.g. *Epēus*, *Odyssēa*), but not Attic η. **coruscis**: "hoc est siluarum crispantium, ut Iuuenalis (III. 254)" (Serv.).

165. **desuper...imminet** are (*pace* Henry) interwoven (13 n.); the two phrases connected by *-que* have the same predicate (*desuper imminet*) and are complementary; the forest first viewed as a whole from a distance 'the background of waving forest' and then in detail, visible as the ships drew nearer. **horrenti** 'bristling and quivering', a typical example of the Vergilian economy of saying one thing by a word which itself suggests another thing also (cf. *carcer* 54 n., *dare* 63 n.), here the effect upon the spectator who cannot help trembling too ("ad uenerationem pertinet" Serv.); exactly the same use of the word *horrida* appears in VIII. 348, where the context allows the suggestion to be made explicit in what follows (349–54). It is hardly too fanciful to see here an omen of the tragical issue of this landing; cf. e.g. the ill omens of *casus, errores, errantem* (754–6), of the gifts to Dido (650) and to Nisus (IX. 266); of the last word of a speech (610, 630; VIII. 583; X. 866; (and as a good omen 207); and of the use of the ambiguous word *tropaeum* (X. 775); of the last line of *E.* I contrasted with that of *E.* IX, or with the fair

omen of II. 801. Any reader of V. can find other examples of this characteristic Roman feeling represented by some delicate touch.

166. **fronte sub aduersa**. So Prudent. *Perist.* II. 225 of the (orig.) position of the pulpit in a church, at the far end of the apse. **pendentibus**, as Lucr. VI. 195 (see 52 n.), both from Poeta ap. Cic. *Tusc.* I. 16. 37.

166–9 are full of assonance (*a-*, *a-*, *a-*; *d-*, *-d*, *-d*; *-u-*, *u-*, *-u-*, *-u-*, *-u-*, *u-*, *-u-*, *u-*, *u-*, *-ū*; *-s*, *-s*, *s-*, *s-*, *-x-*, *-s*, *-ss-*, *-s*, *-s*, *-s-*; *-ō- -ō*, *-ŏ-*, *-ō- -ō*, *-ō-*, *-ŏ*; *-l-*, *-l-*, *-l-*, *-ll-*, *-ll-*) with no single harsh combination of consonants (such as e.g. *strinxit non* for *non alligat* would have introduced); with charming leaps of metre, in the fourth foot (167, 169) and in the second (168), and the allusion to the Nymphs; all picturing, in V.'s silent way, the heartsease of the mariners ashore at last. For a rather childish and laboured (though not unbeautiful) attempt to produce a like effect see Lucr. V. 945–52.

167. **dulces** 'fresh', not salt (*G.* II. 243). **uiuo sedilia saxo** 'seats of living rock' contrasted with artificial benches; Abl. as *siluis* 164 n. Henry has a charming note showing the connotations attached to the Adj. *uiuus* applied to stone; e.g. Ov. *Met.* XIV. 712; Milton, *Par. L.* IV. 605; and the Ital. *viva pietra* 'real, fine-grained stone' opposed to *morta* 'coarse, or conglomerate'.

168. **Nympharum domus**: cf. Aesch. *Choeph.* 71, which may have suggested *sedilia*; Nymphs are fond of caves (*Od.* XII. 318 with θόωκοι and XIII. 104). **fessas**: of course the feeling of the sailors (157, 178) transferred to their ships. The absence of need for moorings appears in *Od.* IX. 136 and XIII. 100. "The weary ship reposes without the strain which the strong cable and biting anchor imply", Ctn. who cites "thy sea-sick, weary bark" from Shakesp. *Rom. Jul.* 5. 4; cf. 159 n.

169. **ancora**. But Homer's ships were moored with εὐναί, large stones (Ctn.). The iron which the invading Achaeans brought with them into Greece (Ridgeway, *Early Age* (1901), c. IV f.) had not yet been applied to this purpose.

170. It is possible that the division of Aeneas' fleet was suggested to V. by the similar misfortune in the same place of Cn. Octavius in 204 B.C. (Polyb. XV. I. I; cf. Livy XXX. 24. 6 ff.). **septem**: those of 108, 110 and his own. **nauibus**: Circumst. Abl. (here with a Partc.); in 381 directly with a verb of sailing; Hale and Buck, §§ 420–2; Roby, II. §§ 1240–50.

171. **magno...amore**. So Odysseus (*Od.* V. 463) κύσε ζείδωρον ἄρουραν.

172. **potiuntur** 'reached' the place they longed for; as in III. 278, XI. 493. **optata**, as often, of things prayed for; IX. 6; Juv. X. 289, 346.

173. **sale tabentis** 'drenched and numbed with salt water'; so *tabes* in Livy XXI. 36. 6 of the mess of trampled snow. κήκιε of the taste of sea-water in *Od.* V. 455 expresses the same repugnance more pungently.

174. **silici**: Dat. of Thing or Person more remotely affected (Hale and Buck, § 371; Roby, II. § 1144) apparently only here with this verb though approved by Arusianus, Keil, *Gramm. Lat.* VII. p. 471; in prose probably *ex silice* would have been preferred, though no such example is quoted after *excudo*.

175 is a typical example of V.'s fondness for describing the same action or event from more than one point of view; see on *uinclis et carcere* in 54. *folia*, *nutrimenta*, and *fomes* are practically the same thing, though the last are perhaps chips of wood rather than dry leaves. The process of the action is almost the same in all three statements, but each adds a new point to the picture; the last points to the difficulty and the success of the attempt, 'casting chips of wood to snatch the flame'. Sabb. points out that *scintillam*, *ignem* and *flammam* make a climax. **succepit**: a parallel form of *suscipere* but apparently only used in the meaning of 'catching' things that would else have fallen, especially of the blood from the throat of sacrificial victims;

cf. VI. 249, IV. 391, XI. 806; Lucr. V. 402; and Vel. Long. (a grammarian of the Hadrianic period) recognises the distinction (Keil, *Gramm. Lat.* VII. p. 64). But two centuries later Serv. (on VI. 249) regarded *succ-* as merely archaic and hints no difference of meaning.

176. **fomites** "sunt assulae quae ab arboribus cadunt quando inciduntur, quod foueant ignem" (Serv.); see also Pliny, *N.H.* XVI. § 208 and Val. Flac. II. 449.

177. Critics have complained that the wording of this line, which represents, in fact, sacks of corn, wet with sea water, and hand-mills to grind it with, is too lofty, and approaches bombast. It is true that the word *arma*, especially to an English eye accustomed to the military meaning of the word, is archaic in its etymological sense of 'fittings, tools' (from the same root, probably, as *ars*), and it is possible that the whole phrase is taken from an older poet. But this more general sense appears in older Latin and in V., e.g. of a ship's rudder, VI. 353 (cf. V. 15), and of the plough and its parts, *G.* I. 160. The use of *Ceres* to mean simply corn, though even stranger to us, was far more natural to a Roman, in whose language the word, as appears from its suffix, had originally been a common noun meaning corn, just as *Venus* (with another form of the same suffix) originally meant 'charm', 'attraction'. The colourless entities associated with particular operations of life, which were all that the early Italian farmer had for deities (see my *Anc. Italy and Mod. Relig.* (1933), c. IV), tended, under the influence of Greek religion, to take something of a personal shape; but the concrete meaning of the words was deeply rooted in the language, more deeply than any belief in their personal character.

178. **fessi rerum** 'weary of fortune' or 'of life' (Obj. Gen. as with *immemor, neglegens*), cf. *laetissimus umbrae* 441; as often (e.g. 462) the weight of *res* is hard to represent in translation, cf. XII. 589; both passages are used by Sil. II. 234; V. uses the variation *fessae res* in III. 145, XI. 335. **receptas** 'recovered, saved'; cf. e.g. VI. 111.

179. Cf. the duties allotted to wintry days in *G.* I. 267, both passages owing something to a line of Accius (*Troad.*), "nocturna saxo fruges franges torridas" (Serv.).

180–222. Aeneas looks for the missing ships, and having espied a herd of stags, kills one for each ship and distributes them, cheering his men by reminding them of past escapes and great hopes. They prepare and consume the meal and wonder what has befallen their comrades.

180. **conscendit** 'scales'; for this intensive meaning of *con-* cf. e.g. *contendo* 'strive with might', *conrumpo* 'break down'. Precisely the same change of meaning (with one of syntax too) appears in mod. Eng. *altogether*, compounded of *all together*. **omnem prospectum**: lit. 'every sort of looking out', i.e. a view in all directions, *in omnis partis prospectum* as Pacuv. *Chrys.* fr. 9 more prosaically puts it. Odysseus (*Od.* X. 148) does the like and also kills a stag (*ib.* 158), both heroes carrying out the duties of a leader. Serv. well compares VI. 9, and contrasts VI. 184, where Aeneas takes a hand in rough work to do honour to a dead comrade.

181. **late**, 163 n. **si quem**: cf. III. 433, IX. 493; *G.* IV. 6; 'anyone like Antheus' (not 'Antheus and no mistake') (Henry), cf. Sil. XVII. 581 and the colloquial use of *nullus* (e.g. Plaut. *Rud.* 4. 4. 91; Cic. *ad Att.* XI. 24. 4); so Gr. τις, e.g. Aesch. *Ag.* 55 ἤ τις Ἀπόλλων. The *si quā* of later MSS. is less lively.

182. **uideat**: Prospective Subj., 192 n., Virtually Oblique, 18 n.

183. **arma**, i.e. the shield with the coat of arms which ancient warriors, when at sea, hung conspicuously on the poop; cf. VIII. 92 f., X. 80; Val. Flac. e.g. I. 339.

184. **ceruos**: cf. *Od.* X. 158 (one stag).

185. **armenta,** properly 'herds of ploughing beasts' if Varro (*L.L.* 5, § 96) is right, hence 'cattle'—for Italian horses never were (nor are) used for ploughing. (In 1903 I was derided by the wife of a distinguished scholar in the Abruzzi for saying that English farmers ploughed with horses.) But *armenta* was extended to horses, III. 540, XI. 494; *G.* III. 286; and by Pliny even to apes, *N.H.* VII. § 31. The Plur. stands for the Sing. (cf. e.g. 60 n. and *uina* 195), not, as Serv. supposed, 'whole herds'; though from it possibly Statius justified his *totos nepotes* (*Theb.* I. 81), which is clearly the colloquial use (Plaut. *Mil.* 212; Apul. *Met.* VI. 24) reappearing in Ital. *tutti*, Fr. *tous*.

187. **celeris** is the form of the Acc. Plur. Fem. used by V. in this word (IV. 226, 270, 357; V. 217; XI. 765; XII. 394, 859); *celeres* in *Cul.* 49 and VI. 202 is Nom. Since the Fem. was certainly an *-i*-stem originally, it had a right to the *-i-* in the Acc. Plur.; and it is interesting to observe that V.'s correct archaism defies the common practice with Adjj. whose Gen. Plur. has no *-i* (Acc. *-es* in Masc. and Fem.), for which see Hale and Buck, § 118 (4).

188. **Achates.** The faithful squire bears his lord's weapons, as in X. 333; just as for Hercules (Apoll. Rh. I. 132), and for a Gothic king (Henry, citing Sidon. Apol. *Ep.* I. 2). But hunting itself was not beneath the dignity of Aeneas; we know the contrary from the great scene in IV. 130 ff. **quae tela**, namely, the *sagittas* of 187; cf. VII. 477.

189. **alta** 'bearing their heads high with antlers like branches of a tree'.

190. **cornibus.** The Abl. (102 n.) may be attached with equal right to either of the three preceding words, see 75 n. The antlers mark the age and majesty of the stags. **uolgus** applied to beasts with a touch of pity, as in *G.* III. 469.

191. **miscet agens** 'swiftly drives into confusion'; cf. *torquet agens* 117; *fixit agens* IV. 70; and *turbabis agens G.* III. 412. The Partc. marks the persistence and vigour of the action, here by repeated shots, and seems to have something of the colour of the Imp. *age*, e.g. in 627, II. 707. For *miscet* cf. X. 721. **turbam** marks their consternation, 'the stags, all in a crowd'.

192. **prius...quam** with the Prospective Subj. (of an action anticipated and accomplished) after a negatived verb; cf. Caes. *B.G.* III. 18. 7; Hale and Buck, § 507 (4 *c*). **ingentia**, 114 n.; the marvel here is in the size of his victims. **uictor** following *agmen* in 186 and *miscet* in 191 completes the suggestion of a battle.

193. **humo** contrasts oddly with e.g. *humi* (*corpora fundis*) in XI. 665 and eight other passages (II. 380, though Arusianus (fourth century) quotes *humo*; V. 78, 481; VI. 423; IX. 754; X. 558, 697; XI. 640) in the *Aeneid*, where *humo*, when not a dative, seems always either a pure ablative (e.g. III. 24, though III. 3 is perhaps doubtful) or instrumental (X. 904). But *humi*, though it occurs in *Cul.* 161 and *E.* III. 92, is never used in the *Georgics*, whereas *humo* appears at least once (*figat humo plantas G.* IV. 115), if not twice (*G.* II. 460 *fundit humo*), where *humi* might have been expected. With Adjj. *humo* is used by Ovid in the Loc. sense (*humo gelida, Met.* IV. 261) and by Statius (*Theb.* X. 318). The evidence is scanty, but it may conceivably mean that in the *Georgics* V. inclined to use the ablative form, as more ordinary in other words, and avoided the older *humi*, to which he returned in the *Aeneid*. But it is on the whole better to take *humo* here with Sabb. as dative; cf. *cadis* 195 (and so *G.* II. 460 and IV. 115).

194. **hinc** 'thereon', i.e. from this field and moment of triumph; cf. *tum* (164, II. 697), which contains the same *-(s)m-* suffix as *hinc* (from **him-ce*). **socios...omnis** takes the place of 14 lines in *Od.* X (164 ff.) and two in *Od.* IX (159 f.). V.'s story here is hastening to events of cardinal moment and

cannot dwell further on the tranquil scene by the shore; contrast the leisurely pictures of e.g. v. 131 ff., VIII. 154 ff.

195. **uina**: Plur. for Sing., cf. 60 n. and 185. **deinde** like many particles of transition (*inde, ergo, igitur, et, ita*; Eng. *moreover, also, then, pray*) has both an emphatic use, when it comes first in its clause, and a slighter, mainly connective use, when it is, if not wholly enclitic, at least unequal to the emphasis of coming first (so always *quoque*, and in Ciceronian Lat. *enim*; Eng. *too*); 'what store of wine, too, good Acestes had shipped in great jars', cf. III. 609 *hortamur quae deinde agitet fortuna fateri*, and often in set phrases, e.g. v. 14, VII. 135. **onerarat cadis** as *onerantque canistris dona* VIII. 180, a Vergilian variant (35 and 314 n.) of *canistra donis*, cf. III. 465; here the variety is all the happier because *onus* (e.g. Cic. *Verr. Act.* II. 5, § 145) and *onerare* (Caes. *B.G.* v. 1. 2) are technically used (H.N.) of a ship's cargo and putting it on board. Petronius, 76, no doubt had this passage in mind.

195–6. **Acestes...heros** denote of course the same person and are naturally linked by coming at the end of consecutive lines; this phrase is interwoven with the two sentences *onerarat...dederatque* (see 13 n.), but *heros* is carefully placed near *dederat* marking the noble generosity (Ctn.) ('prince that he was', cf. ἥρως in *Od.* IV. 617), as *bonus* near *onerarat* marking the good-humoured trouble, of the giver ('that good Acestes'). For a similar meaning and position of *heros* cf. VIII. 464, and with different significance v. 453 and 459; XII. 902; so *dea* 412, 692.

198–207 from *Od.* XII. 208–12, but with characteristic differences; for Odysseus' boast of his own 'valour, counsel and foresight' in previous trials, Aeneas substitutes a reverent faith in divine protection (199, 205), and confidence in his men's courage (202); the hesitation of *forsan* reflects Homer's που, but the warm note of gratitude (for the blessings to which this new deliverance (*et haec*) may be added) in *iuuabit* (*v. inf.*) is wholly V.'s; Macrob. (v. 11. 5) rightly calls him *locupletior*.

198–9. 'Oh comrades, we have indeed ere this been no strangers to ill fortune. Be ye sure now, men who have suffered worse, that heaven will end these miseries too'.

198. **neque enim** occurs 21 times in *G.* and *A.* and is always a compound particle (though it is sometimes divided in writing, e.g. II. 100) meaning 'verily not, indeed not, not indeed'. In this phrase, *enim*, as always in *sed enim* and very occasionally alone (e.g. VIII. 84, x. 874; *G.* II. 509), keeps its old meaning of grave asseveration; so here, and in II. 100 and *G.* II. 104; quite probably also in VI. 52, XII. 74, 764. But *neque enim* in 14 out of its 21 occurrences does show an illative colour, as in 643, and out of the 14, 11 introduce a parenthesis, as in II. 376. In one case (IV. 170) it is followed by another *nec*; but since this is the only such case in V. it is unlikely that *neque* even there means more than a strong negative, meaning lit. as often in old Latin, 'not in any way' (e.g. in the XII Tables *si nec escit* 'si non erit'). It is perhaps pedantic to condemn the translation 'for...not' in a parenthesis; but that rendering fails to reproduce the dignity of *neque enim*. **ante** combined with the Pres., just as *diu, iamdudum, nondum*, Gr. πάλαι.

199. **o passi grauiora** from *Od.* XX. 18, where however Odysseus is speaking to himself (τέτλαθι δή, κραδίη· καὶ κύντερον ἄλλο ποτ' ἔτλης). Horace also remembered the line (*fortes peioraque passi*, *Od.* I. 7. 30) and drew from it a characteristically different command and foreboding. Which of the two friends, if either, had the other's rendering in view, we cannot tell, since parts of the *Aeneid* were known to V.'s circle long before its publication at his death in 19 B.C. **deus** might be rendered 'God' if we wished to express V.'s deepest feeling; but to most of his contemporaries it meant 'a god, some god who cares about the matter' (cf. e.g. *E.* I. 6; Hor. *Od.* I. 18. 3; Ov. *F.* II. 780). Eng. 'Heaven' has the same ambiguity.

200. **rabiem** 'the wild howling of Scylla's dogs' (III. 432; *E.* VI. 75; Lucr. V. 892 calls them *rabidi*). In VII. 588 we have the physical explanation of such myths (*latrantibus undis*). **penitus sonantis** either 'sounding from far within' (so Henry and Ctn.), or, if *penitus* goes with *accestis*, 'ye have reached the secret of the sounding cliffs' (so Tib. Donatus); Serv. recognises both views. For the first is pleaded the *canibus resonantia saxa* of III. 432, and the likelihood of V.'s using the second phrase to explain the first (175 n.), but both these points are met, and the first better met, by *sonantis* without *penitus*. Tib. Donatus is right; *penitus* gives much the same force to the argument as the repeated *uos*; and this meaning of *penitus* 'right up to' is commoner in V. (see 512, 536; III. 32; VI. 59; VIII. 148; IX. 1; XI. 623; XII. 256, 263; *E.* I. 66) than either of the other meanings, 'deep within' (e.g. VI. 679) and 'completely' (e.g. IX. 141). The meaning 'from within' is not found in V. (even in VIII. 242–3 'to their depths' is required by the context). What matters here is not the depth of Scylla's cave, but the fact that they had come well within her reach, which is exactly what *penitus* expresses.

201. **scopulos**, Lative Acc. (2 n.), regular in poets and Silver prose with *accedere*, e.g. 307. Cicero prefers to use *in* or *ad*. **Cyclopia saxa** III. 569 ff.; they were near enough to see the Cyclopes and to rescue a fugitive from them. **accestis**, an old and simpler (but not contracted) form for *accessistis*, cf. e.g. *traxe* V. 786, *uixet* XI. 118; see *Mak. Lat.* §§ 302, 300; and for other archaisms in V. 254 n.

202. **animos** 'courage', 149 n.

203. **mittite** 'cling no longer to, abandon' (125 n.). **forsan**: *v. sup.* 198–207 n. The use of this particle with the Indic. is poetical, in imitation of the construction with *fortasse*. **olim**, 20 n. **iuuabit** 'it will be good', a favourite word (e.g. II. 27, III. 282, IV. 660; *E.* V. 83; *G.* I. 413, II. 37 and 437, III. 23, 292 and 525), which means more than the τέρπεται of *Od.* XV. 400 and the ἡδύ of Eurip. Fr. 131 (σωθέντα μεμνῆσθαι πόνων), and far more than Cicero's cautious phrase *habet delectationem* (*ad Fam.* V. 12. 4). Aeneas bids them hope both for escape and for joy in looking back. The line has become a proverb, like 118, 630, and the *quos ego*— of 135, and *furor arma ministrat* of 150.

204. 'Through changing tides of chance, through all the dangerous turns of our fortune', *rerum* is Obj. Gen. after *discrimina* ('the crises which decide our fortune', cf. III. 685, IX. 143), not the old, otiose *rerum* (of *G.* IV. 441; Lucr. II. 897; Catull. XXVIII. 4; Hor. *A.P.* 47) for which there is no room in this tense utterance, cf. 208–9; nor of course the *rerum* after a Superl., 'of all the world' (*G.* II. 534; Hor. *Sat.* I. 9. 4).

205. **Latium**. Commentators more ready to criticise than to study have raised a cloud of dust over the passages where Aeneas speaks of his future, through not observing the gradual stages of the revelation granted to him. The name *Latium* does not imply a greater extent of real knowledge than the references to Italy in IV. 345–61. To comfort his storm-tossed followers the name of the goal of their wanderings in as precise a form as possible is essential. On the other hand the larger descriptions of the promised land are in place in the answer to Dido. **sedes...quietas**. The phrase used by Lucr. III. 18 to describe the inter-mundial region of the gods, from ἕδος ἀσφαλές *Od.* VI. 42, picturing Olympus. V.'s divine powers were too much interested in the life of the world to need the Epicurean pleasaunce; he gives the phrase a better use.

206. **fas**, connected in thought with *fata*; 'no divine utterance will forbid' (77 n.).

207. **durate**: τλῆτε *Il.* II. 299. **secundis**, 165 n.

208. **curis**: Abl. of Specification, 102 n., 614 n. **ingentibus,** 114 n.; '**overwhelming**', too new and far-reaching for one man to bear.

209. A useful distinction is conveyed by the line; *quod non est simulo dissimuloque quod est.* **premit altum corde** 'shuts deep in his heart'; a variation (314 n.) for *alto corde*; cf. x. 464.

210. **praedae dapibusque f.**, a two-sided description (175 n.).

210–15. These humble duties are briefly dismissed. 210–12 cover the process feelingly depicted in *Il.* I. 459–66; only those points are here mentioned which contribute to a picture of hungry, sea-worn men restored to safety and endurable conditions; eagerness to use the booty; hard work in flaying the stags, skilled handling of the flesh; a line of bronze cauldrons with flaming fires below; and at last the men stretching themselves, washed and at ease upon the forest turf, to receive their meal. Contrast 216 n.

211. **uiscera**: "non intestina tantum sed quicquid sub corio est" (Serv.), cf. *uisceratio*; 'the distribution of the flesh' (at the Latin feast on Mons Albanus).

212. **frusta** 'portions' (in prose, cutlets); Henry happily quotes Sen. *Ep.* 89. 2; Plaut. *Persa* 849 *frustum pueri* 'you bit of a boy'. **figunt** (cf. e.g. v. 544) 'pierce with the spits' for toasting over the fire, as in *Il.* I. 463; *Od.* III. 462.

213. **aëna**, whose use (no doubt, as Serv. tells us (cf. Apoll. Rh. III. 271 ff.), to heat water for washing) is taken for granted, *v. sup.* 210 n. This brevity may have misled Val. Flac. VIII. 252 into relating how the Argonauts boiled part of their meat, as Homer's heroes never did, but as a Roman (or a modern Irish) cook would do, and as, according to Henry's later view (supported by comic passages from Eurip. *Cycl.* 392 ff.; and Ovid), V.'s did here.

215. **implentur** 'take their fill of'; the verb is rarely used of feeding (three times cited from Celsus; Petr. 16 probably remembered this passage). The genitive construction appears in Cic. *ad Fam.* IX. 18. 4, and several times metaphorically 'filling' (with hope and the like) in Livy's First Decade (e.g. I. 46. 9); it is chosen here no doubt to preclude a grosser interpretation ('stuffed with'). **Bacchi**, see 177 n. on *Cererem*.

216. **postquam...fames**, repeated in VIII. 184 (Sparrow, *Half-Lines and Repetitions*, p. 81). **mensae remotae**, as in 723, denotes the Roman change (unknown to Homer, *Od.* XII. 309) from eating to drinking, when the tables (soiled by a meal without forks) were replaced by a clean set. This marks the time when thoughts and tongues are loosed and cares return; this natural transition (*Od.* XII. 310) V. links to his own story, with fuller expression (217–22) of its pathetic side.

217. **requirunt** 'long and sadly wondering enquire about their lost comrades, halting between hope and fear, whether...'; the situation, but hardly the words, resembles Aesch. *Ag.* 669 ff.

217–19. **requirunt...dubii** are clauses closely linked together so that no commas should be inserted (75 n.), describing the men's doubtful mood, while *seu...siue* describe the nature of the doubt. **seu...credant.** In Virtual Or. Obl., where the *seu* clauses represent a doubt in the minds of persons in the story, *seu* can hardly be distinguished from *utrum*; the Eng. *whether* can represent either. In Or. Rec. the difference is clear:

(*a*) *seu* 'whether they are safe or not, we miss them';

(*b*) *utrum* 'we are in doubt whether etc.'

III. 261 is precisely parallel, where the men demand that the harpies be pacified with prayers 'whether they are goddesses or beastly birds of ill omen'.

218. **inter** with *-que -que*, as in v. 169; so *-et -et* IX. 556, and with *utramque* III. 685.

219. **extrema pati** of course means death, but the Pres. is euphemistically put instead of *passos esse*; 'whether they are suffering deadly harm, and have already lost the power to hear when we call them'. **uocatos** no doubt implies (Henry) that the men had already called, or were still calling, aloud to their comrades; and it refers also to the practice of *conclamatio*, the loud calling by name upon one dead or seemingly dead before hope is abandoned. But the following lines show that no actual search for them takes place at this moment.

220. **praecipue** 'more than all the rest' as in VI. 176 (though there the main verb precedes). **pius** (10 n.) is in place, representing the natural sorrow of the leader who is also the friend of his men. **Oronti**, 113; on the form, 120–1 n.

220–2. **nunc...nunc...et...-que...-que** make only one sentence, of which the predicate *secum gemit*, which in prose would come last, is interwoven (13 n.) with the two halves: (*a*) *nunc...casum*, and (*b*) *et... Cloanthum*; *secum* 'inwardly' carries on the description of 219 and applies equally to the whole sentence. Monotony is further precluded by the distribution of epithets, to the first and the last two names, and to the *fata Lyci*; but none to *Amyci*, *Lyci* or *casum*; the repetition of *fortem* vividly reproduces the actual exclamation "O fortem Gyan, O fortem Cloanthum".

221–2. **Amyci** and the other names are of Trojans who in fact had not perished; Amycus appears in XII. 509—or IX. 772; Lycus IX. 556; Gyas and Cloanthus in the boat-race in V. 118 ff. The mourning which holds the reader in suspense till it is answered by the joy of 580 ends the first part of the Book, leaving the hero at the end of his resources except courage and faith. This is happily succeeded by the picture of the unchanging purpose of the divine powers, which assures the reader of a happy issue.

223–304. This celestial interlude separates in V.'s way (e.g. at V. 778, XII. 791) scenes of critical moment on the human stage and itself provides a calmer, far-reaching introduction for the incidents that follow. Jove's reply to the tearful (but neatly argued) plea of Venus unfolds the theme of the epic, the oecumenic mission of Rome. Heyne notes that oracles and omens were always sought when Greek colonies were founded; and Roman colonies, though their purpose was military, depended no less upon auspices.

223. **et iam...cum**, a mark of transition, as in II. 254; but *iamque*, perhaps for metrical reasons, is commoner; e.g. II. 730, III. 135, V. 327, X. 260; cf. 150. **finis erat** 'these things were drawing to an end'; not the mourning only, but all the calamity of which it was the sign. *erat*, observe, is neither *fuit* nor *fuerat*. **Iuppiter**, properly a vocative, as Ζεῦ πάτερ, which in the name of a deity easily usurps the place of the Nom.; on the *-pp* see *Mak. Lat.* § 111. **aethere summo** 'from the highest region of the sky', or simply 'from the heavens on high'.

224. **despiciens**: "deorsum aspiciens...notandum sane, quia si *dispiciens* dixerimus 'diligenter inquirens' significamus" (Serv.); cf. e.g. *G.* II. 187. Either verb is possible here; but perhaps the items named in the prospect, however numerous, are too large to call for the search implied in *dis-*. **ueliuolum** 'sail-flecked', lit. 'sail-winged', an early coinage of Latin poets; Laeuius (?) ap. Macr. VI. 2. 5, has *maria alta ueliuola*; Lucretius applies it to ships, V. 1442. **iacentis** 'outstretched'.

225. **latos populos** Enn. *Ann.* I. 4 (Vahlen, "si sana lectio"). **sic** 'at length', lit. 'just as he was' (cf. VII. 668); in the course of his contemplative survey he comes to a stand, just as a man would, and Venus (227) finds him *iactantem pectore curas*. Jove in Vergil has a human heart (cf. X. 471). Does any earlier poet attribute to him such *curae*? **uertice**: ἐν κορυφῇσι

καθέζετο, *Il.* VIII. 51; but that meant the top of Mt Olympus (*Il.* v. 754); here it is some point which V. conceived as the *caeli arx* (250), or its highest point; cf. Cic. *Som. Scip.* (*Rep.* VI), §§ 15 and 17 (*hoc templum*).

226. **regnis**: probably Dat. as *G.* II. 290 *penitus terrae defigitur arbos*; XII. 130 (*R* γ, Tib. Don.) *defigunt telluri hastas* (where *M P* give *-ure*); and Varro ap. Non. *defigere aliquem cruci.* In VI. 652 *M P R V* give *stant terra defixae hastae,* where the Abl. depends on *stant*; the *terrae* of *F* is unlikely.

228. **oculos suffusa**: cf. 29, 69, 658 and 246 n. **tristior**, i.e. than her wont, 'with troubled mien', unusual in φιλομμειδὴς Ἀφροδίτη, who is heartless except where her son is concerned; for this mild use of the comparative (Eng. 'rather, somewhat') cf. e.g. III. 377; VII. 46 and 205.

229. **Venus**. On the contribution of Naeuius to this scene cf. Macrob. VI. 2. 31. **res hominumque deumque** 'the life of earth and heaven', governed by *terres* as well as by *regis*; the phrase begins an ingenious and propitiatory appeal, which is not without pathos, but shows no trace of excitement till the end (251); cf. II. 745.

231–2. **meus...in te**, thrown closely together, mark the personal tone regular in all the speeches of Venus (X. 17–62 *par excellence*). **committere...potuere** are interwoven with *quid Aeneas* and *quid Troes*; 13 n. The situation is that of Athena's plea, *Od.* I. 62, the words those of Zeus, *Il.* IV. 31 (Heyne).

232. **funera** refers primarily to Orontes and his fellows (117), but also to such losses as in III. 140; possibly even to the Trojans who fell at Troy, if *passis* has a fully past sense as in 199.

233. **ob Italiam** 'to shut the way to Italy'; the same notion of a barrier, but viewed from the side of that which it encloses, appears in XII. 865 *Turni ob ora* and so *ob patriam* 'repulsing the foe from' VI. 660, VII. 182. This accords with three out of four of the Servian paraphrases ('iuxta', 'ante' and 'circum'); to the last he adds rightly: *quasi circa Italiam errent et in eam peruenire non possint,* showing his sense of the obstacle that *ob* regularly implies by referring further to the meaning 'contra' as in *obstat* and *obloqui.* In the more metaphorical sense *ob* regularly means 'thanks to (the evil effect of)' as in XI. 347, especially of some offence ('in requital for') 41; II. 139 and 571; XI. 539; *G.* IV. 455. It is only once used by V. with a pleasant object (V. 283) and there it denotes a great surprise. **quibus...clauditur** is a definite assertion of one of Venus' complaints; 'that all the world is barred to them'; *claudatur* 'that all the world should be barred' would have been more argumentative and pathetic, but less convincing.

234. **olim**, 20 n. **uoluentibus annis**: περιπλομένων ἐνιαυτῶν, e.g. *Od.* I. 16. This Intrans. use of the active of *uoluere* seems to be confined in V. to the Pres. Partc., e.g. *G.* I. 163; for in 22 (see note) an object is easily supplied. Nor does the Intrans. use seem to be quoted from other authors; *rotantia* X. 362 seems the nearest parallel. It is just possible that we should supply some object like *tempora* or *res,* and in *G.* I. 163 *onus suum. olim... fore* interwoven with *hinc...hinc.*

235. **ductores** are of course the *Romani,* but the two nouns are not in apposition (any more than are *mare* and *terras* which are also linked by anaphora in 236); 'from them should one day come the Romans, come the ruling race'.

236. **omni dicione** 'with all power'; "pace, legibus, bello" (Serv.); cf. *omni cura* VII. 487. **tenerent**, 20 n.

237. **pollicitus**, scil. *es*; so Prisc. XVIII. 201 (Keil, III, p. 305) who quotes the passage; cf. *experti* (*estis*) 202; *aduecti* (*sumus*) 558; *tu coniunx* 'thou art his consort' IV. 113; with V. 192, 687; X. 827. This example is no doubt more difficult, since the subject *tu* has not been mentioned in the sentence; but

there is no evidence that V. would have admitted the colloquial *pollicitu' s* to his epic even in a speech of Venus. The structure, logical and metrical, of 241 is closely parallel (Henry). **quae te sententia uertit**, 'what feeling has changed thee?' (cf. x. 608), a Vergilian improvement (314 n.) upon the prosaic *cur sententiam mutasti?*

238. **occasum** 'the fall', cf. II. 432 for this metaphorical sense, which appears also in Cicero. In the physical meaning 'setting' it takes a Gen. of the sun or star (e.g. *G.* I. 225, 402); used alone it means 'the West' (e.g. IX. 668).

239. **solabar**, properly with Acc. of persons comforted, then of their feelings (IX. 489), or their toil (*G.* I. 293, cf. *consolor* in Cic. *ad Att.* IV. 16. 10), and even, as here, of their misfortunes, e.g. *breuitatem uitae* Cic. *Mil.* 35. 97. **fata** 'oracles' 241 n.; cf. VII. 293. **contraria** exactly as in VII. 293, of oracular declarations which point in opposite directions. This indicates the source of the temporary consolation better than to paraphrase *contraria* as *hostilia*, which V. could have written, had he meant it. **rependens** 'balancing with, counting as equivalent to', as e.g. Ov. *Heroid.* XV. 32 *ingenio formae damna rependo meae*, where *ingenio* as here *fatis* (and so in Gell. I. 3. 23) is Abl.; not as in II. 161 'pay back to'—for who is the creditor?

240–1. **insequitur**, a little stronger than *secuta* in VI. 62. **actos**: cf. 32; III. 708. **das**. Jupiter is thought of as identified with the *fata*; 258 n.

242. **Antenor** was a Trojan hero of some age and authority, trusted both by Priam and by the Greeks for his justice and impartiality (*Il.* III. 207, 262; VII. 347). His fortunes were the subject of a play by Sophocles, one incident in which was a scene after the capture of Troy in which the Greeks were represented as sparing Antenor's house, which had been marked by the skin of a pard hung over the lintel; this scene was the subject of a famous picture by Polygnotus (Paus. X. 26–7). The story of his founding a settlement in Venetic country at Patauium seems to have been told by Sophocles and reproduced by the Latin dramatist Accius. See Strabo XIII. I. 53 (608), Ribbeck's *Fragm. Trag. Rom.* p. 151. **mediis elapsus Achiuis**. This phrase is clearly intended to represent the respect with which Homer and Sophocles speak of Antenor, and to repudiate the suggestion of treachery towards the Trojans which first appears in the Alexandrians, e.g. Lycophron 340.

243. The *sinus* which Antenor is said to have made his way into represent generally the gulf of the Adriatic, of which, as Strabo (V. I. 8) points out, the bay into which the river Timauus flows is, in fact, the furthest N.W. recess. *regna* means the adjacent coasts, and the whole phrase does not imply that Antenor made any landing except at Patauium. The only doubt is whether *regna* should be taken with *penetrare* or with *superare*, which, in any case, is used in the nautical sense of 'make', 'pass by' (e.g. *superare Sunium*, Livy XXXI. 22). The latter is more probable, since it is more natural for *atque* to connect the two whole clauses (*penetrare* and *superare*) leaving the *et* to join *regna* and *fontem*.

245. The short river Timauus is mentioned because of its wonderful sources, with which V. himself was no doubt familiar. They suggest at the outset of the epic the conception of Italy as a land of beauty and wonder which is developed fully in Book VII. The facts about the 'nine mouths' (seven according to Strabo V. I. 8) have been the subjects of study both by scholars and geographers. No one in modern times has found as many as nine; but in the sixteenth century Cluver visited the place (S. Giovanni di Tuba) and his description (*Italia Antiqua*, I. 20, p. 189) is a model of learning and judgement. James Henry (*Aeneidea*, I. pp. 521 ff.) was there in 1865 and found five fountains still visible. Their peculiarity (known to Posidonius) is that they contain the water of a mountain stream, called now the Reca, which

disappears into limestone caverns eighteen miles away at S. Canziano, and is still counted one of the wonders of N. Italy; the identity of the water has been proved to the satisfaction of Austrian physiographists (Adolf Schmidt, "Unterird. Lauf des Reca" in *Sitzungsber. Math.-Naturwiss. Class. Kais. Akad. Wiss.* 1851; P. Kandler, *Discorso sul Timavo*, Trieste, 1864).

246. **mare**. Cluver found that six out of the seven fountains were salt as Polybius said (Exp. in Strabo, *l.c.*), though the largest was fresh; and he inferred that there was underground communication between the sea and these wells (or fountains) at S. Giovanni di Tuba; Henry found no trace of salt flavour, nor heard any particular murmur (which, however, is vouched for by Amati, *Diz. Corograf.* vol. VIII, 1891); and inferred that what V. was describing was a state of flood which he (Henry) learned was not uncommon in certain conditions of wind and tide; hence he took the word *mare* as part of the predicate, 'issues like a bursting sea'. Serv. quotes Varro to show that this short river was itself called *Mare*; and in any case it is simpler to take *mare* as the subject to the verb *it*, and to suppose that the saltness which Cluver found existed in V.'s day. The village of S. Giovanni lies on the main road twelve Roman miles E. of Aquileia and ten W. of Trieste, between the mouth of the Isonzo and Duino; and is only about a mile from the sea. If Henry was correctly informed (p. 529) that much of the subterranean water was now drawn off to supply the needs of Trieste, it is clear that the springs are likely to have changed their ways since V.'s time. **proruptum** could be translated, and perhaps was by ordinary readers (269 n.), with a Passive force 'broken forward', 'broken in falling'; but in view of the Middle use so commonly given to these Partcc. by the Latin poets (320 n.), there can be no doubt that to V. this form appeared as the natural Partc. corresponding to the intransitive use of the Active verb *prorumpo* 'I burst forward', 'break out'; cf. *infensus* 'attacking' and *infestus* 'threatening'. Observe further that in these two forms, as here in *proruptum*, there is no past sense, any more than in the common use of deponent Partcc. like *ratus*, *secutus*, which are, in fact, colourless as to time in the majority of their occurrences. The adjectival origin of the suffix (as in *onustus*, *ansatus*) of course involved no reference to time; and it was only by degrees and never completely, that the Partc. came to have a past sense through its association with the Perfect Passive and of that with the syncretic tense which we call the Perfect, which in truth has amalgamated forms of the Perfect and Aorist Middle and Passive. *factum est* meant, to start with, merely 'it is done', 'it has been done'; but since the Perfect Active had come to mean both 'he has done' and 'he did', the corresponding tense in the Passive came to mean 'it was done' as well as 'it has been done' (*Mak. Lat.* § 314). V. is fond of the older and freer 'timeless' use; see, e.g. *G.* I. 196 (*properata*), 206 (*uectis*, repeated *A.* VI. 335), 293 (*solata*), 339 (*operatus*, though this was probably always felt as an Adj.); *G.* II. 141 (*satis*) and above all *A.* VI. 22 (*ductis*), 'while the lots are being drawn'—a crowded and dramatic picture. After the lots had been drawn nothing would remain to depict but an empty urn, in solitude.

247. **hic** denotes the region in which Antenor finally landed, not the fountains of Timauus, which he merely passed by. Some confusion, however, as Cluver has carefully set forth, arose from a misunderstanding of the passage by poets who had never been on the spot, such as the Spaniard Lucan (VII. 193) and the Gaul Statius (*Sil.* IV. 7), who imagined that Antenor had made an excursion into the mountains and that the river Timauus flowed past Padua. **tamen** 'despite these strange wonders'. **Pataui** shows the oldest form of the Gen. of nouns in *-ius*, *-ium*, which was retained in Augustan poetry, e.g. Hor. *Od.* III. 465, and, thanks to legal and domestic traditions, later still in the historians, as always by Livy. The form in *-ii*, however, had

made its way into use in ordinary nouns and adjectives in the Ciceronian period. The modern name is Padova (Eng. Padua), a form which must at some time have been transferred to the city from the southern mouth of the Padus, which the word Padua denoted in Latin (Catull. xcv. 7; *The Prae-Italic Dialects* (Oxford University Press, 1933), vol. I. p. 439).

248. **genti...Troïa.** Are these two acts or only one (54 n.)? The contrast between *urbem* and *sedes* on the one hand and *genti* on the other surely indicates that *nomen* was as permanent as the *urbs*, not a mere vanished memory such as the *Troia* which Antenor was said to have founded at his landing place, and which here V. happily suggests by recording the dedication of the 'Trojan arms'. The race therefore must be the Veneti, who were said to have joined Antenor from Paphlagonia (Gr. Ἐνετοί), and whose name, we are here told, he attached to their new home in N.E. Italy. On their language and early history I may refer to *The Prae-Italic Dialects* (Oxford University Press, 1933), vol. I, Part I, *passim*, Part II, v. A.

249. Henry points out how the lot of Antenor (242–9) is contrasted sharply with that of Aeneas—in his easy escape from Troy, his safe voyage, even past the haunts of the Liburnian pirates, up to the far N. of Italy, his founding a city and his peaceful reign. To each of these points (and more) ll. 231–3, 240, 251–2 offer a contrast; and the special plea (234–7) of Jove's promise to Aeneas (not to Antenor) is brought in again with a personal sting (*prodimur*, *reponis*, and the bitter irony of *sic*) at the end. **placida... quiescit**: "ut...tutus in plenissima quiete perduret" (Tib. Don.), an interpretation strongly supported, not to say demonstrated, by Enn. *Ann.* ap. Cic. *Sen.* v. 14 *nunc senio confectu' quiescit*, of the peaceful retirement of an old race horse; that V. had this passage in mind can hardly be doubted; for this quasi-political meaning of *componere* cf. III. 387, VIII. 322; and it is well to add that the verb is nowhere used by V. of putting to rest in the tomb (as e.g. in Hor. *Sat.* I. 9. 27).

250. **nos** 'I and mine'—Venus pathetically takes to herself her son's misfortunes. **caeli...adnuis arcem** 'dost promise heaven's high towers'; *arx* implies a high and unassailable stronghold, cf. *caeli uertice* 225 n., especially the resemblance to Cicero's conception in the *Somn. Scip.* *ll.c.* **adnuis** has a special propriety as applied to a promise of Jupiter. ὑπέσχετο καὶ κατένευσεν *Il.* II. 112 (Ctn.); for the construction cf. IX. 106, XII. 187, but this is the only example where a noun stands alone as the object without the addition of any oblique predicative adjective (like *id...ratum* IX. 104). For the decree attributed to Jove cf. *E.* IV. 63.

251. **infandum** is one of an interesting class of adverbs which were explained for the first time by Karl Brugmann (*Mak. Lat.* § 272). They arise from a parenthetic statement, in which the verb, generally some part of the verb 'to be', is omitted, leaving in the air what was originally the nominative to the parenthetic statement; and this became, by frequent use, a mere adverb. Thus *infandum* has the force of an adverb such as 'calamitously, miserably', and the neuter *miserum* is used in exactly the same way (e.g. VI. 21). So the word *malum* has exactly the force of the English 'damnably'; the part of the verb there omitted is such as would express a wish, so that the whole phrase was, to start with, an imprecation. This class in Latin is fairly large; *primum* 'the first thing done was' (or 'is' or 'will be'), *demum* 'the last thing done was', *tenus* 'the extent was'. It is common in English, for example, in such phrases as "all right", "the first thing"; one noun in the Nom., "the devil" has become an emphatic negative ("the devil a monk was he"). **ob iram**: cf. 233 n.

252. **prodimur**, by Jove; Juno is represented by *unius ob iram*.

253. **pietatis**, 10 n.; a plea often repeated, e.g. 545, II. 690, VI. 405;

pietatis honores shows a remembrance of *Cul.* 224, 368. **reponis** 'restore faithfully', 'keep thy promise by restoring', with the same full force of *re-* as in *reddo, rependo, reficio*, cf. 390 n.

254. **olli**, an archaic form in place of the more usual *illi* used fairly often as Dat. (e.g. v. 358) and Nom. Plur. (e.g. v. 197); the Dat. Plur. *ollis* occurs twice (vi. 730, viii. 659). Other archaisms appropriate to the grand style of epic are the occasional use of the Gen. in *-āī* (ix. 26), of forms like *faxo, accestis* (201 n.), of the uncompounded *fari*, and of *dare* in the sense of 'make' (ix. 323); see also 269 n. **subridens** to Venus as in xii. 829 to Juno, in each case because he has more to grant than they expect.

255. **caelum tempestatesque serenat** 'restores sunshine to heaven and the changing skies', a typically felicitous handling of a pretty but comparatively cumbrous passage of Ennius, quoted here by Servius:

> "Iuppiter hic risit tempestatesque serenae
> Riserunt omnes risu Iouis omnipotentis".
> (*Ann.* x. v (e), L. Müller.)

tempestates denotes variations of season and weather, not merely 'storm'; the word, derived from *tempus* 'critical spot or moment', means literally 'a condition, juncture of critical factors'. *Serenator* appears on insc. as a title of Jove; cf. *Iouis Sereni*, Mart. ix. 24. 3, and under this title he is coupled with *Fortuna Redux* on inscc. of the third century A.D. at Rome (Gruter, LXXVII. 6 and MIX. 9), *si sana lectio.*

256. **oscula** meant orig. 'little lips', i.e. the lips pursed up for giving or taking a kiss, and in the six places where V. uses the word he would seem to have had in mind this concrete sense (with *figo* in 687 and ii. 490; with *libo* here and xii. 434; with *pendeo circum G.* ii. 523; with *petere* (*o. cara*) in *Cul.* 292). **libauit** 'lightly touched'; this word is derived from the Gr. λοιβή 'an offering poured out', and its meaning has been coloured by the Roman custom of first making libation to some deity by spilling a little wine from their cups before beginning to drink it; hence besides denoting the act of libation the verb developed as early as Lucr. v. 261, 569 the meaning of beginning to drink, or to taste, a metaphorical sense which Cicero uses once or twice (e.g. *Tusc.* v. 29. 82). This appears three times elsewhere in V. (v. 92; *E.* v. 26; *G.* iv. 54), or four times if we count the compound *delibare* xii. 434. On its construction in the literal sense see 736 n. **natae** might be either Dat. (like *iactanti* 102) or Gen.; but the Gen., though perhaps harsh after *olli* (254), is probably what Suetonius understood (*Aug.* 94). There is (Ctn.) delicacy in the use of the noun here as it is equivalent to *pater natae.*

257. **metu**, the shorter form of the Dat. of *-u* stems, which, for metrical reasons, the poets often prefer; cf. 156 n., iii. 541, vi. 465, ix. 605; *E.* v. 29; *G.* iv. 198; Lucil. 4. 8; Lucr. v. 101; Gell. iv. 16. 5; Neue-Wagener, *Lat. Formenlehre*, i. p. 541. No forms in *-ui* appear to be quoted from V.

258. **fata** 'oracles' to every Latin reader was a word associated with its literal meaning 'things declared' (Partc. of *fari* in passive sense, cf. 246 n.), i.e. oracular responses from some trusted source. To believe in *fata* is far from involving a fatalist point of view, since they were never more than a partial revelation of the intentions of Providence, given to individuals, and so regarded as to some extent the property of the person receiving them (ix. 137); different persons could, therefore, produce *fata* which appeared to be contradictory (239 n.). Jove himself is represented as being in ignorance of the result they will produce, though able, by weighing them in his own kind of scales, to discover it (xii. 726). Passages like 241 and 279 where Jove is appealed to, or even speaks, as author of the fates partly represent the natural attitude of a suppliant to whom anyone who knows what the future is to be,

as Jove generally did, is thought of as being able to control the future, since he is nearer to the source of events. It is as though a modern child, knowing nothing of time-tables and railway regulations, should say to an engine driver—"Please bring us home quickly". To V.'s mind, however, the identification offered but little difficulty, since it is clear that his ultimate conception of Jove is that of the central deity, the World-spirit of the Stoic system; though when Jove appears as a person in a story (x. 471) this more philosophic view is obscured. In combining the personal existence of such a being with the possibility of his announcing *fata* even in this limited sense lies the identical problem, such as it is, which is involved in combining the conception of moral or physical laws with any form of theism. **tibi** comes last with emphasis 'here and now as you shall see'. **urbem et... moenia**, 54 n. **Lăuīni** shows a variety of quantity as compared with *Lāuīnia*, a license which is common in proper names, e.g. *Ĭtălus* beside *Ītălia*, *Sĭcănia* beside *Sĭcāni*.

259. Suggested by Enn. *Ann.* I. 47 (L. Mueller): *unus erit quem tu tolles ad caerula caeli templa*, taken over almost completely by Ov. *F.* II. 487; the meaning is that Aeneas shall attain one day divine rank.

260. **magnanimum**, often of Aeneas, e.g. x. 771, in the Homeric style; though, unless I am mistaken, there is no Homeric epithet which contains the notion of generosity combined with courage which is always implied in the Latin word; μεγάθυμος can be applied to a bull, and μεγαλήτωρ is applied even to the Cyclops. Note, however, that the word is applied with bitter irony to Jove in regard to one of his past actions by both Juno and Juturna, XII. 144, 878.

261. **remordet**, from Lucr. (e.g.) III. 827 *peccata remordent*, expresses frequent recurrence, like *recursat* in 662.

262. **longius et**. Since some have wished to take *longius* with *fabor*, it is well to point out that V. greatly prefers to put *et*, when it connects sentences (not single words), in the second place in the sentence; in fact it is hardly too much to say that to his feeling it was wrong to put it first unless it conveyed (as e.g. in 48, 735, II. 781, VI. 537; *G.* II. 433; *E.* I. 26, IX. 32) more than a mere link like Eng. *and*. It is therefore misleading to speak of "hyperbaton" or "misplacement". The word is identical with Gr. ἔτι 'furthermore'; and was gradually stripped of everything but its syntactical significance, like other particles, *-que*, orig. 'anyhow'; *tum* 'in those conditions'; in Eng. *also* orig. 'all in that (same) way'; *ditto* 'what has (just) been said (being repeated)', or the wonderful German equivalents for Eng. 'or' (*bez.*, *ev.* and *resp.*). The less a word in any language seems to mean, the longer, as a rule, has been its history. *longius*, *pace* Henry, is better taken with its own line than with *fabor*, both because the arrangement of *et* is more Vergilian, and because no other example can be quoted of *longe fari*. **uoluens** 'unrolling': cf. 22 n. On what kind of material were these *fata* inscribed? Certainly not on bronze tables in the home of the three fates as in Ov. *Met.* XV. 808; but on the δέλτοι φρενῶν of Jove himself. V. would never have assented to Ovid's mechanical picture. The origin of the metaphor seems to be of the unrolling of a book, Cic. *Brut.* 87. 298; Livy XXXIV. 5. 7. **mouebo**: cf. Hor. *Od.* III. 720; 'unrolling a distant page of the book of destinies I will wake its secrets'.

263. **ingens**, 114 n. **Italia**: Locatival Abl. (193 n. on *humo*); cf. *aequore* 29, and 117, 128, 196, IV. 36. On the history of the name see 533 n.; on the quantity n. on *Lauini* 258. **ferox** (from *ferus*, as *atrox* beside *ater*, *uelox* presumably from *uelum* 'sail') suggests always the finer qualities of a wild beast, 'courageous, defiant, independent'. The prophecy is echoed by the command given in VI. 853 *debellare superbos*, just as *mores uiris ponet* is by *pacique imponere morem* (*ib.* 852).

264. **mores** 'ways of (civilised) life', 'how to live', a great Roman word; it is combined and contrasted with *lex* in two familiar passages by Horace (*Od.* IV. 5. 22 and III. 24. 35) as the more important half of the forces that make for good; the absence of *mos* is the mark of barbarism (VIII. 316); *mores boni* and the like are phrases often on Cicero's lips, e.g. *Flac.* VII. 15, contrast *ad Fam.* II. 5 *ad fin.*

265–6. **tertia...ternaque** with *triginta* in 269 and *ter centum* in 272. The tradition V. is following shows the fondness for the number 3 common in folk-lore; in this case it is linked to the white sow and her thirty little pigs (III. 391, VIII. 83). The second and third stages of the settlement (Lauinium and Alba) have been mentioned in 5–7; the first, of three years, is here given to Aeneas' stay in the camp (*hiberna*). This is meant to reflect the usual process of the growth of towns out of permanent military camps all over the Empire (as at Chester and York, to mention no others). The motive for this curious fiction of the Annalists of the second century B.C. (not favoured by all Latin authors, note Livy's silence in I. 3. 2) was to fill up the yawning gulf between 1184 B.C. and 753 B.C., the traditional dates respectively of the destruction of Troy and the founding of Rome. Theme and variation (175 n.).

265. **dum uiderit** shows that V. had in mind the tradition of Aeneas' death three years after his arrival; for a reason shown in VI. 764 he was not prepared to adopt it; but he does what he can here to meet the popular presumption by implying that that date marked an epoch in the history of the settlers. *uiderit* and (266) *transierint* are probably Prospective Subjunctives, of an event foreseen and provided for (Hale and Buck, § 507. 5 and 4 (*a*)), since there are only seven other occurrences with the Fut. Ind. in V., e.g. 607–8, and the meaning in all of them is 'so long as'.

266. **terna** shows the regular use of the Distributive with nouns used only in the Plur., e.g. *terna castra, octonae idus*, which arises from the origin of the Distributive numerals which were originally nouns (*binum* 'a brace'). The noun-phrase meant properly 'a set of (three) things' (cf. *centenas manus* 'a set of a hundred hands', X. 566); but when the form became an Adj. it came to mean also '(three) sets of things', quite naturally since the Sing. phrase 'a threefold set' could be interpreted either way; see *Mak. Lat.* § 258. **Rutulis**: prob. Dat. of the person interested (and so Sabb.), though remotely, in the fact stated, here used merely of the experience of seeing time pass (cf. 9 n. on *uoluere*, esp. *G.* II. 295); so *tibi* in 261, and even in 258, and in Greek quite commonly, e.g. *Il.* I. 250 τῷ δύο μὲν γενεαὶ...ἐφθίατ', and in prose with Partcc., e.g. Thuc. III. 29 ἡμέραι δὲ μάλιστα ἦσαν τῇ Μυτιλήνῃ ἑαλωκυίᾳ ἑπτά. Juv. XIV. 10 *cum septimus annus transierit puero* seems a fairly close imitation of our passage here and turns the scale in favour of the Dat.; otherwise a Descriptive Abl. with *hiberna* 'winters in camp with all Rutulia in peace' would be hardly less Vergilian (VI. 22 *stat ductis sortibus urna* 'there stands the urn from which the lots are being drawn'). **hiberna,** lit. 'winter quarters', agreeing vaguely with *castra* understood (cf. *castra statiua*), has come to mean 'time spent in winter quarters' and so can replace *hiemes*, though meaning rather more, cf. *aestiua sub tectis* (Livy XXIX. 34. 7) 'spending the summer in houses', and *trina aestiua* 'the campaigns of three summers' (Cic. *Pis.* 40. 97).

267–8. These prosaic lines, whose genuineness cannot be questioned, represent the efforts of Roman genealogists, especially those of the Julian house, to connect that gens with Troy. Serv. tells us that 'history, according to Cato', stated that Ascanius began to be called Iulus after he had slain Mezentius, and Serv. Dan. says that Julius Caesar also so wrote. There appears to be no warrant earlier than this assertion of Cato for the name

Iulus as attached to Ascanius—though Serv. (on IV. 159) gives a tradition of two other names having been bestowed on him—and for Ilus no warrant earlier than this line. But seeing the frequency of double names in the Trojan myths (e.g. Paris = Alexandros, Astyanax = Skamandrios), we need not be surprised that a poet should accept this doctrine, closely linked as it was to the purpose of his epic, just as he accepted the myth which made Venus the mother of Aeneas.

267. "Prudenter exitum Aeneae et ostendit et tacuit dicendo filium postea regnaturum" (Serv.).

268. **dum stetit**, one of only five exx. in the *Aeneid* of *dum* 'while' with Perf. Ind., of an event quite past, two of which are in what one may guess to have been a traditional phrase *dum fortuna fuit* (III. 16, X. 43) of which the present is a paraphrase; the others are both in X (321, 424), perhaps a mark of its comparatively early date—so in *Cul.* 126 and 211 (but in VII. 354–6 the Perf. is in a parenthesis and cannot be counted). It differs from e.g. *dum stabat regno incolumis* (II. 88) only in that the Impf. lays stress on the duration. **regno**: Abl. '(the state of Ilium stood) in its royal power' instead of what in prose would have been *Iliaco regno* (Dat.), cf. *stabat regno incolumis* II. 88 (with II. 163, 352).

269. **uoluendis mensibus**. This phrase offered no difficulty to the ordinary reader of V.'s time who would give to the gerundive its usual construction and meaning, namely 'by the rolling of the months', 'by procession of time'; but more instructed readers would gain additional pleasure from knowing that V. had in his mind the older use of the form as a Pres. Partc. Pass. or Mid., meaning simply 'rolling', which he knew, e.g. in Ennius (ap. Varr. *L.L.* 7, § 104) and in Lucretius (V. 1276 *uoluenda aetas*). This is typical of V.'s way. He loves to link his work with old associations, but he is continually careful so to use them as to leave the meaning clear to any reader; 254 n. The phrase is equally linked to *magnos* and *orbis* 'great cycles of rolling months', and to ask whether the Abl. is Specificative (Advl.) or Descriptive (Adjl.) is vain. V., if he distinguished the uses, takes advantage of them both. Neither *magnos* nor *orbis* would be intelligible without this further definition (cf. 75, 105, 318, 349, 385 nn.); see now Sophie Ramondt's excellent essay on *Illustratieve Woordschikking bij Vergilius* (Wageningen, 1933). On meaning of *uoluere*, 22 n.

270. **imperio**: Abl. '(fill them) with royal power'. **explebit** implies that his rule will last so long, but in all the other ten exx. in V. (even XII. 763) the verb means to satisfy or make complete with things desired or appropriate, e.g. 713, II. 586; *G.* IV. 40; so that to render 'shall make glorious' would be only a slight exaggeration.

271. **Longam...Albam**, an intentional variation (314 n.) of the regular form of the name *Alba Longa*. Roman readers could not mistake the place (solemnly visited every year at the *feriae Latinae*); nor could they ever see or hear the name *Alba Longa* without some consciousness of its meaning, just as English people have in geographical names like *Longstone*, *Longbottom*, and the changed order would make the consciousness vivid; *longam* and *Longam* are of course as indistinguishable in our oldest MSS., which are in capitals, as they are in the mass of ancient inscc. **multa ui muniet** 'build in mighty strength' from Lucr. I. 728 *multa munita uirum ui* (of the populous island of Sicily); but including the more literal meaning 'surround with walls' (*moenia*); the application of the word to roads and the like which are 'built up, made secure' is secondary. V. avails himself of the metaphorical colour given to the phrase by Lucretius to suggest more than the stone-wall meaning of *ui muniet*.

272. **iam** marks the beginning of more settled conditions 'and now (at

last)'. **ter centum totos annos** 'three hundred in all their length', 'full three hundred'; cf. 185 n. **regnabitur**: Impers. 'the kingdom shall endure'; on this, far the oldest, use of the passive see *Mak. Lat.* § 311 *f.*

273–7. These lines pick out the points of the legend which are of picturesque and political value, especially those which point to the royal claims of the Julian house.

273. **Hectorea**, an honourable epithet since Hector was a great warrior; he was an ancestor of Ascanius only in the looser sense, of having been a member of the family in an earlier generation (*auonculus excitet Hector* XII. 440, with III. 343). He and Aeneas were third cousins (*fratres patrueles*), great-grandsons respectively of the brothers Ilus and Assaracus, sons of Tros. **regina** 'princess', as in VI. 28 of Ariadne; often in Valerius Flaccus (e.g. V. 373, 385) of Medea; so, vaguely, Plaut. *Truc.* 531. **regina sacerdos** 'the princess-priestess'; neither word is a mere epithet (cf. *regem* 21 n.), and both are important to the story; the first gives her children royal descent; the second shows the hindrance to their rights, devised by the treachery of her father's brother Amulius—forerunner of mediaeval tyrants who shut up inconvenient heiresses in convents—but defeated by higher power which made the Vestal a mother. **Marte** 'by means of Mars'; the Instrum. Abl. of the person (cf. e.g. *uxore constrictus* 'hampered by the presence of his wife' Cic. *Mil.* 20. 54) is happily used to show that the event was not due to the mere violence of an individual—which *a Marte* would suggest. **grauis**, i.e. *grauida facta*, cf. VI. 516; *E.* I. 49; and this meaning often seems to colour the metaphorical uses, e.g. VIII. 582 ('pregnant with sorrow'); X. 755; *G.* II. 377, IV. 260; *Cul.* 8.

274. **Ilia**, another name for Rhea Siluia, mother of Romulus and Remus, chosen no doubt by Roman myth-mongers (267–8 n.) to suggest that the Trojan connexion had been all along a treasured memory.

275. **tegmine laetus** 'proudly wearing the skin', i.e. the hide which served his *nutrix* and then himself for a covering; cf. 323 and VII. 666; for *laetus* cf. Hor. *Od.* III. 4. 34. *nutricis*, *pace* some humane commentators, forbids us to refer *lupa* to any other wolf; but Romulus need not have won his charming attire by force; to whom else should she bequeath it? **excipiet** 'receive duly, take over the charge of', not unlike the military meaning of relieving guard, Caes. *B.G.* V. 16 (*alii alios exc.*), Liv. XXXVIII. 22. 3 (*pugnam integri exc.*); the nearest parallels in V. contain the notion of 'welcoming, receiving with kindness', IV. 374, V. 41, VII. 233; *G.* II. 345.

277. **suo de nomine**, an orthodox and in V.'s time in Rome an undoubted belief. The truth is of course the reverse, as we know from even linguistic grounds, *Romulus* being an obvious derivative of *Roma*; and from the common occurrence of eponymous heroes who exist merely as labels like *Tros* for *Troiani*, *Teucer* for *Teucri*. Real persons have, of course, founded cities, like *Alexandria*, *Caesarea*; but the others wear a transparent halo of myth. The interest of these lines however does lie in their historical bearing. The great conquests of the republican era are mentioned here, and the great conquerors in the historical surveys of VI. 819–46 and VIII. 626–70; but else to V.'s generation the republic was a thing to be passed over and forgotten "like a confusion or a hideous dream".

278. **his** no doubt means 'these (last mentioned)'; but every Roman would feel that it pointed also to the then actually existing people (cf. *horum magnificentia operum* Livy I. 55. 9 *al.*). **nec metas rerum nec tempora** 'nor bounds of power nor bourn of time'.

279. **imperium** 'rule'; hardly to be translated 'empire' in view of the vulgar colour which Napoleon's career set upon the word for English people (see my essay on 'Ancient Empires and the Modern World' in *Martin*

Classical Lectures, vol. I, Harv. Univ. Press, 1931). **aspera** 'stern', 'fierce'; a regretful but not undignified epithet.

280. **metu...fatigat** 'spreads the burden of her terror through', cf. 23 *id metuens* and X. 9 *quis metus* of the motives which have driven the gods (and their human victims) into war. So Serv., Ctn. and Sabb. rightly; cf. also with Ctn. *Il.* IV. 26 (VIII. 478, which he also compares, exhibits by contrast the courtesy of Jove in V.'s picture). For *fatigare* 'to burden, press hardly on', cf. VIII. 94. But the rendering given above suggests, as V. certainly meant to do, the consequences of wild terror in one person, in the fear and danger inflicted on others (cf. XI. 400).

281. **in melius** looks forward to the reconciliation which crowns the whole story in XII. 841; the theme was no doubt familiar to Horace, as an intimate friend of V.'s, long before the publication of the *Aeneid*, and is eloquently worked out by him in *Ode* III. 3 (though with some difficulty within the limits of an Ode, as he confesses in l. 69); cf. *Makers of Europe* (Harvard, 1931), p. 78. **in melius referet** 'bring back to better things'; cf. XI. 426. The time of this final acquiescence of Juno in the greatness of Rome is left unspecified both here and in XII. 841, where she desists merely from persecuting Aeneas on condition that the language, religion and government of Rome shall be Italian, not Asiatic (on the meaning of this stipulation see *Great Inheritance* (1930), p. 60).

282. Macrobius, VI. 5. 15, quotes the phrases *togata stirps* and *togata gens* from Laberius, a dignified description, which also imports, as Heyne saw, a reference to the law-governed, peaceful life they were to establish after becoming *rerum domini* by the arts of war. This use of *togatus* is continual in Cicero's Speeches and Letters. Suetonius, *Aug.* 40, says that Augustus quoted this line and instructed the aediles to enforce the wearing of the toga in and near the Forum.

283. **sic placitum** 'such is the decree' of Destiny, whose ordinances Jove for once is making public. On this active meaning (*placitum est* for *placuit*) of the Partc. in *-tus* see 246 n. **veniet lustris labentibus** 'there shall come to Rome as the years run by'. The *lustrum* is a strictly Roman measure of time (Ctn.).

284. **Assaraci**, grandfather of Anchises, grandson of Dardanus, reputed founder (or one of the reputed founders) of Troy (III. 167). **Phthiam, Mycenas, Argis** respectively represent the descendants of Achilles, Agamemnon and Diomed; the conquest of Greece (168 B.C.) is here and in VI. 838 represented as a chastisement of the Greeks for their destruction of Troy.

285. **Argis**, Locatival Abl. (24 n.) as after *dominari* also in III. 97, VI. 766, VII. 70; with *in* (which is necessary here lest the Abl. should seem Modal) II. 327; with *inter* G. I. 154.

286–90 are certainly to be taken (with Serv., whose authority on such a point is paramount) as a prophecy of Julius Caesar, despite the inclination of some moderns (Heyne, Ctn., Sabb.) to link it with Augustus. The Emperor could well wait for the tributes paid him in Books VI and VIII; at this point, his useful but mainly peaceful distinctions would give Venus little comfort and would also be premature in the structure of the Epic, which must reserve for a climax the glories of its patron the Emperor. On the other hand Julius, whose character and conduct were a grave difficulty in the sublime Revelation of Book VI, is well qualified for the present context as representing the largest military triumphs of a race at present conquered, fugitive and in danger. In VI. 835 he is entreated by Anchises to behave well as being *sanguis meus* (a phrase never applied by V. to Augustus), just as here *nascetur pulchra Troianus origine*; which would be merely a cumbrous elaboration of compliment to a man whose father was not a Julius but an Octavius, and who could claim Julian blood only through the mother of his mother Atia. Those who see Augustus in these lines overlook (or mistake) the fact that to prophesy his apotheosis was to prophesy his death, which Horace was slow to do (e.g. *Od.* I. 2. 45–50), and which V. had avoided with some care in *G.* I. 24 (*habitura*), 36 (*eris*) and 42 (*iam nunc*); they also disregard *tum* (291), which is rightly used in the case of the Dictator, since his death left another 13 years of Civil War; whereas it was the *pax Augusta* which gave the first Emperor his power and his name.

286. **pulchra Troianus origine** 'son of Troy sprung from a fair source', i.e. as Serv. saw, from Venus; the compliment is appropriate in a speech made to comfort her, but else a curious epithet in a pedigree.

287. **Oceano** and **spoliis Orientis** (289) have real meaning only when applied to Julius whose visits to Britain (55–54 B.C.) were among the great memories of V.'s boyhood, when his native city with the rest of Gallia Transpadana was awaiting enfranchisement from the conqueror's hands; and whose conversion of danger into victory at Alexandria (47) with his subsequent rout of Pharnaces at Zela were romantic achievements of his imperial years. **terminet**, Prospective Subj. (20 n.). This line was taken over by Milton and applied to Christ (*Par. L.* XII. 370).

288. **Iulius...Iulo**, re-asserted in VI. 789; see 267–8 n. **demissum nomen**. For the apposition of *nomen* to *Iulius* cf. VI. 763 and Hor. *Sat.* II. 5. 62, who speaks of Augustus (about 30 B.C., since the latest allusion in that Book (*Sat.* 6. 55) is to an event in that year) as *ab alto demissum genus Aenea*. This resemblance can hardly be an accident, so that this line of the *Aeneid* must have been known to Horace at that date, unless we suppose that V. was the borrower.

289. **olim**, 20 n. **caelo**: Loc. Instr. Abl., "where the place is also the means", Roby, *Lat. Gramm.* II. § 1174, e.g. *alio libro dictum est*. **Orientis**, 287 n.

290. **quoque**, i.e. as well as Aeneas. For the reception of *uota* as a mark of deity cf. *G.* I. 42; *E.* V. 80, of which this half line is an intentional reminiscence.

291. **tum**, 286–90 n. **aspera...saecula**, 'the ages of force', contrasted with the *aurea* of VI. 792, and including the *ferrea* of *E.* IV. 8.

292. **cana** 'hoary' because so ancient, *ante Iouem generata* (Sil. II. 484); applied in the same sense to Vesta V. 744. **Fides** takes the place of honour among the deities of the new régime in Hor. *C. Saec.* 57, and her first temple was ascribed to Numa (Livy I. 21. 4). The other three deities to a Roman bore the same hall-mark of antiquity: they are to found the New Age which will restore the age of Gold; see *G.* I. 498, II. 533, where as here (Heyne) the mention of the twin brothers together represents the end of fratricidal wars (*G.* II. 510). Note that it puts aside the vulgar myth of the murder of Remus by Romulus, since it implies a reconciliation.

293. **iura dabunt**, 507 n. **ferro et compagibus artis** stand between *dirae* and *claudentur portae* and colour all three words (cf. *uoluendis mensibus* 269 n.); they are (1) the material of the gates (*ferratos postes* VII. 622) and they make (2) the gates formidable and (3) their closing effective. **compagibus** as in 122 and II. 51 is best understood of the joining or morticing of planks of wood; that material is implied in *ferratos* (*v. sup.*) even in VII, where only the most formidable parts of the gates are explicitly mentioned.

294. **belli portae**, from the same line (prob. of Ennius) as V. adopts in VII. 622 and Horace quotes (*Sat.* I. 4. 60), a natural name for the gates of the "temple of Janus", a double portico on the N.E. side of the Forum. They were closed only in time of complete peace and this had happened in 29 B.C. (cf. e.g. Livy I. 19. 3; Dio. Cass. LI. 20. 4) for the first time since 235 B.C.

(*T. Manlio cos.*) and happened again in 25 B.C. (Dio. Cass. LIII. 26. 5). The *Ianus Geminus* (or *Belli Portae*) is not to be confused with *Ianus Medius* (a double or triple arch over the Via Sacra), but was a *sacellum* (cf. Ov. *F.* I. 275) *ad infimum Argiletum* (Livy I. 19. 2), i.e. on the N.E. side of the Forum near the curia. It is shown in coins of Nero as a small square (or nearly so) temple; cf. Mattingly, *Coins of the Roman Empire in the B.M.* vol. I (1925), p. 215, nos. 111, 112, pl. 41. 1. (Platner and Ashby, *Topog. Dict.* p. 279, are wrong in supposing B.M. Aug. 126 to show the Janus temple; it shows the house of Augustus decorated with laurel *ob ciues seruatos.*) Fuller particulars are given by J. G. Frazer on Ov. *F.* I. 213. A third time of closing was in 2 B.C. (*Mon. Anc.* II. pp. 42–6, ap. 13 B.C., *ter, me principe, senatus claudendum censuit*) according to Orosius VI. 22, cf. Mommsen, *Mon. Anc.*[2], pp. 49–51, where the whole matter is discussed. **Furor impius** 'the madness of civil war'. What follows is drawn from a picture of Apelles which, as we learn from Pliny, *N.H.* XXXV. § 93, represented War in manacles (*Belli imaginem restrictis ad terga manibus*) and was later on placed by Augustus in the forum called by his name.

295. **centum**, poetic for a large number, as e.g. in VI. 43; Hor. *Od.* II. 14. 25.

296. **post tergum**, as in II. 57. **nodis**, not merely made of bronze but tied in knots; the hyperbole perhaps suggested by some bronze statue in which the bronze was cast to represent knotted cords. **cruento** represents the spots or splashes of blood upon the war-god's face. This must have been a noteworthy point in the picture, and is allowed to occupy the last word of the speech. V. could not "forget".

298. **nouae Carthaginis**, 57 n. on *animos.* **ut...pateant...ne arceret** represent respectively Jove's charge to Mercury and his motive in giving it (Jahn); the first clause, coming next to the governing Hist. Pres. and almost contained in its meaning, retains the tense of the Or. Rect. ("*nuntia, pateant*"). The second gives the narrator's explanation of what was in Jove's mind. This may be said to be a recognised use after the Hist. Pres.; it is acknowledged by Draeger (*Hist. Synt.* I. p. 235) as common in Cic. e.g. *Verr.* II. 5, § 116, *uirgis ne caederetur, monet ut caueat* 'fearing lest the prisoner should be beaten with rods, he warned (the magistrate) to prevent it'; cf. II. 2, § 124; for exx. in Livy see my edition of Book II (Camb.[2] 1924), p. 190; on the more general use of primary tenses in dependent sentences in past time Schmalz-Hofmann, *Lat. Gramm.*[5] (1913), p. 703, gives some useful particulars. A close parallel is in the combination of Conj. and Opt. in final clauses in Greek, where the Conj. clause expresses the part of the purpose prominent in the thoughts and words of the purposer, while the Opt. gives the underlying motive which the historian explains (it is not always the nearer result that is in the Conj., only that which the purposer would put into words).

299. **hospitio** 'in welcome', Abl. of Specif. 263 n., not Pred. Dat. (22 n.), since *sint* could not here take the place of *pateant.* **fati** 'of heaven's declared will', 241 n. **Dido** is the only form of the name that V. allows himself to use (38 occurrences in all); it is everywhere Nom. or Voc. save once perhaps an Acc. (IV. 383); it is typical of V.'s scrupulous use of grammatical forms that he prefers the inconvenience of using only these cases to coining any equivalent of the Greek endings -οῦς, -οῖ; later poets give us *Didon, Heroni* etc. (e.g. Ov. *Heroid.* VII. 133).

300–4 have been criticised as too brief for such a miracle; but V. deliberately avoids dwelling on detail in scenes which cover psychological allegories; cf. IV. 265 for similar abruptness; even in the bewitching of Amata in VII. 346 Allecto herself does not appear, and her 'snake' *uoluitur attactu nullo* (350), i.e. was not one to be perceived by any of the five senses.

300. **magnus** is rare as an epithet at the end of a line when its noun has preceded it; *per a. m.* here with *per mare m.* v. 628, *agmine m.* vi. 749 and *G.* i. 381, *pondere m.* iii. 49, *omine m.* (...*laeti*) vii. 146, have all the look of old poetical phrases; in the only two other exx. (509 and ix. 186) the Adj. adds an essential factor to the meaning of the intervening verb.

301. **remigio alarum**. Aesch. *Ag.* 52 is the oldest ex. quoted of this metaphor (but cf. Hom. *Od.* xi. 125), which Lucr. (vi. 743) playfully combines with that of sailing. **adstitit** 'alighted' as in vi. 17.

302. **et iam**, 223, 272 nn. **ponuntque** 'and straight the Tyrians' defiant mood began to turn to calm'—a mood shown at first by the guards on the shore (525, 540 f.), which warns us to take *ponunt* and *accipit* with an Inceptive force. V.'s miracles represent psychological processes, and do not supersede them. The two Hist. Pres. force this meaning of 'straightway' upon *-que* (as after *uix*, which Ctn. compares, e.g. in ii. 692); for *ponere* cf. *ponere freta* Hor. *Od.* i. 3. 16 (literally) and phrases like *ponere animos* xi. 366 (metaphorically). The action implied in the Act. verb is of course unconscious, as in e.g. *accipiunt* 123, *rigabat* vi. 699; cf. ix. 415, xii. 308.

303. **uolente deo** 'at heaven's decree' means rather more than θεοῦ θέλοντος ('if heaven consent'); *uelle* has the same root as βούλομαι and generally (e.g. ii. 790; *G.* i. 122) the same force, more positive than θέλω and *sino*, though the Partc. does often mean 'willingly' (v. 750). In this context *deus* probably means Jove, not merely the vague 'a god' of e.g. iii. 715.

303–4. **quietum...benignam** 'peaceful thoughts and kind intent'; on *animus* 57, 149 nn. But *mens* (Sansk. *matis*, Eng. *mind*), which is properly a verbal noun with the suffix -τι- as much as Gr. φάτις, λύσις (in Latin superseded by the compound suffix *-tiōn-*, *Mak. Lat.* § 216) never quite lost its original sense of 'thinking' and hence often represents the active side of consciousness, 'intention' or 'deliberation'; though *animus*, like the Eng. *thought*, may also be so used. **benignam** comes last, summing up the result of the story so far, and giving a pleasant omen for the future.

305–417. Going out next morning to reconnoitre, Aeneas is met and addressed by his mother Venus in the guise of a young Tyrian huntress; from the beauty of her face and voice he guesses that she is more than a mortal and in answer to his entreaty for counsel she explains the foundation of Carthage by Dido and Dido's tragical past. Aeneas, more and more convinced of the divinity of the huntress, replies to her questions by beginning the story of the Trojan misfortunes, which she interrupts with words of comfort, pointing to a happy omen in the rout of an eagle by twelve swans; then she resumes for a moment her divine form and fragrance but vanishes forthwith, flying to Paphos, and leaving her son lamenting her departure, but himself with Achates safely shrouded in a thick mist in which they walk towards the city.

305. **pius**, 10 n.; here pointing to a leader's dutiful care for his followers. The phrase **per noctem plurima** puts the present Partc. *uoluens* into the same syntax as would *diu* or *iamdudum*; 'having revolved many a thought through the hours of night'; so *gerenti* with *saepe* Livy xxvi. 39. 4; it is implied that his reflection continued, as of course it would; an explorer does not leave off thinking when he leaves his tent.

306. **alma**: a standing epithet of kindly natural forces, especially of the daylight, v. 64, viii. 455, xi. 182; *E.* viii. 17; it has a further implication of one's being alive to see it in iii. 311 and here, suggesting the dangers now past. **exire** and **explorare**, after the *ut primum* clause which suggests the beginning of an action, may, I think, be naturally taken as Hist. Inf., cf. vi. 490, xii. 218; then the *constituit* sentence (*quas...referre*) is an explanation added without any connecting particle, as often, e.g. in 26, 109, 332, 341, 348. But it has

been usual to take these infinitives as depending on *constituit*, so that the explanatory asyndeton should connect them with *quaerere*; but this, when the two first have been linked by *-que*, gives what sounds to my ear a kind of limp to the sentence hard to parallel in V.

307. The clauses *quas accesserit* and *qui teneant* are connected mainly by the anaphora of the interrogative pronoun, but partly also by Coupling Contrast (76–7 n.). This way of connecting clauses is so regular that it is possible to subordinate them both (as here to *quaerere*) without creating any difficulty to a Roman reader. **uento**: Modal or Causal Abl. (as in IV. 46) here throws the responsibility upon causes which the hero could not control, like *casu, forte* as opposed to e.g. *sponte mea* (IV. 341).

308. **teneant**, 12 n., with 139, 400. **inculta** perhaps a noun (cf. Pliny, *N.H.* XXV. § 87. *inculta itinerum* 'desert places'); but it is easy to supply a vague Neut. Obj. like *omnia* (as Serv. does in his paraphrase) 'all around lying waste'. **uidet** comes before a pause in the sentence and its last syllable is allowed the quantity of two morae, cf. e.g. *G.* II. 211, and see F. W. Shipley, 'Hiatus, Elision, Caesura in Vergil's Hexameter', *Trans. Amer. Philolog. Assoc.* LV (1924), p. 142. For the lengthening of similar final syllables (usually before a short pause) in arsis, e.g. *πόλεμον, φθίμενος*, in Homer, see D. B. Monro, *Homeric Gramm.* (ed. 2, Oxford, 1891), § 375.

309. **exacta**: "exquisita" (Serv.), 'definite news'; cf. IX. 193 and Sil. I. 684 *mittique uiros qui exacta reportent*. In this use the notion of *exigere* is that of pushing a question to its solution, weighing or measuring precisely (whence *exāmen* 'a balance' for **exagsmen*, *Mak. Lat.* § 191; cf. Suet. *Caes.* 47); and from this probably came the meaning of 'exacting' payment.

310–11 are clearly meant to describe the innermost, least visible, part of the *secessus longus* of 159.

310. **in conuexo nemorum** 'in the bend of the forest'; for the construction cf. *strata uiarum, prima uirorum* in Lucretius, *inculta itinerum* in Pliny (308 n.), and *caeli conuexa* (IV. 451). The convergence to a point which *conuexus* implies is probably horizontal ('where the woody shores of the cove narrow' Ctn.) rather than vertically downward ('in the cup of'), or upwards ('under the arch of'), both of which Henry (no doubt at different times) approved. The whole phrase gives the theme of which the following line and a half are the variation (175 n.).

311. **clausam...occulit** make up one action (69 n.); the Partc. is a Vergilian variation (314 n.) for the prosaic *in loco clauso*. **horrentibus** is meant to remind the reader of the *secessus* of 159 (165 n.).

312. **comitatus**, as often, bears to our eyes a Pass. sense; but it is prob. more an Adj. than a Partc. (cf. *operatus, scelestus*, *Mak. Lat.* § 232) and means 'in company with'; the "Abl." has the old Sociative meaning of the Instrum. Case in which it appears with *cum*, and with many verbs like *haereo, misceo, muto*; and with *comitatus* even in prose (Cic. *Cael.* 14. 34).

313. **bina...crispans** 'grasping a quivering pair of broad-bladed spears' (for *bina* cf. *terna* 266 n.). Anyone who has carried two golf clubs in one hand will know at once what V. means; *latum ferrum*, the most picturesque thing in the spear, i.e. the metal blade, which, at its widest, is broader than the shaft, is also the heaviest part; hence the bearer must choose his hold with care to secure an even balance. His walking tends to shift one or other of the pair, and he has to grasp them anew and so makes them quiver. Henry illustrates this meaning of *crispare* 'to make taut, crisp, ready for action' *inter alia* from Fr. *crisper les doigts*.

314. **media silua** 'within the wood', like *medio cursu* 'well on the way'. **obuia**, in prose would be *obuiam*, agreeing with *se* 'bore herself to meet him'. V. loves to vary an established idiom so as to express a similar meaning

without the hackneyed form. So in 508 (*Dido*) *laborem sorte trahebat* 'determined their share of toil by lot' for the prose idiom *sortem laboris trahebant* ('they drew lots for'); II. 201, *ductus sorte* instead of *sorte ducta creatus*; 381 (a particularly bold and picturesque variation; see n.), 385 (*querentem* for *queri*); *G.* II. 364 (*immissus* in place of *immissis*). The general principle is the same as that which led Tennyson to write *Hoodman-blind* (*In Mem.* LXXVII) as a poetical equivalent for *Blind Man's Buff*. Words are coins which lose the freshness of their design in daily use; and a poet instinctively seeks for a fresh pattern. This instinct, in V., is associated with the desire to carry his reader with him, just as in his carefully limited use of archaic words and constructions (269 n.).

315. **os habitumque gerens** 'wearing the face and form of a maiden'; for *gerens* of an unusual or assumed appearance cf. II. 278, XII. 472; *Cul.* 327, and (playfully) of a tree *G.* II. 70; *habitum* is 'bearing, look', not mere 'clothing' as Henry saw, quoting e.g. Ov. *F.* II. 817; Tac. *Agric.* 11, and the regular phrase *oris habitus* from e.g. Cic. *Nat. Deor.* I. 35 *ad fin.* Similar appearances are familiar in the Homeric story e.g. of Athene in *Od.* VII. 19, XIII. 221; and the kindness of Nausicaa in *Od.* VI. 139 ff. is a similar episode; Odysseus also wonders if she is a goddess (*ib.* 149). He is himself taken for a god by Telemachus in XVI. 183. How common such an attitude of mind was in antiquity, the experience of St Paul at Lystra (Acts xiv. 11) will show, an event many years later than V.'s death.

316. **Spartanae uel qualis** 'whether of Sparta or in the guise in which Thracian Harpalyce tires the panting horses (of her pursuers) and outstrips even swift Hebrus in her flight', a passage closely imitated by Sil. II. 73 (and not without influence upon III. 307), whose lines are decisive both of the reading (*Hebrum*) and the interpretation, confirming Serv. (*v. inf.*). The construction is another Vergilian variation for *Spartanae uel Threissae* (*talis*) *qualis*. The present tenses may reflect (Sabb.) some work of art or a picture of this lady's flight in some earlier poem; cf. 430 n., 498. Henry's strange desire to think of Harp. as a modern huntress riding a horse too hard (*fatigat*) would only be possible if V. had written *equum*; the plural means 'chariot' when only one person is mentioned as their director (cf. e.g. 156).

317. **Harpalyce** was reared in the forests by her exiled father and after his death lived a wild life, stealing a lamb from some sheepfold when pressed by hunger, and eluding her pursuers by fleetness of foot. Slain at last by an ambush, she became a local deity (Serv. Dan., who compares the story rightly to that of Camilla, XI. 539 ff.). **uolucrem**, a particularly happy (even if it were an imaginary) replacement of the more prosaic *uolucri*. Serv. objects that the Hebrus is "quietissimus etiam cum per hiemem crescit"—but spring, rather than winter, is the time of flood in rivers fed by snow mountains; and Plut. (?) (*De Flu.* 3. 1) with Sen. *Phoen.* (*Theb.*) 607 ("si Hebrus, non *Hermus* legendum") thought that it was swift (though with the MS. reading the line must be moved to precede 612). **praeuertitur** only here in V. in the deponent form; the Act. appears in this sense in VII. 807, XII. 345; in that of 'seizing, taking by surprise' in 721 *inf.* On the uses of the verb (sadly confused in our lexicons) see my note on Livy II. 24. 5, Camb. ed.[2] 1924.

318–19. 'As a huntress in due fashion from her shoulder she had hung her neatly fitted bow'. But the sentence is too compact for any translation to represent fully; its centre, *suspenderat arcum*, is surrounded by phrases all linked together and making part of the predicate; *habilem* not merely implies that it was well suited to its wearer (the Subj. of *suspenderat*) and its purpose (*uenatrix*), but, from its place in the sentence, that the bow hung comfortably in the fashionable way (*de more*, cf. 336); cf. 75, 269 nn. **umeris**. On the plural see 60 n.

319. In **diffundere** we have the old free use of the Inf. familiar in Greek (e.g. with παρασκευάζω) and common in early Latin (e.g. *bibere dato*, Cato, *Res Rust.* 89) and poetry (e.g. Hor. *Od.* I. 26. 2 *tradam portare*), which in Latin prose was superseded by *ut* or some other construction of Purpose, except after a few verbs like *cogo, sino*; Roby, II. § 1362. **uentis**: Dat. after *dederat*.

320. **nuda genu.** This construction, which is very common in the Augustan and later poets, but which began earlier (not in Plautus, but in Lucr. III. 489 *tremit artus*) had become in Quintilian's time (IX. 3. 17) established even in official language. It seems to be one of the few cases of an almost wholly Greek idiom transplanted into Latin. The nearest pure Latin parallel is the Acc. of Extent after words of measurement (*longum tres pedes*); but it seems probable that this borrowed idiom was partly associated in the minds of the poets with participial constructions such as that which appears in this same line. **sinus** can hardly have been those of her tunic; but *sinus collecta* is a simple example of the half-active use of the participle in *-tus* which Roman poets loved, partly because of its great metrical convenience, *collecta* being far easier to handle in hexameter metre than an Ablative Absolute with *collectis*, which would have been the equivalent in prose. But they were attracted to the idiom because it seemed to them—so one may almost infer from any list of the examples—to be an extension of a legitimate Latin idiom which enabled them to reproduce precisely one of the most charming idioms of Greek, namely the Middle Voice. In old Latin the *-tus* participle (as we have seen, 246 n.) had often an active meaning; and the whole class of deponent participles, thanks to the middle use of the forms of the finite verb, took a prevailingly active meaning, although a considerable number of them, of which *expertus* and *emensus* are the commonest, retained both meanings. Hence in using the ordinary passive participle with an object, the poets conceived that they were reviving a legitimate use; the examples begin with Ennius' *succincti corda machaeris* (unless the accusative after *indutus* in Plaut. *Men.* 511; *Epid.* 223, 225, is also reckoned). But the influence of the Greek construction appears plainly in the fact that the word in the accusative which the participle governs always denotes either some part of, or something closely connected with, the person who is described by the participle, such as a dress or other part of one's equipment.

321–2. **si quam uidistis** is of course the Protasis of a conditional sentence, as the meaning of *monstrate* ('point her out') shows (Ctn.), not a dependent question.

323. **maculosae.** By poetic variation (314 n.) the epithet is attached to *lyncis* instead of *tegmine*. **tegmine**, 275 n.

324. **aut...prementem.** The huntresses will be either moving about slowly (and quietly) to find the boar, or pursuing him (swiftly and) loudly when he has broken covert. A prose narrator might have added *aut audistis* to the *uidistis* (as in 326–7); but a poet is well content to complete a picture by suggestion; cf. Hor. *Od.* III. 13. 6–7, where the contrast of *gelidos* and *rubro* may be said to force upon each epithet a double meaning 'cold (and white)', '(hot and) red'. **apri cursum (clamore)**: Obj. of *prementem*; a prose writer would have put *aprum cursu et (clamore)*, 314 n. **clamore,** mainly that of the dogs, *G.* III. 413. **prementem**, the technical term for a hunter following up the game, see Isid. X. 282, s.v. *uenator* (Nett.). The livelier alternative is kept to the second place to make a picturesque end to the speech.

325. **et contra** is found e.g. in Cic. *Balb.* 22. 51 and *contraque* in *De Fin.* II. 17. 55; so *cui contra* X. 530, *nec non...contra* XI. 603. The reading *at contra* (as in X. 16) is too forcible for this friendly response.

326. **tuarum...sororum**. Interwoven with the two verbs (13 n.). **audita** certainly refers, as Serv. saw, to *clamore* in 324.

327. **quam...sonat**: an exclamation displacing the expected vocative, as e.g. in *Ad Herenn.* 4. 4; Ar. *Nub.* 1378; *quam* is Acc. Sing. 'by what title should I name thee?' a common use of *memorare*, e.g. in VIII. 339; *G.* II. 158.

328. **mortalis**, sc. *est.* **hominem sonat**: Internal Acc., lit. 'sound the human creature', i.e. 'sound like a human voice', a bold poetic substitute for the prose *humanum sonare*, cf. Pers. III. 21 *uitium sonat* (*fidelia*) 'rings cracked'. On the guess of Aeneas see 315 n.

329. **an Phoebi**. The first *an*, as often, introduces after a statement a question (*a*) uttered (e.g. *E.* V. 53), or (*b*) likely to be received (IV. 208), with surprise: (*a*) 'Why, can you ask', (*b*) 'or dare I go so far as to ask', 'or can it be that', as here; the second *an* is merely 'or'. **Phoebi soror**: "Diana, nam uenatrix est. Bene suspicatur pro loco et qualitate habitus personaeque" (Serv.). **sanguinis**: "generis" (Serv.) as in 19; a Partitive Gen., 'one of the race of N.'

330. **felix**: "propitia, ut in Bucolicis (v. 65) *sis bonus o felixque tuis*" (Serv.); cf. *G.* I. 345; Livy XXII. 30. 4; and the regular formula of prayer *quod bonum faustum felix fortunatumque sit*, e.g. Cic. *Div.* I. 45. 102; at the same time, as applied to human beings, *felix* (lit. 'fruitful, rich in offspring' from the same root as *fecundus*) would always imply 'blessed' as well as 'blessing'. **quaecumque**, sc. *es*: cf. 202, 237 n.; and for the thought and conclusion III. 261.

331. **tandem** 'in all the world', commonly used in excited questions, lit. 'at last', i.e. after exhausting every other possible guess.

332–3. **locorumque erramus**. The Hypermeter (cf. IV. 629 and *G.* II. 69) represents an outbreak of feeling approaching despair, already suggested by *quaecumque*, *tandem*, *orbis* and *iactemur*, and reaching a climax in the next line (*uastis fl. acti*).

333. **uento**, 307 n. **et uastis**, the reading of *M R*, is to be preferred as giving pathetic emphasis to *uastis* by the rhythm of a single spondaic word in the fourth foot, which is very common in Lucretius, but which by V. seems to be generally reserved for words of some special weight or significance in the context, cf. e.g. in VI. 42, 127, 271, and contrast e.g. 78, 185, 372, with *G.* IV. 348 and my essay on 'The Value of the Medicean Codex of Vergil', *John Ryl. Lib. Bull.* 1931, p. 343.

334. **multa hostia** 'many a victim', a common poetic use of Sing. for Plur., commoner, I think, with Fem. nouns, and probably arising from the concretisation of collective nouns like *pluma*, orig. 'plumage', hence 'a feather', *uestis* 'clothing', hence 'a piece of cloth, garment'; but it was easy to interpret *multa pluma* as 'many a feather'. **nostra** is the Plural of Dignity, natural to a prince representing his followers; see my study of 'The Singular Use of *Nos* in Cicero' in *Camb. Philolog. Soc. Trans.* V (the results are briefly stated in *Great Inheritance*, c. 1); the use in V. is examined by E. H. W. Conway in *Cl. Quart.* XV. (1921), p. 177.

335. **honore** 'reverence' as in III. 474. For this negative reply cf. the passages cited on 315.

336. **uirginibus Tyriis**, by its emphatic position, suggests a more positive answer, without involving a directly false reply to her son; it is as if she said 'my dress might tell you'.

337 is repeated with slight variation from *E.* VII. 32.

338. **Punica regna** 'a Phoenician realm'; on the history of the name in Latin see *Mak. Lat.* § 117. **Tyrios**, but often, e.g. in IV. 545, 683, spoken of as *Sidonii*. "Nihil interest utrum Tyrios an Sidonios dicat;...nomina de uicino mutuantur" (Serv.). **Agenoris**, an ancestor of Dido according

to Serv. Dan.; a mythical figure by some called the father of Phoenix (Hes. Frag. 31 [56] Rzach ed. 2), by Serv. here only a "rex Phoenices", whose followers founded Tyre.

339. **genus**, in loose apposition to *fines L.* as if it were *populus Libycus*; even if it begins a new statement, it must denote the Libyans (cf. IV. 40).

340. **imperium...regit** 'guides the dominion' (of the Tyrians over the native races), cf. Ov. *Ex Pont.* III. 3. 61 *sic regat imperium terrasque coerceat omnes* (*Caesar*). Dido's relation to her Tyrians is parallel to that of Augustus to the citizens of Rome, who still counted themselves not subjects of the *imperium* but partners in it. The *Romane* of VI. 851 is not spoken to the emperor merely. **Dido**: "Vero nomine Elissa ante dicta est sed post interitum a Poenis Dido appellata, i.e. uirago Punica lingua" (Serv. Dan.). On this Prof. A. A. Bevan kindly writes to me: "I do not think there is any reason for believing this statement....Another explanation which I met with many years ago, though I cannot remember where, appears to me much more probable, that Dido is a contraction of *Yedīdā* 'Beloved', which occurs in O.T. (II Kings xxii. 1), though not in any Phoenician insc. so far as I know". This abbreviation of a name is not unusual in popular stories, as we know from e.g. (Santa) Claus, which is a long way from the Gr. Νικόλαος.

341. 'Long has she suffered wrong, long is the tangled story'—i.e. to tell it in full would involve many explanations—such as the Alexandrine school loved to insert and such as e.g. Justin (XVIII. 4–6) has preserved in this story of Elissa; cf. *G.* II. 46 (*ambages et longa exorsa*), where V. renounces this fashion, which he had followed in the *Culex*, and in the three early Epyllia pieced together to make a new ending to *G.* IV. 315–558. The words suggest that V. is here cutting down some Alexandrine version of the story of Sychaeus.

342. **summa...fastigia** 'the salient points'; a happy image for what in the prose of Amm. Marc. (XXXI. 5. 10) are called *rerum summitates* (cited by Henry).

343. **Sȳchaeus**, but in 348 and elsewhere always *Sy̆ch-*: "ea licentia quae est in propriis nominibus" (Serv.); cf. 258 n. **agri**: the phrase recurs in X. 563; Sil. V. 260 (with *arui*), whereas in VII. 537 V. follows the commoner use with an Abl. The construction, as in *diues opum* (14), is probably based on the ordinary Gen. of Contents, as in *poculum uini*, *plenus uini*. But it was undoubtedly associated in the minds of Roman poets with the genitive common in Greek to denote the quality in point of which a description is applied (e.g. with εὐδαίμων Plat. *Phaed.* 58 *e*, with ἔχειν and an adv. Herodt. I. 32; Thuc. I. 22). This combination of different associations in the use of a particular idiom is thoroughly Vergilian.

344. **Phoenicum**: Partit. Gen. after the Superl. **miserae**: Dat. "of Agent" after the Pass. Partc. as *mihi* in 326; in origin a Dat. of Advantage or Interest 'for, in the eyes of'; in Cicero regular only with the Partc. in *-tus* and the gerundive and only common in pronouns.

345. **iugarat**: cf. *Thetidi pater ipse iugandum Pelea sensit* Catull. LXIV. 21, a poem V. knew by heart (cf. e.g. IV. 305, 316). This sentence is the Theme, the next the Variation (175 n.). **ominibus**: "Secundum Romanos locutus est qui nihil nisi captatis faciebant auguriis et praecipue nuptias" (Serv., citing Lucan II. 371; Juv. X. 336). Henry points out the comparative disfavour with which second marriages (for women) were regarded at Rome, with a whimsical discourse ending in an amazing assertion (not, unfortunately, peculiar to him) of the "unintentional" act of V. in creating in the person of Dido "the most perfect embodiment of disinterested love for which a grateful world has to thank a poet".

347. **ante alios**, an old phrase substituted for *quam alii*; here, and in VII.

55, used after a Superl., cf. *prius* before *antequam* in IV. 24–7. Livy is fond of the phrase, occasionally even with Compr. (V. 42. 5) and Superl. (I. 15. 8).

348. **quos**, Dido, her husband, and her family, including Pygmalion; not (*pace* Serv. and Tib. Don.) to be referred to *omnis* in the sense of 'all the murderers that ever were', of whom Serv. kindly mentions a few! **furor** 'unnatural hate', as e.g. in Hor. *Epodes* VII. 13, of the Civil Wars, as often elsewhere (cf. 294 of War in general).

349. **ante aras** and **clam f. incautum** are Interwoven (13 n.) with *impius* and *auri c. a.*; *ante aras* throws special light on *impius* (though this has also reference to *germanae* in 351—the climax of his guilt), but it also explains *incautum*—Sychaeus had no thought of danger there (cf. III. 332), and *caecus*—Pygmalion forgot the dangers of sacrilege. **aras**, of the Penates of Sychaeus, as Ovid's description of the crime (*internas mactatus ad aras*) makes certain (*Heroid.* VII. 113).

350. **securus amorum** recurs in X. 326 in a different sense (of more than one passion, as in *E.* X. 6, 34); here not 'the object of the love' (as *G.* III. 227; Catull. XLV. 1) but more simply 'desires, longings', as in IV. 28, cf. *E.* IX. 56 ('desires'—of hearing his friend's verses). **amorum**: Object. Gen. (as with *immemor*, *expers* and the like) common in V. after *securus*.

351. **aegram**, an Adj. often used of the pain of suspense of any kind, e.g. Livy I. 58–9, II. 36. 4; and especially of that of love or hope deferred.

352. **malus** 'from his evil heart', 'malignant creature that he was', predicatively with *simulans*; in prose *insitā malitiā*. **uana spe**. Ctn. happily quotes Keats' *Isabella*, stanza 29:

"Poor girl! put on thy stifling widow's weed,
And 'scape at once from Hope's accursed bands:
To-day thou wilt not see him, nor to-morrow".

353. **in somnis**, 'in her slumbers', is always (seven times) in V. used of visions in a dream, but there is no reason to refer the form to *somnia*, since in other Cases the Pl. of *somnus* is almost as frequent (e.g. IV. 244, 530, 560) as the Sing.; and *per somnum* is also used of a dream (V. 636). **inhumati** perhaps explains why the ghost is at large (*Il.* XXIII. 70 ff.) though V. does not elsewhere endorse that doctrine; Hector had been buried before he appears in II. 270, and in VI. 275 the ἄταφοι wander on the banks of Styx; in any case the epithet adds to the pathos of Dido's grief and the brutality of the murder.

354. **ora...miris** modified from *G.* I. 477 *simulacra m. pallentia m.*, which comes from Lucr. I. 123.

355. **crudelis aras** 'the blood-stained altar', i.e. the murder wrought there; the Adj. (connected in origin with *cruor*) often refers to bloodshed, e.g. III. 44, IV. 308, VI. 359, XI. 53. So in 361 'blood-stained hate', springing from bloodshed and craving bloody revenge.

356. **nudauit** 'laid bare', perhaps literally with *aras*, if the ghost took her to see some stain of blood concealed but not yet obliterated on the altar-stones. But the word may be used first of revealing by word and then, by a slight zeugma, more literally with *pectora*; so Henry, comparing the boldness of X. 13 (a prediction of Hannibal's invasion) *exitium magnum atque Alpes immittet apertas* ('shall let loose vast havoc and the Alps unbarred'). The three verbs, *nudauit*, *retexit* and *recludit* (as Ctn. suggests, though doubtfully) depict successive acts of the spectre in Dido's dream, like those of Hector in II. 296 f.; to confine them to the spectre's words, like *suadet*, is to substitute rhetoric for poetry. **domus scelus**, a crime committed by a brother and at the altar in the house.

358. **tellure**: Pure Abl. 'from the ground', cf. V. 99, where also it follows a compound of *re-*, as often (*G.* III. 11) but not only so (V. 660, VII. 299).

359. **thesauros**, hereditary treasures belonging to Sychaeus, the object (349) of Pygmalion's crime (Ctn.); he failed to find them and Dido needed the ghost to show her what was an *ignotum pondus*, i.e. concealed from every one. The Adj. possibly suggests 'untold in quantity' (so Henry), but certainly does not mean this only, for there is no other such ex. in V. The story of Plautus' *Aulularia* shows that the ground below the family altar was thought a good hiding place.

360. **his** 'by these things', i.e. what she had seen and heard (cf. e.g. VI. 408; *G.* IV. 528), with *commota*.

361. **crudele**, 355 n.; the meaning is helped by the juxtaposition (cf. 323 n.) of *tyranni*, and this is the only fraction of truth contained in the old theory of "Hypallage" which Serv. here assumes, so far at least as it is applied to V., who in this and other matters never allows himself the extravagant license of Catullus; see 403 n.; and my note in *Camb. Philol. Soc. Proceedings*, 1933. **tyranni** in the full sense of τύραννος 'despot', as regularly in V. (e.g. VIII. 483); it seems less condemnatory only in VII. 266 on the lips of Latinus—presumably as his compliment to a foreign potentate difficult to describe—and in 342 of Latinus himself as Allecto conceives him; these two passages are so near together in the story that it seems likely that they were connected in V.'s mind.

362. **metus acer** 'lively apprehension', as in III. 682. **naues**: Nom. with *quae*; the reading of *MR* is more Vergilian (cf. 573 and XI. 552–4) than the Acc. *nauis*, the ordinary prose construction. **paratae** sc. *erant*, cf. *mercati* 367, and often even after relatives; cf. IX. 675, X. 827; *G.* IV. 89.

364. **opes** 'resources, hopes', as in III. 53, X. 609; not merely the *aurum* of 363 (which accounts for the story of Tac. *Ann.* XVI. 1), but the ships and the men and all they took, including the *thesauros*, the *aduectas Pygmalionis opes* of Ov. *Heroid.* VII. 150. The phrase is terse like the rest of the mechanical part of the story (362–4), and also the epigram which sums it up and prepares for the royal qualities which Dido will soon show. **pelago**: Abl. like *caelo*, 289 n.

365. **locos**: Lative Acc. (2 n.), as always (IV. 125, 166; VI. 638) in the *Aeneid* with *deuenire*. **nunc...cernis**: the Pres. is more vivid, and represents a gesture of the speaker; though *cernes* need not be rejected merely because of *nunc* 'in these days'.

366. **nouae Carthaginis**, 57 n.

367. **mercati** (*sunt*), 362 n. **Byrsam**, Gr. βύρσα 'a hide', was identified by the Greeks with the Phoenician name (corresponding to Arab. *Bosra*, *Bordsch*, 'fortress') of the citadel of Carthage. From this no doubt arose, by popular aetiology, the story of 368, the bargain by which Iarbas sold to the new settlers as much as they could include in a bull's hide—which they promptly cut into narrow strips and by using them to mark the circumference of their area secured enough ground for a city! **facti de nomine**, borrowed (like *E.* VI. 75–7; *G.* I. 406–9) from the *Ciris* (487), prob. the work of Cornelius Gallus.

369. **qui**, sc. *estis*. **tandem**, 331 n. The impatience here is only with the length of her own explanation; to the reader it is meant by V. to indicate the obvious reason for the summary character of the narrative which Venus has just given. V.'s dramatic sense never allows him to insert the long speeches, such as those of Nestor and Phoenix, which often seem to break the story of the *Iliad* into its component lays. Even the epyllion on Camilla (XI. 532–84), though not finally fitted for its place, as Diana's speaking of herself in the third person three times (537, 566, 582) would alone suffice to show, is not dramatically inappropriate since the conversation is in heaven

while its subject is rushing to her doom on earth. **aut**, second word in its clause, as often.

370. **quoue...iter?** is repeated in IX. 377. One alternative introduced by *aut* is followed by another linked by *-ue*; so in VI. 842–4 we have *aut...que...uel*; small but intentional departures from the more fixed usage of prose. **talibus** sc. *respondit*; the Abl. of the Pron. placed with *ille* to mean 'in such words as these', 'thus', makes it possible to omit the prosaic verb without causing difficulty.

371. **suspirans imoque...uocem**: Theme and Variation (175 n.), more like Apoll. Rh. (II. 207) ἐξ ὑπάτοιο στήθεος ἀμπνεύσας than the Homeric βαρὺ στενάχων (e.g. *Od.* VIII. 95).

372. **dea**, because Aeneas will not accept her disclaimer (335); cf. *uestras*, 375 n. **prima...origine**, from *G.* IV. 286, where *famam* is added.

373. **uacet** sc. *tibi*, 'even if thou couldst find leisure'. **annalis** is naturally used (*pace* Macrob. III. 2. 17 and the "quidam" of Serv. Dan.) of the long story of nine years of siege and seven years of wandering.

374. In *Od.* III. 115 Nestor says he would need five or six years to tell the sufferings of the Greeks; and XI. 330 Odysseus, at the banquet of Alcinous, stops his catalogue of the ghosts of fair women for fear 'immortal night' should come to an end before it was done. Aeneas is content with the more natural interruption of sunset. Lucretius 'promises' Memmius (I. 410–17) that he (L.) has such a quantity of interesting things to tell him that he fears he (L.) will reach old age before he has done. **clauso**. Evening is said to 'lay the day to rest' behind the closed doors of the sky. The Hours are said to hold the doors of Olympus in *Il.* V. 749. **componat**. The weight of authority (*v. sup.*) seems to support *componet*; but the combination of Pres. Subj. in Protasis with Ind. Fut. in Apodosis is rare even in poetry (e.g. Hor. *Od.* III. 3. 7; Ov. *Trist.* II. 333), apart from the substitution of an allied fact for the true Apodosis (*numeros memini* (et canerem) *si uerba tenerem E.* IX. 45); see Roby, II. § 1574. The Ind. here would imply a change in the speaker's point of view: 'Were I to continue,...even hadst thou leisure..., even so night will be upon us (ere the tale is done)'. That is not impossible, but its harshness is without a parallel in V., so far as I have observed. For this meaning of the verb Henry compares Pliny, *Ep.* II. 17. 2 *saluo iam et composito die* 'when you have suffered none of the day to be wasted but seen it well through to sunset'. **Vesper Olympo**, from *E.* VI. 86, and so again VIII. 280.

375. **Troia**: Pure Abl. with *uectos*, cf. 358 n. **uestras**, i.e. those of Venus and the other deities in Olympus. For the idiom by which the pl. is used of one person, who is addressed, and his or her companions, who may not be present, cf. e.g. *uos o Calliope* IX. 525. The whole line contrasts the unhappy plight of the exiled Trojans, whose city is now only *antiqua*, with the divine powers who may not have time to notice the Trojans' afflictions, may not even have heard the name of Troy; and this prepares the way for the announcement of his name and his record in 378–9. **per auris**, from *missa per auris*, Lucr. I. 417 (where *repetam* follows in the next line and the general sense has a distant likeness to 372–4, see 374 n.). But in view of *uestras* I prefer to give *per* here the meaning it has in Ennius' epitaph *uolito uiuo(s) per ora uirum*: 'if perchance the name of Troy has ever passed in the hearing of your divine company'; so Sabb., rendering *peruenit ad auris*.

376. **diuersa aequora** 'many different seas', i.e. differing from one another, since no one goal of the voyage has yet been mentioned; cf. 756 and *Od.* IX. 260 παντοίοις ἀνέμοισιν. But wandering from their true direction (*ib.* 261) is of course implied in the Plur. **uectos**, prob. timeless (here

therefore taking its time from *adpulit*) as *uectis* in *G.* I. 206 and *proruptum* 246 n. (Mak. Lat. § 233).

377. **forte sua** 'by chance of its own making', contrast VII. 216. This is the only ex. in V. of an Adj. attached to the Abl. of this noun, though with the Nom. he twice uses an epithet (*fors inopina* VIII. 476, *fors si qua* II. 94). The Nom. was preserved as a noun by fixed phrases like *fors feret* (*tulit* etc.); but even that Case was more often used (by elliptical parenthesis, see 251 n.) as an Adv. for *fors est* (e.g. V. 232); and the Abl. is not quoted from prose authors save in its constant Adv. use (375). No Cases but Nom. and Abl. occur at all. The present phrase must therefore be counted a bold but intelligible archaism. **Libycis**: "iam scit; audiuit enim (339) *sed fines Libyci*" (Serv.). So *Libyae* in 384.

378. **sum pius...notus**. Charles James Fox's superficial criticism of this line has received more attention than it deserved. "Can you bear this?" he asked. The pattern of the lines is in those in which Odysseus introduces himself to Alcinous (*Od.* IX. 19):

> εἴμ' Ὀδυσεὺς Λαερτιάδης, ὃς πᾶσι δόλοισιν
> ἀνθρώποισι μέλω, καί μευ κλέος οὐρανὸν ἵκει.

Both claim to be famous, but on different grounds; that given by Aeneas would seem strange to no Roman reader, though from more than one aspect (largely through the misunderstanding of *pius*, see 10 n.) it is prob. more offensive to modern Englishmen than Odysseus' boast of his δόλοι; as Henry points out, no one has complained of his claim to *uirtus* in VIII. 131. The form and degree of self-commendation usual in human intercourse have varied (and still vary) greatly with time, country and other circumstances; Caesar's *ueni uidi uici* and Cicero's letter to Lucceius (*ad Fam.* V. 12), to mention no other examples, give us the standard of their and V.'s age. Aeneas' plea of *pietas* is strictly relevant when he is appealing to a goddess for aid in his apparently desperate plight; see now W. B. Anderson's article in *Cl. Rev.* XLIV (1930), p. 3. **penatis**, those of Troy, destined to become those of Rome (Sabb.).

380. **Italiam patriam** 'Italy my fatherland', so rightly Serv. Dan.; cf. VII. 122, 205 ff., 240; VIII. 134; and often in III (94, 167, 185, 503)—a list which shows how important V. felt the point to be. **et genus** must of course be connected with *patriam* and mean his kinsmen in Italy, since Dardanus was said to have sprung from Corythus in Etruria (III. 170, VII. 240) and to have founded the Phrygian race. (The legend is borne out by the facts of language so far as they show the European origin of the Phrygians, whose surviving inscc. prove—see e.g. W. M. Ramsay, *Kuhns Zeitschr.* XXVIII (1887), p. 381—that their speech was closely akin to Greek; and, more generally, so far as they exhibit the close intercourse which must at some epoch have been long maintained between the speakers of the Italic and the Indo-Persian group; see Kretschmer, *Einleit. in die Geschichte der gr. Sprache*, 1896, c. V.) The line has been corrupted in *MP* through its likeness to VI. 123 and some late MSS. actually omit *et*; but even without *et*, *genus* could refer to nothing but *patriam*.

381. **denis**. On the use of the Distr. numeral of things in sets, natural when a number is multiplied, see 266 n. The Abl. is Sociative, 312 n. **Phrygium** 'Trojan' as often; here prob. meaning the Aegean at its nearest point to Troy. **conscendi** contains the same notion as *altum* 'the high sea', 34, Gr. ἀνάγεσθαι 'to put to sea'; and conversely *deferri*, *deuehi*, *demittere* (V. 29), Gr. καταπλεῖν, of reaching port, due to the fact that the sea appears always to slope uphill from the observer to the horizon; cf. with Serv. *humilem* of the land seen from the sea, III. 522. But V. is playfully

departing from the common prose use of *conscendere nauem* 'to embark', yet in such a way as to suggest inevitably that the 'climbing' was that involved in Aeneas' first sailing away from Troy.

382. **monstrante**, by her star (Lucifer, VIII. 590), II. 801, cf. II. 620; so Varro, who relates (ap. Serv.) that Aeneas saw the star even by day until he came to the *ager Laurens*, when its disappearance showed him that he had reached his goal. **data fata**, 241 n.; the 'giving' was in Delos (III. 94) and other points of the story in Book III (e.g. 364, 378–463 with the reff. in 380 nn. *sup.*).

383. **uix septem** is contrasted with *bis denis* in 381, the two most sharply contrasted points being put first, as regularly, in the sentences that are Coupled by Contrast (76–7 n.); so *ipse* in the next line, which continues the construction. For *septem* see 170. **undis Euroque**. Abl. with *conuolsae*; one wind is put for 'the winds' in general, as in the Gospels *the lilies of the field* stand for any wild flower, and *Solomon* for any wealthy monarch; this use (of a type to represent a class), called synecdoche by the Greek grammarians, is natural to all poetry.

384. **ipse**, 383 n. **ignotus** 'a stranger'. **Libyae**: cf. *Libycis*, 377 n.

385. **Europa**: Pure Abl., 358 n. Aeneas is thinking mainly of Italy, but he may also have in mind his friendly entertainment by Helenus in Epirus (III. 293 ff.) and Acestes in Sicily (I. 34, 195). The line is broken by the end of the speech to indicate its interruption by Venus; so in VIII. 583, and XI. 827 where the speaker faints, and in XI. 98 where Aeneas turns away from his grief (*nec plura effatus*) to sterner duties. The same consideration no doubt applied to some of the lines which V. left incomplete (e.g. IV. 361, XI. 391), i.e. he felt a long full stop must come at that point; cf. Sparrow, *Half-lines and Repetitions* (1931), p. 45, and my comment in *J. Rom. Stud.* XXII (1932), p. 259. **querentem** governs *plura* and is itself the Obj. of *passa*, a variation (314 n.), on the pattern of Greek Partcc. after verbs like περιορᾶν, for the prosaic *passa eum queri*; since *interfari* takes an Acc. in Livy XXXII. 34. 2 and Pliny, *Ep.* I. 23. 2, it is likely that V. meant *querentem* to be connected with this verb also in syntax, though *medio dolore* '(broke in) upon the tide of his lamentation' implies that his sorrow was interrupted too (cf. 269 n.).

387. Suggested by *Od.* VI. 240, the *haud credo* perhaps from the οὐ γὰρ ὀΐω of a similar sentence in *Od.* III. 27. **auras uitalis**, a Lucretian phrase (e.g. in III. 405).

388. **adueneris**: Perf. Subj. in spite of the short vowel in the last syllable, which in origin is identical with that of e.g. *sīs* (Hale and Buck, § 164. 6). The likeness of the tense in its 3rd Pers. Sing. and Plur. to the Fut. Perf. Ind., where -ĭ- was justified throughout, led to a confusion of the forms, at all events in dactylic poetry, where most of the 2nd Pers. Sing. and Plur. of the Perf. Subj. would have been unusable if the final syllable had been treated as long. The Subj. is in its generic use, often applied for giving a reason, 'thou, being one who has come', 'thou, since thou hast come'; cf. e.g. Cic. *Phil.* VIII. 8. 25 *ferrei sumus qui quicquam huic negemus*; so Plaut. *Rud.* 108 *tibi...magnum malum qui...occupes*, and *ib.* 1147 *quae...compegeris* (Hale and Buck § 523).

389. **perge modo** 'just go on', an almost familiar phrase, repeated in 401 at the end of the speech, because it is the one touch of tenderness towards her son which the mother, despite her disguise, allows to escape her. **te perfer** is a Vergilian variation (314 n.) of the common and colloquial *fer te*, *aufer te*, and appropriate as a sequel to *perge* in this line; the reason (*namque*) for the confident advice is stated in the next.

390. **reduces** and **relatam** 'restored' and 'brought to harbour' both

show the notion of due fulfilment of some design or expectation which is often implied in the Prefix *re-*.

391. **tutum**: Neut. of the Adj. (orig. Pass. Partc. of *tueor*, older *tuor*, *tuo*) used as Collective or Abstract Noun, cf. *altum* (34 n.), *exspectatum*, *profundum*, *serenum*. **Aquilonibus**, see 383 n. on *Euro*; but since in the storm the ships were being driven Southwards on to rocks and shallows, *uersis* may indicate the change of wind (from N. to E.) needed to let them find shelter somewhere on the Tunisian coast, which faces E.

392. **uani** 'lying' (as e.g. in II. 80, and the Ciceronian *uanitas* 'mendacity'); not, happily, meant as a standing epithet of her (imaginary human) parents, but part of the predicate; 'unless my parents deceived me by wrong teaching of the omens'.

393–400. These lines give us a typical augural interpretation (based on the magic of Similarity); the swans pursued and scattered by the eagle are like Aeneas' fleet pursued and scattered by the storm; like the twelve swans, the missing twelve ships are arriving in two separate companies; one has already found a landing, the other, watching the first (*captas*), is still looking for it in the same area; both parties have circled round with cries of triumph and are rejoicing in the prospect of safety. The picture is like that of XII. 246–56, but from a different angle; there the defeat of the eagle is the central point, here the safe reunion of the swans (so that we are not told why the eagle abandoned his pursuit—though no doubt for the same reason as in XII, his fear of trusting himself to earth amidst a crowd of enemies). The descriptions are vivid enough to suggest that V. is recalling some actual sight of his boyhood or youth, from a peak in the hills by Lake Garda, or of the Euganean group rising suddenly out of the marshes of Padua (cf. XI. 457); yet we need not doubt that he had in mind *Il.* XV. 690, where Hector's attack is likened to that of an eagle's swoop on 'winged birds feeding by a river, geese or cranes or long-necked swans'.

393. **bis senos**: cf. *bis denis* 381 n. **agmine** is contrasted with *turbabat* and explained by *ordine longo* (Ctn.); but it also gives the reason for their joy, namely their re-united number, and (as Serv. hints by his "*uolatu*") depicts the movement which the observer can so interpret; 'in the pride of their sweeping array'; the *ordine soluto securi* of Tib. Don. should be understood of an extended (but not scattered) line.

394. **aetheria plaga**, higher than the *caelum* of 395 (Ctn.). **lapsa... Iouis ales**, the eagle (masc. in XII. 247 and 255) is fem. in V. here only, perhaps partly for metrical convenience. **aperto**, like the wide ocean over which the ships were tossed (Forb. comparing Ov. *Met.* VI. 693).

395. **turbabat**: "eleganter pro agitabat, ἐκλόνει, persequebatur" (Heyne).

395–6. For the general meaning see 393–400 n., where *captas* is taken with Burmann to refer to the part of the flock which had already alighted, the spot which they had occupied being surveyed by their companions still circling above them. The first group will in any case correspond to the ships of Ilioneus (521) and his nearest companions (510), the second to those who have not yet landed (540). The only objection to this ("quod frigidum est", Heyne) is surely answered by remembering the joy with which an actual landing accomplished by any of their ships would be watched by the storm-wearied men still at sea, who would themselves be busy searching for some equally favourable place for beaching their ships—a matter demanding care. Whether *captas* means simply 'occupied', as Henry insists, or has the less ordinary but well attested meaning of 'chosen' as in *G.* II. 230 and the phrase *locum castris capere*, which Heyne prefers, matters little; though unless the foremost birds (ships) had actually touched the ground (shore) their companions still on the wing (at sea) could hardly know that they had 'chosen' their spot. Hence Heyne boldly takes *captas* in a timeless sense equivalent to *capiendas* ("cum in eo essent ut iam caperent"); but even if this use of the Partc. could be justified, it would still leave us to ask with Ctn. how the spectator could distinguish this action ('looking down on eligible-spots') from the action of *capere* ('choosing their spots'). Henry's view, that *iam captas* means 'where they themselves had alighted a moment before', is surely too difficult; and it fails to distinguish the two companies, which the *aut...aut* must do, no less than *aut...aut* in 400. A recent suggestion makes it well to add that *despectare* means always 'to look down upon from a height' (VII. 740, X. 409; Ov. *Met.* II. 710, IV. 622 *ex alto*).

398. See 393–400 n. The line is added by *et* after V.'s manner (90 n. on *et*) describing by co-ordination instead of subordination an earlier part of the action, so that *et* is equivalent to *postquam*.

399 is like *νηυσί τε σῇς καὶ σοῖς ἑτάροισιν*, *Il.* I. 179 (in a very different context). **tuorum** is a pretty variation for the prosaic *uestra* or *Troia*, and suggests the closeness of the tie between Aeneas and his men; and (with *pubes*) also that after all the flower of the race has been saved. *tua* could not well be used since it would naturally mean 'your own sons'.

400. **portum tenet** 'has come to port', as in IX. 98, X. 301; cf. III. 192, V. 164 with *altum*; so VII. 287 (*auras*), XI. 903 (*campum*); V. 168, 338; X. 157 (the first or some other place in a line). The slightly looser meaning of 'approaching' supposed by H.N. here and in Ov. *F.* I. 498, IV. 290 (both times of reaching a country) does not occur once in V. though he uses the verb some 170 times. **tenet** and **subit** are Sing. because of the nearest subject *pubes*, as regularly.

401. See 389 n. **derige** 'keep straight' used here, as regularly, of aiming at a fixed point, whereas *dirigere* refers rather to clearing a course through a number of obstacles. Neither meaning excludes the other and hence the words were continually confused in cursive MSS., and the Fr. and Eng. *direct*, Ital. *diretto*, represent in fact the Lat. *derectus*.

402. **auertens**: Intrans. This action was a rule in divine interviews with mortals (e.g. *Il.* XIII. 72; cf. also Exodus xxxiii. 23), but it was not always observed (II. 589; *Il.* XXII. 215). **rosea**: cf. *roseo ore* (II. 593), which however means mainly her lips, and the 'rosy-skinned Aphrodite' of Anacreontea 53. 22, Bergk-Schaefer, ed. 4 (1882), beside the 'rosy-fingered Morn' and 'rosy-armed Nymphs'—all representing the soft, warm glow of perfect health and youth in its prime. Horace borrows the phrase to apply it to Telephus (whoever he was) in *Od.* I. 13. 2, in no very serious mood. **ceruice**, the beauty of which was a special mark of the goddess (*Il.* III. 396 *περικαλλέα δειρήν*), as hundreds of ancient sculptures show us. **refulsit** '(her beauty) suddenly flashed'; for this sense of *refulgeo* cf. e.g. 588, II. 590, and Hor. *Od.* I. 12. 27; and so often in compounds of *re-*, e.g. *recludo, reperio, refringo* (VI. 210), *refugio* (II. 380, VI. 472), *reluceo* (XII. 300), *resplendeo* (XII. 741).

403. **ambrosiae...spirauere** 'from her head the immortal fragrance of her hair breathed heavenly sweetness'; but no translation can be adequate without being overfull, because of the double meaning of the first word, which the Greeks had borrowed, as its meaning clearly proves, from the Arab. *anbar* 'ambergris' (i.e. 'grey amber', a wax-like substance found floating in tropical seas and used in perfumery), but which they re-derived, inevitably, from their own epic word *ἄμβροτος* 'immortal'; so that the fragrant *ἀμβροσία* was assigned as the food of the immortals. This was just the kind of mysterious word with which V. loved to play (cf. 114 n. on *ingens*, 704 n. on *adolere*, 8 n. on *numen*, and *Cl. Rev.* XXVI (1912), p. 255). **diuinum odorem**, *θεῖον ὀδμῆς πνεῦμα* Eurip. *Hipp.* 1391 (vulgarly ex-

panded by Ov. *F.* v. 376 more suo). The whole line is certainly influenced by Catull. LXIV. 309, whether we there honestly accept the MS. reading *roseo niueae residebant uertice uittae*, as a daring transposition by the poet to imply that the rosy garlands seemed to transfer their colour to the snowy hair (as in *Aen.* XII. 68–9 *mixta rubent ubi lilia multa alba rosa*)—or change it with prosaic (and presumptuous) editors to *roseae niueo.* The fact that V. here practises a less startling variation (314 n.) for the simpler *ambrosium*...*diuinae* strongly supports the MSS. of Catullus. No doubt V. remembered how the nod of Zeus (*Il.* I. 529) shook his ἀμβρόσιαι χαῖται...κρατὸς ἀπ' ἀθανάτοιο—a passage which is only one of many to show that the first epithet meant to a Greek something quite different from the second.

404–5. **defluxit** 'fell softly down', the *uestis* being the *sinus fluentes* which we saw gathered round her waist in 320, the *palla* commonly attributed to gods, e.g. Tib. III. 4. 35; Prop. III (IV). 17. 32, where Bacchus has *uestis fluens* round his bare feet (Ctn., who supposes that V. here implies a miraculous process). That *defluere* need not necessarily mean to fall off (as e.g. in Cic. *Tusc.* v. 21. 62; Ov. *Met.* VI. 141) appears from Hor. *Sat.* I. 3. 31, where *toga defluit* means 'is falling too low, hangs badly'; so that *uera incessu patuit dea* should prob. be taken to mean 'was revealed in her movements as a goddess indeed' (not merely by conjecture).

405. **dea. ille.** This hiatus after a short vowel appears only here; it is no doubt allowed before a pause in the story (cf. 308 n.) to emphasise the bewildered hesitation of Aeneas.

407. **totiens** must refer to her past visits in general. She has not so treated him in V.'s story so far. **quoque**, as well as the sea and the storm, or the prophets who had roused hopes now (apparently) frustrated (cf. e.g. VI. 345). The phrase is from *E.* VIII. 50. **falsis**, i.e. by appearing as a huntress; contrasted with *ueras* in 409.

408. **dextrae...dextram**, from *Od.* XI. 211 contrasted (Ctn.) with *Il.* VI. 406; so again VI. 697.

409. **audire...uoces**, from Catull. LXIV. 166.

410. **incusat**: "*incusare* proprie est superiorem arguere ut in Terentio (*Heaut.* 960) pater ad filium *quid me incusas Clitipho? accusare* uero uel parem uel inferiorem ut in eodem ad maritum uxor (*Hec.* 205) *quam ob causam accuser nescio*" (Serv.).

411. **aëre** 'mist', as the orig. word ἀήρ is used in Homer; so v. 20 and often in Lucretius. It never means the clear sky in V. without an epithet (as e.g. *liquidum per a.* VI. 202); *Cul.* 152 (*aëris echo*) is hardly an exception. The miracle is taken from *Od.* VII. 14–17, 41, 140, 143; as by Apoll. Rh. III. 210 (cf. 587 n.). Mist is used by the Homeric gods to protect their favourites in battle (e.g. *Il.* III. 381). No doubt it was a common experience in warfare, as e.g. at Lake Trasimene in 217 B.C.

412. **circum...fudit** used with the same construction, with the Acc. of the person surrounded, as the compound *circumfudit.* **dea** is Predic., cf. ὥς τε θεός (*Il. l.c.*) 'by her divine power, goddess as she was'; cf. 692 and *malus* 352 n.

414. **moliri** here, as regularly, denotes something accomplished with deliberate purpose at the cost of serious trouble. The metaphor is from the work of engineers whose business it is to move, or build, or work with, massive objects, *moles*, as in 424. When applied to human designs it nearly always has a sinister suggestion of something accomplished in defiance of the natural course of things, as we say in modern English 'to engineer a revolt'. **moram aut ueniendi poscere causas** are reflected in a new context in VI. 488.

415. **Paphum**, as in *Od.* VIII. 362. **sublimis** 'rising through the air', whence perhaps Livy I. 16. 7 and I. 34. 8.

416. **laeta**: "ecce proprium Veneris epitheton" (Serv.) (like φιλομμειδής 'smiling' in *Od.* VIII. 362), which however does not mean that V. made it a standing epithet for her without reference to the context. Placed before *suas* it must imply her pleasure in returning thither. **templum**, sc. *est*, as in *Od. l.c.* ἔνθα δέ οἱ τέμενος βωμός τε θυήεις—the last two words (Ctn.) having suggested *calent* and *halant*. V. had a half-mystical affection for the number *centum*, which he often used in a vague way to represent a large number (e.g. IV. 199; *G.* III. 18). No doubt by his time the single altar of the Homeric epoch had been multiplied at Paphos.

417. **thure...sertis**. Venus loved bloodless offerings (Tac. *Hist.* II. 3), though we hear of victims in Hor. *Od.* I. 19. 16, IV. 11. 7 and Catull. LXVI. 91, where see Ellis' note.

418–93. In this quiet interlude between the excitements of the landing and the still more moving experience to come, Aeneas and Achates find their way to the city, admire the growth of its buildings and are comforted to see incidents of the siege of Troy depicted on the walls of a temple.

418. **corripuere uiam** 'they took their way eagerly'—a phrase used in *G.* III. 104 of racing horses dashing out into the course *praecipiti certamine*; so *corripiunt spatium medium* VI. 634. **uia**, as its suffix shows, is properly a noun of action, 'travelling'; "officium eundi" (Serv.). **semita** 'the track' is concrete.

419. **qui plurimus** 'the mass of which', not as Serv. 'the length', since, though the ridge behind the *byrsa* extends some distance, yet when seen from below, its breadth and solidity were—to my eyes—more conspicuous. For *plurimus* denoting size cf. *G.* III. 52.

420. **aduersas adspectat...arces**, a striking way of representing the stateliness of the towers; the mountain, though higher, 'looks them in the face'.

421. **miratur**, the θαύμαζεν of *Od.* VII. 43, where Odysseus is amazed at the harbours and ships and market-places and long, high walls of the Phaeacian city. **molem...magalia quondam** 'the mass of buildings, once a group of huts'. Since some of the huts remained (IV. 259), we may take this to mean that Aeneas is comparing different parts of the growing city. But Serv. took *quondam* as a reflection of the poet, really out of place in describing what Aeneas saw; if so, cf. (Ctn.) *lautis Carinis*, VIII. 361. *molem* and *strepitum* suggest some relation between this passage and Hor. *Od.* III. 29. 10–12; and note that that Ode is almost certainly one of the latest in date of the whole collection of three Books, since it was clearly written in anticipation of the fall from favour which Maecenas was so soon to suffer. **magalia**: "debuit *magaria* dicere quia *magar* non *magal* Poenorum lingua uillam significat" (Serv.); "Cato Originum quarto *magalia quasi cohortes rotundas* (i.e. 'rounded fowl-yards') dicit. Alii magalia casas Poenorum pastorales dicunt" (Dan.). The word appears in IV. 259. Dan. adds a quotation from Sallust, unfortunately corrupt, in which that historian said something about *circumiecta ciuitati suburbana aedificia*; whether he called them *mapalia* or *magalia* (both names occurring in the MS. of Serv. Dan.) must be a matter of conjecture. *măpalia* is used of the shepherd's scattered abodes in Libya in *G.* III. 340 and by other authors; but it is difficult to identify the words in anything save their termination. Sall. *Jug.* 18. 8; Liv. XXIX. 31. 8, and Sil. XVII. 89 seem to show that *mapalia* are single huts, like *nauium carinae* inverted; whereas from Cato's description one might guess that *magalia* were more like 'ring-villages', i.e. round enclosures with many separate huts inside.

422. **strata uiarum** 'the paved streets' from Lucr. I. 315 and IV. 415, cf. II. 332, VI. 633 and 310 n. on *conuexo*. This line makes it clear that Aeneas has approached the gates of the city, as 438 does that he is entering it.

423. **instant**, sc. *operi*, as Sil. saw (II. 407) and Sabb., who calls the Inf. Descriptive, which is a better name than Historic. V. regularly begins a description by a brief general statement and then fills in the particulars, cf. e.g. 15, 54, 159, 210, 257, 347; VIII. 306; then *ducere* etc. will be Hist. Inf., representing pictorially the process of the work, as that Inf. always does, being properly the Loc. of a verbal noun and so meaning '(were) at building, a-building'. Ctn. prefers to take the Inf. as dependent on *instant* (cf. II. 627) and *pars* in explanatory apposition to *Tyrii*. **ardentes**: Pred.; cf. 352 n. on *malus*. **ducere**: "construendo in longitudinem producere" (Serv.); cf. e.g. Hor. *Od*. IV. 6. 23; Liv. VII. 23. 5; what is really the same use appears in II. 694 of a shooting star with a tail.

424. **moliri**, 414 n.; the two parts of the line are Theme and Variation (54 n.), since it was for the *arx* on a hill that they were 'rolling up' the stones.

425. **tecto** 'for building', Dat. of Work Contemplated, like *theatris*, 427; the Collective abstract use of the Neut. in *-tum*, cf. *tutum*, 391 n.; *exspectatum G*. III. 348; *composito* II. 129. The word therefore includes, as Henry saw, all the operations of the first body of workers (*pars*, 423); the second body has the less laborious but more responsible task of 'town-planning' (*optare*, cf. III. 132), which of course included, as Lersch pointed out (*Ant. Verg*. § 19), the solemnity of ploughing the line to mark the boundaries; cf. e.g. V. 755.

426. **iura magistratusque legunt**, a Vergilian variation (175 n.) for *iura constituunt m.que leg*.; though there is no harshness in representing the new laws as being 'chosen' as well as those who are to execute them. The government of the colony is to be founded on legislation by the people, in good Roman fashion, as *sanctum senatum* shows, a touch not wholly without reference to the legitimate character which Augustus strove to give to his imperial constitution; the same feature appears, as Ctn. points out, in III. 137, V. 758. No doubt the nouns are closely connected; 'laws and magistrates' means, I believe, more, but perhaps not much more, than "magistratus iuridicos" (Burm.). But, like Heyne, I cannot follow even Serv. Dan. (and Sabb.) in supposing that *iura* can mean 'buildings' or *legunt* mean 'construct' without further evidence. The *ferrea iura* of *G*. II. 501, which neither of them quote, though they may have been unconsciously influenced by it, must mean 'merciless decisions' not 'buildings (nor "tables") made of iron'.

427. **effodiunt**, i.e. the Kothon, or artificial harbour of Carthage. **theatris**: Dat.; see 425 n. on *tecto*.

428. **immanisque columnas** no doubt means columns in one piece, monoliths; the epithet suggests not merely the toil, but the daring enterprise of the builders who 'cut out' such 'vast' blocks from their natural place in the heart of the cliffs.

430–6. The lines of this lively and beautiful simile are repeated (cf. 58 n.) with slight modifications (see 432 n. on *liquentia*) from *G*. IV. 162–9, in the way which V. especially liked (see Sparrow, *Half-lines and Repetitions*, p. 92); viz. by using what in the *Georgics* is a literal description, in the *Aeneid* as an illustrative comparison. How little V. needed to borrow may be seen (if it be doubted) from the parallel picture in VI. 707–9 which has no words in common with this passage except the inevitable *apes*, *aestate* and *floribus* (here *florea*). *Il*. II. 87–90 is even more dissimilar in wording, though in meaning it is nearer to VI. 707.

430–1. **qualis...labor**, a brief and graceful form of comparison, introduced by a Rel. Adj. whose antecedent is supplied with the last sentence (e.g. *tali in labore*); so in 316, 498; VI. 784, IX. 102. Often we have *qualis* (*est*) *ubi* (or *cum*) without much difference in meaning, e.g. II. 471, IV. 143, IX. 563, III. 679, XI. 659. Sometimes however the *qualis* does not look backward for its Anteced. but forward to some case of *talis* (VI. 205) or simply to *sic*

(x. 565); or even to *haud secus* (xii. 9), which indicates that to a Roman ear this formula of comparison was well enough established to need no regular completion. **aestate noua** 'when summer is young'; this rather rare use of *nouus* in a good sense was maintained by some fixed phrases like *uere nouo* (*G.* i. 43), and perhaps *macte noua uirtute* (ix. 641). **per** 'here and there in', a common use in V. (e.g. iii. 221, vi. 656) and Livy, cf. my note on xxvi. 6. 2 in Bibl. Class. Oxon., Livy, vol. iv (1934). **apes...exercet...labor.** Vergilian variation (314 n.) for *exercent laborem*, the prosaic form; but V. keeps nearer to the orig. meaning of the verb. **cum...cum.** These clauses describe (Ctn.) different parties of the bees (see *G.* iv. 162–3 *aliae...aliae*), not different times. **gentis**, not *suos*, because (Henry) *G.* iv. 162 and 200 show that V. accepted the current belief of his time that young bees were produced by the leaves of plants and taken to the hives to be fed by the others; see below. **adultos...fetus** 'the (young) bees ready for flight'; the word points not to the transition from the *pupa*-stage (of which the ancients were ignorant, see Royds, *Birds, Beasts and Bees in the Georgics* (1918 2nd edn), pp. 82 ff.), but to what V. could observe, the smaller size of the young bees.

432–3. **liquentia** replaces *purissima* of *G.* iv. 163 and **dulci** replaces *liquido* of *G.* iv. 164. That these two qualities, solubility and strong flavour, were of primary importance we learn from *G.* iv. 101–2; and since *dulcis* had been used in l. 101, V. naturally preferred the equivalent *purissima* so soon after in l. 163. In the present passage *dulcis* is naturally chosen and prepares the way for l. 436. *līquentia* (from *līqui* 'to melt') contains the fuller form (*leiq-*) of the root of which *lĭquēre*, *lĭquor*, *lĭquidus* have the lighter form (cf. *dīco*, older *deico*, beside *dĭcio*, *dĭcāre*, Gr. πείθω beside πĭθέσθαι). But there is hardly any difference in meaning, save that perhaps the Pres. Partc. is more picturesque.

433. **stipant**, a single-word spondee in the first foot and before a slight pause in the sense is rare in V.—in this Book elsewhere only in 30 (where the isolation of *Troas* is pathetic) and 140 (where that of *uestros* is contemptuous); for in 255 the immediately following relative is closely attached, and so prob. in 113 (though there the connexion is less close and some tragic emphasis may be intended). Here the slow movement, in this and the four other spondees, corresponds to the long labour of the bees in filling the cells. **cellas** 'chambers, storing-places' in Latin is a metaphor, though to English eyes it wears the prosaic look of a technical term; "abusus est ('he has strained the use of the word') ut fauorum cauernas" (Serv.), "uel aluearia" (Dan.), "cellas uocaret" (Serv.), "ut alibi thesauros" (Dan.).

434. **uenientum**, the older form of the Gen. Plur. of partcc., which as we know from cognate languages were orig. consonantal stems; cf. the old Neut. Plur. forms like *fluenta*. On the confusion with the *-i-* stems see *Mak. Lat.* § 244 f. **agmine facto** 'in martial line', i.e. in an array strong enough to use force; "impetu" (Serv., as in 393) is not quite correct, but indicates the main point.

435. **fucos** in apposition to *pecus*, a variation (314 n.) for the prosaic *fucorum*. **praesepibus** 'from the fold', i.e. the hive; "alueariis" (Serv.).

436. **feruit**, an old 3rd Conj. form, as in viii. 677; *G.* i. 456; Lucr. ii. 41, *feruere cum uideas classem*; cf. *stridere* (e.g. iv. 689), and take *thymo* with both *redolent* and *fragrantia*, cf. 75 n.

437. "Bene *fortunati* quia iam faciunt quod ipse desiderat" (Serv.). "Quid enim...Aeneae...erranti ut nouam sedem quaereret noua urbe condita optabilius uideri debuit?" (Heyne). Cf. iii. 493–5. **surgunt**: Indic., a direct statement natural to one who is actually looking at the walls; cf. with Ctn. *G.* ii. 459 ff. The more argumentative Subjunc. (388 n.) would be out of place.

438. **et** 'as', or 'while', just as in 398 (90 n.). **suspicit** generally implies (e.g. VI. 668) like Engl. 'to look up to' a notion of admiration or respect, though not always (e.g. X. 899; *G.* I. 376).

439. **se**, with both *infert* and *miscet* (imitated with curious exactness by Ov. *Am.* III. 5. 29). **saeptus** has been counted a poetic variation for *saeptum*, like *obuia* for *obuiam* (314 n.); but since it is not clear that Aeneas knew of the protecting cloud, prob. even in prose the Nom. would have been chosen. **mirabile dictu** is a Vergilian apology for the Homeric miracle (411 n.), of which the incredible part, to be able to see others without being seen, begins here.

440. **ulli**: Dat. of Agent; 344 n.

441. **Lucus**, perhaps suggested by the ἀγλαὸν ἄλσος Ἀθήνης (*Od.* VI. 291) but more prob. by the *duo luci* of the Capitol at Rome in its early days; VIII. 351 ff.; Livy I. 8. 5. **laetissimus umbrae** 'rich in shade'; for the meaning of *laetus* see 605 n. For the Gen. cf. *diues opum* (14 n.) and XI. 73. This is more Vergilian than *umbra*, since it avoids the jingle of sound with *media*, which is only common—I doubt if it occurs otherwise in V.—when the two rhyming words are connected in meaning (cf. 456, 478, 483, 497) as every Roman reader would have supposed here. And *umbrae* would be much more likely to be wrongly changed to suit *umbra*, than *umbra* to be changed to avoid the connexion.

442–3. **quo...loco**. "*ordo est quo primum loco*" (Serv.); and the obvious parallel (of the first reviving hope in Aeneas' mind) given in 450 suggests plainly that *primum* is an Adv. (not as in III. 537 and VII. 118). The whole phrase really marks a point of time (like 'as soon as ever'): 'where first after being tossed by waves and storm (they had landed and) had dug up in the place...'. V. has briefly and boldly left *iactati* before *effodere* to imply that, since the 'tossing' was over, they had landed somewhere.

443. **signum** 'omen', cf. III. 388, VIII. 43 and 82. The horse's head is to the Carthaginians what the white sow is to Aeneas (Ctn.).

444. **monstrarat** 'had shown them', a word of general meaning like the Servian paraphrase "monstro dederat" ('had given them for an omen') used with Vergilian brevity (cf. e.g. 442–3 n., 52 n.) to include the disclosure both of the head itself and of its meaning, whether this latter had been given before ("had taught them to expect", Ctn.) or after it was found. The Plupf. is needed because Juno had "prepared the ground", in one or both ways, before the head came to light. **acris** 'warlike', as we learn from *bellator* (Sil. II. 411) of this same head; the story is given with further details by Serv. here and by Justin (XVIII. 5). **nam**, second word, as *enim* (198 n.), and explanatory; cf. 195 n. on *deinde*. **sic fore bello** is a type of ending, with a double dissyllable, which V. rarely allows (save for special purposes, as e.g. with Greek words like *hymenaeus*) unless it is preceded by a monosyll. as here; and which is much commoner in his earlier work (as in Lucretius). So Dr Warde Fowler showed in *Cl. Rev.* XXXIV (1919), p. 95, where he counts 20 occurrences in 414 lines of the *Culex* as against only 22 in the 4700 lines of *Aen.* I–VI. But in the 908 lines of *Aen.* X there are 24, which is one of many indications of the comparatively early date of much of that Book.

444–5. **bello...uictu** clearly correspond to the two excellences of Carthage named in 14, and the two kinds of omens to be based on the sight of horses, fully interpreted in III. 359 ff.; i.e. of good fortune in war and in peace. This is decisive of the meaning of *facilem uictu*, a Vergilian variant of the ordinary prose construction of a descriptive Abl. (cf. 71 and 75) *facili uictu*, and parallel to the *facilem uictum* 'abundant sustenance' of *G.* II. 460. Henry overstates the difference between this and *diues opum*, arguing that it means merely 'simple in life', 'content with plain living', which would introduce a note out of harmony with the context. The Carthaginians are nowhere else so described. Henry bases his view on Sen. *Ep.* 90. 13, who no doubt took the phrase from this passage since he quotes V. freely in what precedes; but he is using it in an argumentative way, against those who attributed to philosophers the invention of the arts of life (iron tools, cooking etc.): *sapiens uictu facilis fuit (quidni?), cum hoc quoque saeculo esse quam expeditissimus cupiat*, 'the wise man then lived easily, no doubt' [i.e. without any great toil, enjoying the bounty of nature], 'seeing that even to-day he desires to be as untroubled as possible'.

445. **per saecula** 'generation after generation', 'through the ages', as in VI. 235, XII. 826.

446. **ingens**, 114 n., cf. 453 n. **Sidonia**, 338 n.

447. **condebat** 'was building'; the work was not yet complete, though far advanced; this line is naturally taken to imply that offerings had already been made, and the pictures (456–64) would hardly have been without the protection of some roof, however dry the climate. **donis et numine**: Abl. of Specification, 102 n. **numine** 'divine power' and so 'divine patronage, presence'; cf. 8 n.

448. **cui**: Dat. of Advantage, an old use (cf. Cato's *satui semen, tutor liberis*), more poetic than the Gen., applying first to *limina* and then to *gradibus* and all the other nouns; 'whose (lit. "for which a") threshold of bronze was raised high above (lit. 'by') steps ascending to it'. The threshold is said to 'rise', i.e. to stand high, just as we say of a building; and the Impf. is graphic, as though the steps which were seen below were in the act of pushing up the floor itself. The details are given in the order in which they would catch the onlooker's eye—first the long gleaming surface of the bronze threshold; then the row of bronze capitals under the architrave high above it; and lastly the more intricate and less conspicuous bronzework of the doors—to which his attention would perhaps be first directed by hearing the metallic groan of their 'hinges' as some one passed in or out. The 'bronze threshold' comes from *Od.* VII. 89 (σταθμοὶ...ἐν χαλκέῳ ἕστασαν οὐδῷ), which no doubt suggested to Ctn. his rendering of *trabes* as 'doorposts', for which I can find no warrant in Latin; any more than for Henry's view of them (on p. 695) as the planks of the door. **nixaeque**. The hypermeter (332 n.) is here, I believe, used to suggest the projection of the architrave (or the longitudinal beams above it—so rightly Henry on p. 698) supported by the columns, either of bronze, or crowned with bronze capitals; cf. Stat. *Theb.* VII. 44 *ferratis incumbunt tecta columnis* (a passage which seems to show other likenesses to this). If *nexae* were read it could only mean 'fastened by bronze rivets', and a rivet is rarely conspicuous enough to be seen by a bystander; the better supported reading gives much better sense.

449. **foribus aenis**, if taken literally 'gates of bronze' would be a poetical hyperbole (cf. 295 n. on *centum*) denoting the enormous strength and cost of the massive doors. But in this sentence it is best taken as a playful variant, like the Sing. *cardo* (314 n.), for the prose *cardines aeni*, though meaning rather more; the 'hinges' (i.e. the vertical projecting pivots or 'teeth' at the top and bottom of the stationary side of the door) 'clanked' or 'creaked' (cf. VI. 573) as they moved in their bronze sockets, being themselves shod with bronze, to match the bronze accoutrements of the door.

450. **timorem**, not *metum* (his general anxiety) but his actual 'fear' of the strange land on which he had been cast.

452. **ausus**, sc. *est*; cf. e.g. 83, 121, 139, 216; and in the 2nd Pers. 202, 237. **rebus**: Abl. as regularly with *confido* of things upon which, in view of which, the confidence is felt; 'to feel more trust in his fortunes, broken though they were'. To call *adflictis rebus* an Abl. Abs. makes little difference

since that has exactly the same origin, in the Abl. of Accompaniment (Instr.-Sociative), as the Abl. after *confidere*; and to render that verb 'to feel confident', without either Dat. of the Person or Abl. of the thing, is to attribute to V. a very rare use (quoted only from Cic. *Tusc.* I. 32. 78; Sall. *Jug.* 13. 9).

453. **sub** naturally suggests that Aeneas entered the temple and stood beneath the roof (448 n.). The pictures (*pictura*, 464) could not have been (*pace* Ctn.) on the gates, but were prob. on the inside wall of a *porticus* or cloister, as in the Στοὰ ποικίλη at Athens and many frescoes still in position in Pompeii, e.g. in the House of the Poet which I saw in 1931, not to mention their mediaeval counterparts like the cloisters of San Marco in Florence. **ingenti**, as in 446; but appropriate here for another reason, viz. to make a contrast with *singula* and to match the large word *lustrat* 'surveys'. It is V.'s favourite epithet (114 n.), appearing on the average once in every 63 lines, though never in the *Eclogues* and oftener in certain Books than others (18 times in XII, 15 in VI, but only 10 times in I). The occurrences are generally well spaced out; thus before 446 we have it in 208, 263, 365; and, after 453, only in 485 and 640. Of the passages in which it recurs at a short interval, some may be dismissed because the nearness is only on paper, a change of speaker or of scene having intervened; e.g. 99 (speech) beside 114; 192 beside 208 (speech); VI. 64 (speech) beside 81; VI. 413 before 417 (new scene) with 423, and these before 426 (new scene). All these cases arose naturally from the poet's method of composing his paragraphs separately, as his inclination led him, not in the order of their occurrence; and had he lived to revise the poem as a whole some modifications might have been made. In other cases the repeated use is clearly deliberate, of the same or like figures, as in VI. 417 and 423 of Cerberus; VI. 182, 215, 222 of the pyre for Misenus and its materials; XII. 531 and 640 (twice) of Murranus; XII. 708, 715, 724 of Turnus and Aeneas; XII. 888, 896 and 897 of their weapons, and 927 of Turnus' fall. The present recurrence seems to be of this deliberate type.

454. **reginam**, whose expected coming could be inferred from the attitude of the crowd of workmen and others with which he and Achates had mingled (440 with 504; 455 with 507) as well as from the throne (506) and the presence of her counsellors which we only learn (from *uiris*) in 507. This is typical of V.'s felicitous brevity; he has given the reader (and Aeneas) enough to carry him on without perplexity, but does not yet disclose the programme of the queen's morning, which would have been as great an interruption to the story at this point as it is welcome fifty lines later, when her royal beauty has been fitly introduced. But her mention here is a touch of imaginative psychology; the dear memories which the pictures awaken and the gratitude which they stir are to be linked in the mind of Aeneas with the thought of the queen at whose command the pictures of Troy have been set in a place of honour. **urbi** '(the happy lot) of the city'—an inference (Ctn.) from the splendour of the temple; the hero's thoughts are never far from his mission (437 n.).

455. **artificum manus inter se**, a brief and bold phrase (aided by *operumque laborem*, which denotes large operations, as in 507 and *G.* II. 155). In prose we should have looked for the addition of some Partc. like *conlaborantium* or *conitentium*; '(and marvels at) the skill (cf. XII. 210) of the workers, one with another, and all the toil of the building'. The description proceeds from external evidence of prosperity, first seen at a distance, then in its details, to the finest of these, which point to nobler powers—of uniting her citizens in great work, of knowledge and humane feeling—reaching its climax in the appearance of the queen herself, calm and fair as Diana of the mountains. This would be spoilt if 455 were narrowed to refer only to the skill shown in

the paintings, and *inter se* were taken to mean (Serv., Sabb.) that Aeneas was judging them with the eye of an art-critic; in that technical sense the line would only be in place, at the earliest, after 465. Aeneas thought first of the subject of the paintings, not of their style. For this use of *inter se* 'in concert' cf. precisely VIII. 452 and *G.* IV. 174, of hammering in successive strokes (a repetition which shows that V. liked the use); *G.* I. 301 and 413; and with the same notion of connexion (though hostile), not of rivalry *G.* I. 510; it can, however, denote rivalry, as in *E.* III. 28. For the attachment of the phrase to *manus*, cf. II. 454, Livy XXIX. 27. 6.

456. **ex ordine** 'all in due order' (lit. 'after their order'); so in VII. 139 of the proper succession of events in a ritual; in *G.* III. 341 and IV. 507 of days or months in unbroken succession.

457 prepares for 459–64 (*fama*) and explains (Ctn.) how the pictures came to be painted; "*bella*. . .*uolgata per orbem*, quia Europa intulit, Asia passa est, Africa iam depingit" (Serv.).

458. **saeuum** 'incensed', esp. by desire for vengeance (cf. 4 n.). **ambobus**: Dat. Incomm. 'against both', i.e. the Atridae on the one hand and Priam on the other. "Tres dixit, sed *Atridas* pro uno accipe, quos unius partis constat fuisse" (Serv.). Seneca (*Ep.* 104. 31) quotes the lines with *Atriden*, merely in order to compare Cato's attitude towards Caesar or Pompey with that of Achilles. *Od.* IV. 339 happens to have a similarly free use of ἀμφοτέροις. For the wrath of Achilles with both of the Atridae see *Il.* I. 159 and IX. 340, with Hector (son of Priam and slayer of Patroclus) *Il.* XXII. 261–72.

460. **nostri**. . .**laboris** 'of the sorrows we Trojans have endured', cf. II. 11.

461. **sua** refers to *laudi*, as it regularly may to any prominent noun in the sentence (cf. e.g. Caes. *B.G.* V. 53. 3 *Caesar Fabium cum sua legione* (Fabius' legion) *remittit in hiberna*); its scope is only restricted to the subject of the sentence by the economy of truth often practised in schools. **laudi** 'merit, excellence', as often, e.g. in V. 355, IX. 252.

462. **sunt lacrimae rerum** is connected with what precedes by the repetition of *sunt* which of course implies that of *hic etiam*; 'here too is sorrow for men's fortune, here too sympathy for the cares of mortal life'. Henry, apparently misled by a careless line of Venant. Fort. (*Poem.* IV. 26. 5), who meant 'our tears over things' (like *dolor* in l. 3 and the *sors inimica* in l. 5), first hit on the strange notion that *rerum* was a Predicate Subj. Gen. 'there are tears in the world'; see H. Williamson, *Cl. Rev.* XXXIII (1919), p. 30. The Latinity and the prosody of that rather comic bishop of the sixth century A.D. hardly recommend him as an interpreter of V. For Gen. cf. exactly *lacrimas dilectae pelle Creusae*, II. 784. **rerum**, 178 n. **mortalia**, τὰ θνητά, Eurip. *Ion*, 969; hence Lucan II. 13. **tangunt**, φρενῶν ἀνθάπτεται, Eurip. *Med.* 55; both the Greek word and the Latin are stronger than the English 'touch', cf. IV. 596, IX. 138; both are often used of some fatal contact, as in the word *contagium*; e.g. *contactos, G.* III. 566; *attingere, ib.* 562; *tactu, ib.* 416; *tactas, E.* I. 17.

463. **solue metus** 'banish (lit. "relax") your anxiety'; Vergilian variant (314 n.) for *solue metu animum tuum*. **aliquam**. . .**salutem** 'some degree of safety', though not perhaps all they could desire—the limiting use of *aliquis*. **fama**, 457 n.

464. **pictura** 'painting' to be taken literally (contrast, e.g., *effingere* of sculpture in gold, VI. 32), as Heyne rightly concludes (Exc. XV), pointing out that though unknown to Homer paintings in porticoes and temples were common among the Greeks, e.g. at Athens (Paus. I. 17. 2, in the Theseum; 20. 31, in the temple of Dionysus; or at Syracuse, Cic. *Verr.* Act. II. lib. IV. 55;)

and that scenes from Troy were very common in Etruscan tombs (see Weege, *Etruskische Malerei*, 1921; Dennis, *Cities and Cemeteries of Etruria*, ed. 2, 1878 *passim*). Weidner (p. 197) strangely tries to save V. from (what he thinks the discredit of) an anachronism by attributing to him a still larger one—that of pictures in mosaic, which are not known before Roman times (Stuart Jones, *Ency. Brit.* ed. XI, s.v. Mosaic). The description, succinct as it is, implies several points of colour (*niueis* 469, *caede* 471, *auro* 484, *nigri* 489, *aurea* 492). **inani** 'vain, mere'—exactly as in *G.* II. 285; the word suggests (Ctn.) that the subjects of the painting are in the irrevocable past.

465. **multa**: Internal Acc., 'with many a groan'; for the men of the Heroic age had not been schooled to keep their groans, tears, and laughter in check by the discipline of the Safine (Patrician and Sabine) element in the Roman stock; on whose Northern origin see *Camb. Anc. Hist.* vol. IV (1926), c. XIII. **umectat**: cf. *rigabat* VI. 699; in Latin poetry the effects of weeping are often spoken of as if they were an act of the person, as in the familiar Scotch ballad (Jock o' Hazeldean), *But aye she let the tear doun fa'*. This weeping resembles that of Odysseus on hearing Demodocus (*Od.* VIII. 521) tell of the capture of Troy, where, however, the touch of pathos is more homely and less dramatic because Odysseus is a guest, listening to a story which he has asked for, not a complete stranger, taken by surprise. So in the *Cypria* of Dicaeogenes (Aristot. *Poet.* 1455 a 2) some one wept over a picture and betrayed himself thereby.

466 begins with a clear reminiscence of *E.* VI. 31; *uti* 'how', with an Indirect Question. In what follows there seem to be at least eight pictures (if 471–2 are two, and 488–93 at least one), which are perhaps divided into two sections (Weidner, *Aen.* I, II (1869), p. 179) by *parte alia* (474); see below. **circum** often follows the noun it governs, as *contra* (13), and dissyllabic Prepns. generally in poetry. **Pergama**: Neut. Plur., the form always used by V., e.g. II. 556; "abusiue ('by an extension of meaning'), non enim circa P., hoc est arcem, sed circa Troiam bella gerebantur" (Serv.).

467–8. With Heyne we may refer these scenes respectively to *Il.* XVII (e.g. 580 ff.) and *Il.* XIX–XXII *passim*. Rhesus comes earlier in the Homeric story (*Il.* X), but V.'s arrangement is obviously meant to indicate things other than chronology, though it may be that it is not wholly forgotten (488 n.), and Euripides and Arctinus were nearer sources than Homer (483, 489 nn.). 466–8 give two scenes of general fighting with one great hero in each; 469–78 give two which depict the death of two young warriors, one asleep in his tent, one in battle. Then follow two scenes of the sorrow following the carnage—the entreaties of the Trojan mothers, and Priam ransoming his son's outraged body. The concluding scene or scenes (488–93) take us back to actual battle, the picture of the woman-warrior being reserved, as in VII. 802–17, for the close, a characteristic touch both of drama and pathos. Not less Vergilian is the choice of pictures of good omen for the first (the victory of Trojans, 467) and for the last (the figure of Aeneas himself, victorious, and followed by allies of Troy drawn from afar, 488 and 493, inevitably suggesting Augustus in the East, as in VI. 794). 467 and 468 are linked by the repeated *hac*. Within each line the clauses are Coupled by Contrast (56 n.).

467. **iuuentus**, of whom Hector was chief; cf. VII. 672, where the word is used of two warriors only.

468. **Phryges**, i.e. the weaker folk among the Trojan forces, or the Trojans in their weaker moments; cf. IX. 617. **Phryges**, sc. *fugerent*, from the parallel clause in 467. **curru**: Instr. Abl.; he is riding them down. **cristatus**, to remind the reader of the terrors of this crest (Heyne) in *Il.* XIX. 382 (=XXII. 315); no doubt also as the special mark of Achilles.

469–73. The story of Rhesus in *Il.* X (esp. 474) had been developed in later poetry, including the Euripidean drama *Rhesus*, where in ll. 602, 616, indeed from the whole structure of the play as Henry admirably shows, we learn the importance to the Greeks of killing Rhesus and capturing his horses before a night had passed after their late arrival:

εὕδομεν πεδοστιβεῖς
κόπῳ δαμέντες . . . . .
. . . κλῇθρά τ' οὐκ ἐπὶ ζυγοῖς
ἵππων καθήρμοσθ' (763).

"Rhesus...cum ad Troiae uenisset auxilia, clausisque iam portis tentoria locauisset in litore...a Diomede et Vlixe est interfectus...abductique sunt equi quibus pendebant fata (cf. 258 n.) Troiana, ut ('to the extent that') si pabulo Troiano usi essent uel de Xantho Troiae fluuio bibissent, Troia perire non posset" (Serv.). This comment is taken directly from the Schol. to *Il.* x. 435; in 434 Dolon has in fact described them as being ἀπάνευθε νεήλυδες, ἔσχατοι ἄλλων. Weidner ingeniously conjectures that V. took the details of the oracle from Accius' tragedy *Nyctegressia*, of which a few lines remain (Ribbeck, *Frag. Trag. Rom.* pp. 168–70).

469. **niueis tentoria uelis** does not correspond to the Homeric κλίσιαι 'huts', i.e. regular quarters in a camp, which (*Il.* xxiv. 448) were huts of planks roofed with reeds and rushes. But it is doubtful how early canvas was adopted for movable tents.

470. **primo somno** might mean, like *prima quies* (ii. 268), one's 'first sleep', i.e. the first part of one's sleep (usually in the first part of the night, though not here, in view of the story, see 469–73 n.). Since however Rhesus had only just arrived, his sleep was not merely the first of that night, but the first (and last) which he had at Troy. Readers who knew the story, of which 473 is a brief reminder, would see (*pace* Ctn.) the special fitness of the phrase here. **prodita** by the Trojan Dolon, who, when captured by Diomede and Odysseus (*Il.* x. 383), was cajoled by the latter into telling them where Rhesus was encamped. It seems less likely that *somno* should be the Abl. Instr., so that only their own sleep would be suggested as having 'betrayed' them.

471. **Tydides**, 97 n. **multa...cruentus** '(where the son of Tydeus) made bloody havoc, slaying many a foe'; *caede* explains both *uastabat* and *cruentus* (75 n.), and *cruentus* is part of the predicate. The line has pictorial value (464 n.) but V.'s sense of tragedy forbids him to do more than suggest it. A smaller poet might have put *rubra* or *purpurea* instead of *multa*.

472. **ardentis** as in vii. 781 'fierce, spirited', which no doubt was the meaning V. attributed to the epithet αἴθων in Homer (e.g. *Il.* ii. 839) as in Tragedy, e.g. Aesch. *Sept.* 448.

473. **gustassent...bibissent**: Subjunc. in Virtual Or. Obl. giving (Hale and Buck, § 535) the purpose of preventing the horses from tasting and drinking; the tense represents the Fut. Perf. Indic. in Diomede's thought, 'not once shall they have tasted (before I seize them)'. **Xanthum**. The name always used by V., no doubt for metrical reasons, for the river which is called both Xanthus and Scamander in Homer.

474. **Troilus**, a son of Priam who calls him ἱππιοχάρμης and laments him in *Il.* xxiv. 257 as having been slain in battle like Hector (and therefore before the point of the story at which the *Iliad* begins). A lost tragedy of Sophocles was called by his name; but its purport and the origin of the later versions of Troilus' fate (e.g. Lycophron 307) we can only conjecture; see Heyne's excellent Exc. xvii. From Plaut. *Bacch.* we learn that his death was one of three events which some oracle had mentioned as presaging the fall of Troy

(on the other two see II. 166, 187). **armis**, perhaps only the shield is meant, as it is in X. 817 and when the word is used with *umerus* (e.g. II. 509, X. 700) or with *picta* (e.g. VIII. 588), or with *tenens* (e.g. VII. 784). In that case his spear (478) may have been still in his hand, not merely entangled in his fall.

475. **puer**, whom Horace (*Od.* II. 9. 15) calls *impubes*. **impar**, closely attached to *congressus* 'meeting in unequal combat'.

476–8. **resupinus**, for the Homeric war-chariot was open at the back, through which the wounded man fell out, still clutching the reins in his left hand, his spear in his right, with his right arm outstretched so that the point of the spear is turned behind him (*uersa*). Troilus was fighting alone (like Niphaeus in X. 570–4), though in Homer the warrior in the car has usually a charioteer beside him (as in X. 576).

476. **fertur** 'is torn along'; the passive of this verb very often denotes swift motion, as φέρομαι in Greek; e.g. *G.* III. 109. The picture is here part of the story, but comes from *G.* I. 513 where it is in a simile (the reverse is much commoner in repetitions). With this vivid Hist. Pres. we escape from Or. Obl. (467) and even from the retrospective Impf. (471 *uastabat* contrasted with the *adgnoscit* of 470); the story of the pictures is no longer described but narrated directly, though for variety as well as clearness the Imperfects reappear in 479–84. **curru**: Dat. after *haeret*; cf. *metu* 257 n. **curruque haeret resupinus inani**. Illustrations of Homeric and later Greek chariots will be found in Helbig, *Das homerische Epos aus den Denkmälern erläutert* (1884), pp. 98 ff. The driver is shown alone without a warrior beside him on reliefs from the acropolis at Mycenae. It is not therefore necessary to suppose, with Heyne, that V. here departs from the Homeric usage. The reins are simply held in the hand, not (as Ctn. supposes) tied round the body.

477. **huic**: Dat. Incommod. like *olli* X. 745; *Lauso* X. 814; cf. 448 n. on *cui*.

478. **uersa**. Some too wise person (followed by Serv.) wished to take this as the Partc. from *uerro*; but the ground, not the spear, was 'swept'; and V. never sets his readers such a trap. The theory no doubt arose from the misunderstanding mentioned in the note on *hasta* below. **puluis** everywhere else (e.g. XI. 877; Hor. *Od.* IV. 7. 16) has *-ĭs*, and I know of no evidence that the *-i-* was ever long; the lengthening here (as in *grauidus*, *G.* II. 5) must be counted a licence in imitation of the Homeric practice, real or apparent (e.g. *Od.* IV. 769); cf. 308 n. on *uidet*. **inscribitur** has for subject the thing on which the words or marks are put, as often, e.g. *E.* III. 106 *inscripti flores* and Cic. *De Dom.* 37. 100 *sepulcrum inscriptum*. **hasta**, clearly that of Troilus, not (*pace* Serv.) that of Achilles, which could not be *uersa*, if planted in Troilus' body.

479. **interea** 'next to this (scene)', like *tum* (164), is not limited strictly to time, but keeps its original and more general reference (lit. 'amidst those things'; see *Mak. Lat.* § 17) to place and surroundings, so that it can often be rendered 'therewith', 'also', 'next'; see e.g. 418; 633; III. 472; V. 755; IX. 159; X. 164; XII. 842; *E.* I. 57; *G.* III. 174. **non aequae** 'hostile', as in *G.* II. 225; *aequus* means properly 'even-minded, fair, unprejudiced' but is occasionally used, through contrast with *non aequus* and *iniquus*, to mean 'favourable', e.g. IX. 209, 234; Hor. *C. Saec.* 65. **ibant**, 476 n. on *fertur*; cf. XI. 477 for a similar procession. The scene is taken from *Il.* VI. 297.

480. **passis** from *pando*, the true form of the Past Partc. and the only one used in classical writers. **peplum**, an elaborate cloak, such as was set upon the statue of a goddess.

481. **suppliciter** with the whole sentence, cf. 75 n. **tunsae pectora**, cf. *sinus collecta* 320 n.

482. **solo**: Abl. as regularly with *figo* (e.g. v. 544, x. 701). **auersa,** as Pallas always was towards the Trojans, until her temple was robbed by a Greek raid, II. 163 ff.

483 gives a post-Homeric version, see Soph. *Ajax*, 1029, and Eurip. *Androm.* 107, followed by Ennius, *Androm.* fr. III (Müller), *Hectorem curru quadriiugo raptarier*, which V. clearly had in mind. In Homer (*Il.* XXII. 188–208) Achilles chased Hector on foot three times round the walls; and (*ib.* XXIV. 16) dragged his body round the tomb of Patroclus three times a day. **raptauerat** shows by its tense that this has happened (II. 272) before the events which the picture represents; cf. *distulerant* in VIII. 643, followed by imperfects giving the picture, as here.

484. **auro** 'for gold', Abl. Instr., properly with verbs of buying, but often with those of selling also (e.g. VI. 621; Hale and Buck, § 427). **uendebat** to Priam, as in *Il.* XXIV. 594.

485. **ingentem**, 453 n.

486. **currus**, coming between *spolia* and *corpus*, both of which are connected with *amici*, must also naturally have reference to Hector; but (*pace* Henry) it cannot be the chariot of Hector, which has no place in the story of his death; nor of Priam (for why should the royal chariot be mentioned before the King himself?); it is certainly, as Heyne saw, that of Achilles, the instrument of his brutal vengeance and having still bound to it the *ipsum corpus*. Stat. (*Sil.* II. 7. 55–6), describing a juvenile poem of Lucan, shows that he, and no doubt Lucan too, knew this passage well; his *currus* are *Thessalos*, i.e. those of Achilles.

487. **inermis**, because he has come as a suppliant and ventured into the tent of Achilles (*Il.* XXIV. 478); the whole phrase recurs, as a sign of peaceful intent, in XII. 311.

488. **se quoque.** To answer the question how it was that Aeneas could recognise himself, we may assume, if we choose, that the scene had features which he could at once recall; but it seems likely in any case, that in the pictures which V. is following, or perhaps actually describing, the figures were each labelled, according to ancient practice, regular on Greek vases and Etruscan pictures and reliefs, and maintained in V.'s own time and later, e.g. in the *Tabula Iliaca*, a large marble relief (Kaibel, *Inscc. Gr. Ital. et Sic.* 1284 = *C.I.G.* 6125) set up (possibly by the Emperor Tiberius, almost certainly in his time) in a temple at Bouillae, probably that built there by the *gens Iulia* in the Sullan period (*C.I.L.* I.[2] 1439 = I.[1] 807) and extended by Tiberius; cf. Tac. *Ann.* II. 41. 1; XV. 23. 3; in this relief not only the figures, but the separate scenes were named, and the poets, on whose descriptions they are based, are also stated (Stesichorus, Arctinus, Lesches of Pyrrha); see Jahn-Michaelis, *Griech. Bilderchroniken*, Bonn, 1873. One of its scenes (in the portion marked with the name of Stesichorus) is an embarcation labelled αποπλους αινηου; others (in the portion reasonably assigned to Arctinus, 489 n.) represent Penthesilea being slain by Achilles over the body of another Amazon, and Memnon slain by Achilles over the body of Antilochus. **principibus...Achiuis.** This picture corresponds to the promise made by Poseidon, when he withdrew Aeneas (*Il.* XX. 338) from combat with Achilles, that after the death of Achilles, Aeneas should 'fight among the first (of the Greeks)', none of whom should be able to slay him. **Achiui**, from Gr. Ἀχαιϝοί, see *Mak. Lat.* § 131.

489. **Eoas...Memnonis** refer to the Aethiopians—a name often extended by ancient writers to the far east, Memnon being called Son of the Morning (Ἠοῦς, Aurorae)—who came to aid the Trojans (*Od.* IV. 187; XI. 521, but not in the *Iliad*) and who was a hero in the *Aethiopis* of Arctinus which is cited on the *Tabula Iliaca* (488 n.), and summarised by Proclus in Weidner,

p. 200; Welcker, *Ep. Cyclus*, II. p. 521. These stories, and that of the Amazons helping Troy, belong to post-Homeric poetry of which we have only indirect information, admirably collected by Heyne in his Excc. XIX and XX.

490. **Amazonidum**, a derivative better suited to the hexameter than *Amāzŏnūm*. Priam mentions them (*Il.* III. 188), but only as having once invaded Phrygia. The conspicuous position of Penthesilea among the pictures is of course meant to foreshadow the noble work of Dido, the woman-leader; and the last line (493) to be a presage of her fate. An equally conspicuous place is given to Camilla at the end of Book VII.

491. **Penthesilea,** slain by Achilles according to Arctinus (488 n.); by Neoptolemus according to (the writer who some centuries later called himself) Dares Phryg. 36. **furens** 'in the madness of battle', an epithet applied to Aeneas only when he is avenging the death of Pallas, his young ally (x. 604), and especially appropriate here to the unnatural lust of battle in a woman.

492. **subnectens,** prob. a free case of the verb, 'girding' being put in the sense of 'girding every day', 'wearing', rather than of the Pres. Partc. in a past sense as in 305. **subnectens exsertae...mammae** 'wearing beneath one bared breast', as Camilla did in XI. 649; the right-hand breast (Sil. II. 79) was exposed to give greater freedom to the right arm in the use of the bow or the spear. For works of art by Phidias and others representing Amazons, see Pliny, *Nat. Hist.* XXXIV. § 53, XXXVI. § 18; Paus. V. 11. 6 (the death of Penthesilea) and V. 25. 11.

493. **bellatrix,** as of Camilla (VII. 805), a verbal noun with participial force (cf. *regem* 21 n.); 'a maiden warrior, daring to match herself in combat with men'. **audetque**, by the Vergilian idiom (76–7 n.) for *dum audet*.

494–636 contain the dramatic centre of the Book; while Aeneas is gazing at the wonders of the temple, the queen herself appears, attended by her warriors, in beauty like Diana amidst the mountain nymphs. Seated upon her throne in the temple she administers justice to her subjects and gives directions for the building; but these duties are interrupted by the arrival of a band of Trojans whom Aeneas recognises as chosen from the crews of all the ships that he has lost. The eldest of them, Ilioneus, appeals for protection to Dido, who makes a generous answer, ending with a wish that Aeneas were there and a promise to search for him. Thereon, after a brief exclamation from Achates, Aeneas is revealed and addresses Dido in eloquent gratitude and receives from her a stately welcome, in which she recalls her own chequered fortune. She then leads him to the palace and sends munificent supplies to his fleet.

494. **Dardanio,** both reminds the reader of the fascination which the scenes from the Trojan war must have for a Trojan eye, and contrasts his ruined city with the prosperity of Dido's. **uidentur** must, I think, go closely with *miranda* 'seemed marvellous to the Trojan Aeneas'; Heyne, Ctn. and Sabb. wish to take *uidentur* as passive like *uisa* in 326, but the verb needed here would be rather *obseruantur*, or *inspiciuntur*, and the 'marvel' is not in the pictures themselves so much as in their being there at the moment when a Trojan prince has arrived. The θηεῦντο, θηήσατο, of *Od.* VII. 133–4 correspond to 494.

495. **obtutu** (cf. VII. 250) always denotes an intent gaze; and silence, if not stated (as in XII. 666), seems to be always implied. It is here part of a sudden and vivid contrast, the man weary, solitary, sorrowful, silent, unmoving—the woman advancing in queenly beauty and royal state, surrounded by a cheerful host of armed guards.

496. **ad templum**, the dignity of the place of meeting befits the crisis in the story. **forma pulcherrima**, 72 n. **Dido**, 299 n.

497. **incessit** 'came in state'. **stipante** 'crowding round her', less formal than *comitante* ('escorting'); they are eager to attend upon their beautiful queen.

498. **qualis**, 430–1 n. **in Eurotae...Cynthi**, i.e. at Sparta, along the river, or in Delos, over the slopes of the mountain. The comparison of Nausicaa and her maidens to Artemis and her country nymphs (νύμφαι ἀγρονόμοι) in *Od.* VI. 102, which V. has in mind, specifies Mt Taygetus (near Sparta) and Mt Erymanthus (in Arcadia).

499. **exercet** 'puts in practice', 'carries out', 'performs', a serious word, never used by V. before the *Georgics* but frequent there and in the *Aeneid* (over 40 times). Its oldest meaning seems to have been 'to break in, bring to discipline (out of wildness)'—cf. especially Plaut. *Amph.* I. 1. 168 where it is coupled with *domare*; hence (1) 'occupy, keep busy' (431), or, occasionally, 'keep in trouble' (IV. 623; *G.* IV. 453); (2) 'put to use', as *equos, culta* (X. 142), *arma* (IV. 87), *diem* (X. 808), *membra* (VI. 642); and (3) 'practise', like Eng. 'ply one's trade' (from 'plying one's tools'), with *palaestras* (III. 281), *uices* (IX. 175). With *cantus*, *G.* I. 403, and *balatum*, IX. 62, and in *G.* II. 370 of the farmer's 'stern commands' to his fields, there is a touch of humour, not perhaps wholly absent here. **Diana** has -ī- here only; elsewhere ten times (all in the *Aeneid*, e.g. XI. 537) -ĭ- and ends the line. The simile represents beauty, stature, dignity, rhythmic movement, and an admiring host of companions, and is therefore at least as appropriate (*pace* Ctn. and Prob. ap. Gell. IX. 9. 14) to the young queen advancing to take her throne as it was to Nausicaa in *Od.* VI. 102 singing and playing at ball with her girls. **mille** for any large number, as e.g. V. 609 (colours in the rainbow); VIII. 291 (labours of Hercules); so prob. 491.

500–1. **pharetram fert** from ἰοχέαιρα in *Od. l.c.*

501. The reading *deā* could be defended on metrical grounds by the caesura (308 n.) and the parallels of *grauiā*, III. 464, *animā*, XII. 648, and in sense (Henry) by 412, 692. But *deas* gives better sense, since if they are divine, how much more Diana? Whereas *dea* would suggest that the rest were mere mortals.

502. This picture of the mother's joy is given by Homer (γέγηθε δέ τε φρένα Λητώ, *l.c.* 106) but the delicacy and tenderness of *tacitum pertemptant* are V.'s own. Shakespeare knew this Book well (159 n.) and may have had this passage in his mind in *Much Ado*, IV. 1:

> "The idea of her life shall sweetly creep
> Into his study of imagination".

so exactly V. 828; *G.* III. 250.

503–4. **se...instans** 'moved proudly through their midst speeding the work and the growth of her realm'. The sentence is closely knit (75 n.); *laeta* and *per medios* go both with *ferebat* and with *instans*.

503. **se laeta**, 314 n.

504. **instans**, a favourite word (over 40 times in *Cul.*, *E.*, *G.* and *A.*), always with the meaning of vivid and eager onset, e.g. IX. 350 with Dat. as here, *G.* III. 106 (of racing charioteers); so of urgent danger, X. 624.

505. **foribus**: Loc. Abl. (263); i.e. at the doors in front of the actual *cella* containing the image of the goddess, under the roof (*testudo*) of the front half of the temple. V. has in mind the ordinary structure of temples at Rome, which were often used for assemblies, e.g. of the Senate. Latinus occupies just the same position (Henry) in the temple of Picus (VII. 192).

506. **armis**, of her guards, the *iuuenes* of 497. **solio alte subnixa**, a dignified description, 'high posed on the throne and footstool'.

507. **iura...uiris** 'gave rule and laid down law for her warrior people'—we may render the words here; but the phrase *iura dare* occurs seven times and only in v. 758 has it a precisely similar context which allows so literal a rendering. The *ius* 'right, privilege' of one citizen is the duty of another; and to grant *iura* is to 'exercise authority', 'hold sway'—and this is the real meaning of the phrase; see 293, 731; VII. 247; VIII. 670; *G.* IV. 562; Hor. *Od.* III. 3. 44; Livy I. 8. I. *ius legesque* is a standing phrase (e.g. Hor. *Sat.* I. I. 9) for the whole scope of Roman law (Ctn.), unwritten or written; but V. shakes off this technicality by using the Plur. *iura* (314 n.). **uiris**: "ad Didonis pertinet laudem" (Serv.); an unheard-of thing at Rome for a woman to rule over men. **operumque laborem** repeated from 455, to show how real a part the queen was taking in the work.

508. **sorte trahebat,** 314 n.

509. **concursu,** the common Circumst. Abl. (e.g. 98, 124) of the crowd of Tyrians surrounding them.

509–10. **cum...uidet**: Hist. Pres. depending on an Impf., as reg. in the "inverted-*cum*" construction, Hale and Buck, § 566 *a*. This *cum* is often strengthened by *subito, forte* or a similar Adv. (e.g. 535, 586); often too preceded by *uix* (586).

510. **Anthea,** 181; **Cloanthum,** 222 (and V. 122); **Sergestus** (V. 121 ff., XII. 561), here named for the first time.

511. **aequore**: Loc. Abl. as in 505, and of the same incident in 117.

512. **penitus** with *alias*, 'to a far different landing-place'; the Adv. marks the local meaning of *alias*, as compared with the merely enumerative *alios* in 511. **oras**: cf. *Italiam* 2 n.

513–14. **obstipuit...metuque,** a closely woven sentence like 503–4 (see 75 n.); *percussus* is part of the predicate with *obstip.* and belongs both to Aeneas and Achates; and both verbs belong to the ablatives. **percussus** is reg. in V. of strong or sudden emotion, e.g. VIII. 121; *G.* II. 476, IV. 357; *perculsus* in V. means 'struck prostrate' (XI. 310, cf. *perculit* of a victorious boxer, V. 374); but in other authors seems to mean merely 'struck with astonishment' (Hor. *Epod.* 7. 16; Tac. *Ann.* I. 12. 3). Hence Ctn. prefers to take *perculsus* here and in VIII. 121.

514. **metuque**: "Hoc est quod formidat Aen., incertus qua eos mente comitentur (Afri)" (Serv., ad concursu 509). **auidi** is predicative and colours the whole sentence; in English an Adv. would be used, 'eagerly'; but V. seems to avoid the forms in *-ē* (save *alte, late, longe*) as prosaic. The Predic. use of Adjj. (cf. *malus* 352) is particularly common in Adjj. with a participial force ending in *-tus* and *-dus*; so *laetus* and *maestus* passim, *trepidus* (e.g. II. 380), *rapidus* (e.g. 59, 117), *pauidus* (e.g. II. 685).

515. **res incognita** shows the abstractising use of the Partc. (like e.g. *urbs capta*); 'their ignorance of what had happened' as 517–18 explain. For this meaning of *res* cf. phrases like *res gestae, res publica, res domestica.* **animos** 'their minds'; cf. 11, 57, 153, 149 n.

516. **dissimulant** 'they conceal their presence'. **nube caua... amicti** 'cloaked in the hollow cloud'; the epithet *caua* means that it was not so dense as to hinder their own sight of what was passing, and so explains *speculantur.*

517. **fortuna,** sc. *sit*; cf. *pollicitus* 237 n., 520, and II. 74 (*cretus*). **linquant** 'are (in fact) leaving', 'can be leaving'.

518. **cunctis** comes first as the chief point of the wonder; what could have happened that all the ships should be represented but only by a small number from each crew? Aeneas is a good commander who knows all his men by sight. **nam,** put second word (444 n., 731; *G.* IV. 16) to secure a caesura.

519. **ueniam** 'favour, grace' as in XI. 101, not always 'pardon'; the root is that of *uenus* originally meaning 'charm'; hence *uenia* is properly like Gr. χάρις 'graciousness'. **clamore**: Circumst. Abl., 'amidst shouting', not their own merely, but that of the *concursus magnus* (509), contrasted in any case with the *placido pectore* (521) with which their leader speaks (Ctn.).

520. **data,** sc. *est, eis,* the pronoun being easily supplied from the subject of *introgressi*; 'when opportunity of speech was granted to them'. The line is repeated in XI. 248; cf. *data copia pugnae* IX. 720 and *adfari copia* IX. 484; but *larga fandi copia* in XI. 378 means 'great store of speech'.

521. **maximus** 'eldest' as in III. 252, VI. 605; so *maior E.* V. 4; in 654 we have *natarum,* in VII. 532 *natorum,* which suggest the idea expressed by *aeuo* in XI. 237, or by the ordinary phrase *natu* V. 644 (the only occurrence in V.). **Ilioneus** (whose ship was battered by the storm in 120) appears as spokesman again in VII. 212; as ruler of the camp in the absence of Aeneas IX. 501; in battle IX. 569. The name V. took as befitting a senior man among the Ilian exiles from *Il.* XIV. 489; see 120–1 n. **placido pectore** as an old man should; so Latinus *placido ore* VII. 194 addresses Ilioneus, and *sedato corde* XII. 18 the angry Turnus. "Et definitio est oratoris qui talem se debet componere qualem uult iudicem reddere" (Serv.).

522–3. V. takes the license, familiar in all stories of travel or war from Homer onwards, of assuming that all his characters spoke one language, namely the language of his readers. The opening words of the Trojans' appeal are carefully chosen; *nouam urbem* acclaims Dido's achievement which they long to emulate; *Iuppiter* and *iustitia* mark her service to humanity, and *gentis frenare superbas* acknowledges the difficulty of her task, and introduces their own need for protection as part of it. *condere* and *frenare* remind us (Henry) of the work in which Dido was engaged at the moment (508, 507). For the Inf. after *dedit* cf. 319 n.

522. **O regina**: "Beniuolentia in principiis controuersiarum secundum praecepta rhetorica quattuor modis conciliatur; a iudicum persona, a nostra, ab aduersariorum, a re ipsa; quod hic inuenitur; a iudicum persona; *O regina*; a sua persona; *Troes te miseri*; etiam ab aduersariorum; *quod genus hoc hominum*; a re ipsa; *hospitio prohibemur arenae.* Quod autem Aeneam laudat, occulte etiam timorem inicit dicendo; *nec bello maior et armis.* Dicit etiam esse qui uindicent, si fiat iniuria" (Serv. Dan.). The rest is interesting, but too long to quote; every reader must feel the persuasiveness of the speech.

523. **gentis superbas** certainly includes the *Numidae infreni* of IV. 41, but it can hardly exclude Dido's own people, since *gentis* points to diverse races. *superbas* implies some degree of cruelty (21 n.), but it is a polite euphemism for the barbarity which the Tyrians on the coast have threatened.

524. **te** emphatically placed between *Troes* and *miseri,* their only hope being in her. **maria omnia,** a poetic extension of the ordinary Acc. of Distance (e.g. *tria milia progredi*), to mean the region traversed as commonly after *nauigo* (Hale and Buck, § 391. 4) in imitation of the Homeric πλεῖν ὑγρὰ κέλευθα, rendered easier by the common use of *omnis* in a geographical sense; cf. V. 627 *cum freta, cum terras omnis, tot inhospita saxa sideraque emensae ferimur,* where however *emensae* indicates the construction meant. **uecti,** as often, is not passive but deponent, 'travelling' (cf. e.g. *G.* I. 206); hence comes the noun *uector* 'traveller', 'passenger'.

525. **infandos ignes** 'dread fire', 'the horror of fire', both because it would rob the Trojans of all their hopes, and because it was a violation of the ordinary customs of hospitality to storm-bound sailors, treating them (Ctn.) as so many pirates. Like *superbas* it is, in effect, a polite euphemism.

526. **pio** is an important part (cf. 527 ff.) of their plea; they were harmless,

'a pilgrim race'. **propius** 'with interest', not from a distance as a casual spectator; cf. VIII. 78.

527. **populare**, a metrically convenient archaism for *populari* (the prose form) 'to over-run' (lit. 'be-people'). For the Inf. of purpose after *uenimus*, cf. e.g. Plaut. *Bacch.* 631; it was common in old Latin (Hale and Buck, § 598. 1 *a*), but in prose the still older Inf. (which we call the "supine in *-tum*") was preferred for this use, and both were superseded, outside fixed phrases and colloquial speech, by the more definite personal constructions with the relative pronoun or with *ut*.

528. **uertere** for *auertere*; cf. II. 652 (for *subuertere*) and 20 n.

529. **uis** with *animo* (Dat.) has its oldest sense of 'vital force, power, daring' (like the Lucretian *uiuida uis animi* (I. 72) of Epicurus; but the legal colour of 'unlawful violence' is suggested by *superbia*).

530. The first three words are from Ennius (*Ann.* I. 12 Müll.), who proceeds *quam mortales perhibebant*, a prosaic tag, changed for reasons of syntax, metre (for V. eschews quadrisyllabic endings save in Greek words like *hymenaeos*), and substance [for *Grai* not merely recalls the etymol. of *Hesperia*, ἕσπερος, 'Abendland', but places it (Serv.) in the range of Dido's experience, since Greek traders visited every port]. In Hor. *Odes*, I. 36. 4 *Hesp. ultima* means Spain.

531. **antiqua**: "nobilis" (Serv.), i.e. 'famous'. **armis...glaebae**, the greatest glories of a country to the Roman mind; *G.* II. 173. **ubere glaebae**, Homer's οὖθαρ ἀρούρης, *Il.* IX. 141; Gr. οὖθαρ, meaning for meaning ('fruitfulness' and 'udder') and sound for sound, is to be identified with Lat. *ūber* (*Mak. Lat.* §§ 113, 177 (2)); but *uber* was also developed into an Adj. through its ending, from which it was naturally associated with Adjj. like *acer*. The more general meaning of the noun is quoted only from V. and his imitators; it appears in Venetic ·*u*·*zeroφo*·*s*. 'from (or "at") the harvest' (*Prae-Italic Dialects*, p. 30), and Venetia was V.'s country.

532. **Oenotri**, Οἴνωτροι, an old name for the inhabitants of the S.W. extremity of Italy, overrun by the barbarous Bruttii (see *Prae-Italic Dialects*, pp. 5, 15).

533. **Italiam** 'calf-land' (on the quantity of the first syllable see n. on *Lauini* 258); orig. the Greek form corresponding to Osc. *uitel(l)ia-* (from ἰταλός, borrowed from (S. Italic and) Umb. *uitlo-*, Lat. *uitulus* 'calf') was a name given by the Greeks to the same peninsula, but spread over the whole area to which it is now attached, thanks to the same linguistic process by which an obscure Epirote tribe gave its name to *Graecia* and that of *Asia* spread from a district in the Troad. On the earlier history of *Italia* see *Camb. Anc. Hist.* IV (1926), pp. 436 ff. and 447. **ducis** means Italus, king of the *Siculi* (Thuc. VI. 2. 4); see above. Other eponymous heroes whom V. adopts following ancient belief are Latinus (VII. 192), Sabinus (VII. 178) and, not least, Iulus (267).

534. **hic cursus fuit**, i.e. 'ad hanc terram c.f.'; so in IV. 46 and *hoc regnum* 17 n. The uncompleted line is the result of V.'s method of composing the poem, paragraph by paragraph. For the metrical implications, esp. V.'s love of a pause within the line, see Shipley, *Vergil's Verse Technique*, Washington Univ. (St Louis) Studies, vol. XII. 1, p. 115; for their bearing on some questions of text, Sparrow, *Half-lines and Repetitions* (1932), p. 46. That they should be regarded merely as marks of the incomplete condition in which the poem was left at V.'s death seems clear (*pace* Sparrow, *ib.* p. 41) because (1) they nowhere appear in the *Georgics* or *Eclogues* and (2) they are nowhere imitated by V.'s followers, some of whom, like Juvenal, would have made effective use of the license, had they thought it real. From the fact that this is the first in the Book it is a natural, though not certain, inference that

V.'s *feruor scribendi*, i.e. his interest in the story, had carried him on through the narrative so far without any long pause; cf. 560 n.

535. **adsurgens,** to which the phrase *subito fluctu* is attached, definitely states the rising of the star—which took place in Pliny's day (*Nat. Hist.* XVIII. §268) in the week after the summer Solstice, and therefore gives us the period of Aeneas' landing at Carthage (755 n.); but it carries a penumbra of suggestion that the waves rose too (*G.* II. 160, of Lake Benacus) in V.'s way (see 165 n. on *horrenti*, and *Cl. Rev.* XLVII, 1933, p. 194). **nimbosus,** like nearly all Adjj. in *-ōsus* (e.g. *aquosus, spumosus*), has a mainly bad sense in V. due to the origin of the suffix ('smelling of', *Mak. Lat.* §§ 243, 261). *formosus* may be thought an exception to the statement, but it is never used in the *Aeneid* and only once in the *Georgics* (III. 219, humorously of a *iuuenca*); but 16 times in the *Eclogues*, being well suited to their lighter vein. So *fumosus* (*G.* and *Copa*), *squamosus* (*G.* and *Cul.*), never appear in the *Aeneid.* **Orion**, see on *adsurgens*; Serv. Dan. says that its rising was counted a stormy time; its setting early in November (*hibernis undis* VII. 719; cf. Hor. e.g. *Od.* I. 28. 21) was even worse. V. shortens the first syllable as in IV. 52 and X. 763; but keeps the initial long vowel ('Ωρῑ́ων, 'Ωαρί́ων) in III. 517, VII. 719; cf. *Ĭtalus, Ītalia*, and the like (258 n. on *Lauini*).

536. **caeca,** i.e. *latentia*, see 108–12, and cf. V. 164, VI. 734; such a phrase as *caeca caligine* III. 203 shows how close the meaning 'blind' is to that of 'blinding', 'dark'; so *caecae fores* II. 453 'covert entrance', rather like our *blind alley*; *caecis in undis* III. 200 'obscured, unknown'. It never denotes literal blindness in V. (save in metaphors like *caeci furore* II. 244); and though this meaning is at least as old as the Censor of 312 B.C., Ap. Claudius Caecus, the meaning 'dark' is commoner in writers of all periods. **penitus** 'far', with *dispulit*, cf. 512. **procacibus** 'rude'; like *proterui* Hor. *Od.* I. 26. 2, *petulantes* of Lucr. VI. 111; they might have been expected to behave better, especially in the summer. **austris,** as in 51, for winds in general. The difficulty which the English reader feels is due to our lack of names for the winds; even an English poet may write of *zephyrs* without inciting us to ask how many there are or whence they blow.

537. **superante,** like *uicit* 122; the sailors are 'beaten', i.e. turned out of their course. *salum* 'tossing water' (Eng. *swell*) is esp. used of the surf in shallows or near the coast (II. 209, the only other occurrence in V.); cf. Cic. *Caec.* 30. 88.

538. **pauci,** part of the Pred. as in VI. 744; cf. 352 n. **adnauimus** 'struggled (lit. "swam") to your shores', with a note of difficulty as in VI. 358 and IV. 613; in Cic. *Rep.* II. 4. 9 the word means 'make their way by water'; so Ov. *Trist.* III. 12. 31.

539. 'What kind of men are these?' *hominum* has a certain emphasis, since their behaviour has been less than humane (542). The sentence is borrowed from the poet whom Macrobius (VI. I. 32) calls Furius. **tam barbara** combined with *quae* as *tam laeta* in 605, *tanti* with *qui* 606, and *tam prudens* with *quisquam*, *G.* II. 315.

540. **patria** softens the protest by suggesting that the tradition of the country (*patrios cultusque habitusque locorum*, *G.* I. 52), not the choice of individuals, is the cause of the wrong which the next words describe. **hospitio harenae** is exactly expressed by Ilioneus upon his similar errand to King Latinus (VII. 229), *litusque rogamus innocuum*. Serv. happily quotes Cic. (*Rosc. Am.* 26. 72), declaring the shore to be the 'common right' of the shipwrecked. **hospitio** (Abl.), likes *hospes* and Germ. *Gastfreund(schaft)*, has from the English point of view a double sense, i.e. it denotes the duties and privileges of both guest and host, the customary give-and-take of native and stranger; here the hospitable side ('we are denied (even) the courtesy of

the shore') is more prominent, but is regarded as a right, not, like modern hospitality, as a privilege.

541. **bella cient** 'threaten us with war' (so e.g. VI. 829). Besides this use of provoking combat the verb in V. governs only words denoting allies, storms, or sounds, save in VI. 468 (*lacrimas*) and III. 68 (of the Last Call to the dead). **prima** 'the edge of', cf. e.g. *G.* II. 44.

542. **humanum**: cf. 539 n. **temnitis.** In prose (exc. Tacitus, who loves to copy V.) we have only the compound *contemno*; cf. 20 n. This line again, though really suggesting outrageous arrogance, is diplomatically worded and might only imply overwhelming strength.

543. **at** 'at least'; cf. e.g. 557, VI. 406; *G.* IV. 241; Cic. *Mil.* 34. 93. The construction recalls Catull. XXX. 11, a similar sentiment which V. prob. remembered. **sperate** 'look to find, expect'—not always of things desired; cf. IV. 419, XI. 275; in prose (e.g. Cic. *Rosc. Am.* 4. 10) this use appears only in *non spero.* **fandi atque nefandi** 'the pious and the impious deed', no doubt influenced by Catull. LXIV. 405 *omnia fanda nefanda malo permixta furore.* The meaning of *fandum* is forced upon it by contrast with *nefandum* 'what may not be spoken, abominable'.

544. **iustior** borrows *neque* from what follows, as Heyne rightly saw; and so the Dresden supplements of Serv.: "pietas enim in deos, iustitia in homines", and similarly Tib. Don. *ad loc.* (The opening of the note in Serv. is left by Thilo in a form to me unintelligible.) The license is merely that the repeated *nec* is allowed to take the place of *nemo* (*iustior, aut pietate aut bello maior, nemo fuit*); i.e. the negative is omitted before the first of a string of comparatives, all of which are denied; cf. Plaut. *Curc.* 579 (*tua*. . .*uerba neque*. . . *minas, non pluris facio quam*, etc.), and similarly Ter. *Heaut.* 64; *Eun.* 1077; and so the MSS. in Caes. *B.C.* III. 71. 3 in *litteris*. . .*neque in fascibus* (for *neque in litt.* which appears in the Ed. Princ.). V. is hardly likely to have been influenced by the similar license with negatives which is common in Greek (e.g. Aesch. *Ag.* 532 Πάρις. . .οὔτε συντελὴς πόλις) but he no doubt remembered a like double eulogy of Agamemnon in *Il.* III. 179.

546–7 are the occasion for Henry's admirable dissertation on the Vergilian use of "Theme and Variation" (175 n.), since here we have three different aspects of what prosaic persons call the same fact 'if Aeneas survives'. The source of Poetry is feeling, not mathematical reasoning; and when feeling is strong, as that of Ilioneus for his leader, it is rarely content with one attempt to represent itself in words, for all such attempts are inadequate. Here a reverent expression of hope is naturally succeeded by a livelier picture of desire and that, inevitably, shadowed by fear. V. remembered a similar though simpler sequence in *Od.* XX. 207. **uescitur aura aetheria,** suggested by Lucr. V. 857 *uesci uitalibus auris.* Lachmann on Lucr. III. 405, with the learned pedantry of his time (and temper), proposed to alter the reading here, and in many other innocent places, to *aeria* on the ground that *aurae* belong to the *aer.* As etymology (*aura*, αὔρα from ἀ(υ)ήρ), this is correct enough for any "wise young judge"; as a criticism, it offers the illuminating injunction that the air (since *air* is not the same thing as *heaven*) may be called 'airy' but never 'heavenly'. Happily V. (e.g. VI. 747; cf. VI. 436, XI. 104) felt no such scruple.

546. **uescitur** 'feeds upon', which Henry interprets of the eyes rather than the lungs, pleading such passages, common in Greek authors, as that just cited (*Od.* XX. 207), εἴ που ἔτι ζώει καὶ ὁρᾷ φάος ἠελίοιο κ.τ.λ., and V.'s use of *haurire* in X. 898 *ut auras suspiciens hausit caelum*, with *G.* II. 340 *cum primae lucem pecudes hausere*, and Stat. *Theb.* I. 237 of the blind Oedipus *proiecitque diem nec iam amplius aethere nostro uescitur*, with others (like Sil. XIII. 497; Juv. III. 84). His view is therefore perfectly possible here, though

the passages from Lucretius with 387 and III. 339 (cf. *G.* I. 376 and III. 274), in none of which is there anything to suggest light, show that breath may be referred to. **aura** Henry would here take in the metaphorical sense of VI. 747 *aurai simplicis ignem*, i.e. 'flame, radiant light' (though that wonderful phrase cannot be rendered without importing just the definite conceptions which V. was anxious there to transcend). Henry's dogma that the singular *aura* has "always" that meaning in V. is disproved by e.g. XII. 370 and 617; *G.* IV. 417. But the fact that V. does deliberately depart from the plural used by Lucretius, *l.c.* and chooses *aetheria*, not *uitalis*, suggests that he preferred to leave *uescitur* to be applied to any and every sense; *aura* can be used even of fragrance (*G.* IV. 417; III. 251) as well as of hearing.

547. **crudelibus**, an epithet transferred (Sabb.) to the infernal region of darkness from its king to whom it more naturally belongs; but cf. *malae tenebrae Orci* Catull. III. 13. **occubat umbris**: Loc. Abl. as in 70, 552, 607, 640; 'lies low in the cruel realm of darkness'.

548. **non metus** 'we have no fear'; what fears they might have had are prudently left unspoken, save one, which is at once happily put aside, the fear of having to leave the courtesy of Dido unreturned. **officio**, lit. 'making help, giving aid' (*opi-ficium*), means a duty, but one only felt by a mind which acknowledges to the full the claims of human relations; here chosen as more appropriate to the generosity they hope for than the more formal *hospitium*. Even when it refers to social formalities (*longi agminis officia*, Juv. X. 44, 45) it never loses the sense of a service voluntarily performed. **nec...poeniteat**, a modest use of the Subj. of Expectation (Hale and Buck, § 518), 'nor couldst thou ever then regret to have made the first step in mutual kindness'; cf. VII. 233.

549. With what does *et* connect the picture of these other resources of the Trojans? The answer (*pace* Ctn.) is clear, i.e. the hope of Aeneas' survival; their friends in Sicily are mentioned as a second guarantee of their confidence that Dido's kindness will be requited. This naturally leads to their petition to be allowed to repair their fleet, with the statement of their hope of reaching Italy, or, if that hope fails, Sicily at least.

550. **armaque**, the reading which has the best support, is also far more appropriate; not 'fields' but 'arms', i.e. 'power', is a fit complement to their thought of their leader, as in *arma uirumque*. "Arms are a natural addition to a city, as in 248, IV. 48 and XII. 192" (Ctn.). **Troianoque a sanguine**, with *clarus*, poet. var. (314 n.) of *clara de gente Troianorum* 'a noble chief of Trojan blood'; he is called *Dardanius diuinae stirpis Acestes* in V. 711, three other times *Dardanius* or *Troianus*, and *consanguineus* with Aeneas in V. 771; the phrase with *a* could stand alone (cf. V. 299) but *clarus Acestes* would then be a rather tame ending; V. 106 is the only other place where he is labelled merely *clarus*, and then the addition of *nomen* gives it special point.

551–8 make the practical conclusion of the whole speech, i.e. the definite request he has to proffer, their need of it (*uentis quassatam*) and the use they would make of the boon (553–8). **subducere** 'pull up upon the land', as in 573 and III. 135.

552. **siluis**: Loc. Abl. as in 547, 549. With *aptare* it would be best rendered 'from the forest' (358 n.), cf. IV. 399. In any case it is an essential part of the petition. **stringere remos** 'peel the (boughs for) oars', poet. var. (314 n.) for *s. ramos ut remi fiant*; contrast IV. 399; Sil. VI. 352 follows this passage.

553–8 are linked by *ut* to *liceat*; see 551–8 n.

553–4. **Italiam** (Lative Acc. 2 n.) goes closely with the following clause; unless they find Aeneas, they cannot hope to settle in Italy. Indeed *Latium*, like *Italiam*, is only a name to Ilioneus (530 ff.).

555–6. Lines of deep pathos, breaking from the speaker naturally at the end; the same affectionate title is given to Aeneas at an appropriate turn of the story in v. 358.

556. **habet**: cf. VI. 362. **spes...restat Iuli**, in this context, between the mention of Aeneas and Acestes, represents the great fear of the Trojans, that they have no leader left, not even the boy Iulus, though they have not yet abandoned hope ("bene *spes Iuli* pro *Iulus*" Heyne); any specific reference to his future, though quite in place in IV. 274, VI. 364 and X. 524, would be out of place here (*pace* Henry and Ctn.), an amplification burdening rather than enhancing their poignant appeal.

557. **at**, 543 n. **Sīcăniae**, as in III. 692, VIII. 416; contrast *Sĭcānos* (e.g. V. 24) and see 258 n. In this word the poetic license extends to both syllables, whereas in *Ĭtălia*, *Ĭtălus* the second syllable is always short, and in *Lăuīni* (Gen. Neut. Sing.) and *Lāuīnia* (IV. 236 and always as the name of the princess) the second syllable is always long. *Sicania* however never occurs with the quantities --⏑-; hence in lines like the present it is needless to assume that the *-i-* after the *-n-* has consonantal value (though we must in *Lāuīniaque* in 2 if that reading is sound). The ethnology of the *Sicani* will be best considered in the light of *Camb. Anc. Hist.* IV (1926), pp. 436 ff., and Prof. Whatmough's collection of the evidence in *Prae-Italic Dialects* (1933), Part II, pp. 431, 433 ff.

558. **aduecti**, sc. *sumus*, 237 n. **regemque**, an emphatic part of the predicate; if Aeneas is lost, they can still claim a royal leader.

559. **talibus**, sc. *locutus est*, an Epic ellipse, as in 370; cf. e.g. 325, 335. Brevity, dignity and variety are secured in a long narrative by omitting such colourless words. **simul ore fremebant** 'murmured their assent', cf. ἐπευφήμησαν (Weidner), but not by a shout (which would need *clamore*); *fremitus* is properly the neighing of a horse.

560. On the so-called half-line see 534 n.

561. **uoltum demissa**, 246 n. The modesty of Dido is as engaging as that of Medea when she receives Jason (Apoll. Rh. III. 100) and of Hypsipyle (*ib.* I. 790) ἐγκλιδὸν ὄσσε βαλοῦσα. **prŏfātur**, an old compound, surviving in poetry, and showing the short form of the Prepn., familiar to us in Gr. προ- but limited in Latin to a few compounds (e.g. *profanus*, *prŏficisci*, *prŏperare*, Hale and Buck 24. 2).

562. **corde metum**, poet. var. (314 n.) for *cor metu*; cf. 463.

563. **res dura** 'the stress of circumstance', 'hard conditions', i.e. the dangers that surrounded her realm, esp. that of invasion by Pygmalion. This collective use of *res* is not uncommon, e.g. *res angusta*, *res Romana*. **nouitas**, like *nouus* (as in *res nouae*, *tabulae nouae*, *nouus homo*), generally (though not always) suggests unwelcome aspects of 'newness'.

564. **moliri**, 414 n. **custode**: Generic Sing., as *hostis* (e.g. II. 290), *miles* (e.g. II. 20, and with *late* 495), and continually with national names, as in 574, VI. 851. The picturesque and deictic Adv. *late*, as e.g. in II. 495, is a poet. var. (314 n.) for an adjectival phrase like *plurimis custodibus* or *finis omnis etiam remotos*.

565. **Aeneadum**: Gen. Pl., the form regular in V. from such patronymics; the paradigm runs *Aeneadae*, *-dās*, *-dum*, *-dis* (cf. 30 n.). (Is there any example of *-darum* in V.?) The word on Dido's lips of course implies that she has already been interested by hearsay in Aeneas as a Trojan leader.

566. **uirtutesque uirosque** 'its deeds of manhood and its men', happily changed (for this context) from Catull. LXVIII. 90 *Troia uirum ac uirtutum omnium acerba cinis*. The always unsatisfactory label 'hendiadys' (54 n.) is here completely misleading; Dido knows something of the personalities of Troy, not merely its stout resistance to the Greeks. **incendia** 'the con-

flagration of that great war', as though its passions were visible afar, like the flames of Troy, II. 312 and 569.

567. **obtunsa adeo pectora** 'hearts so dull'; in view of the preponderating use (e.g. 153, 197, 502) it is vain to seek ever to restrict *pectora* in V. to a purely intellectual meaning; even XII. 914 has reference to feeling as well as to intellect. With *obtunsa* contrast (Ctn.) *curis acuens mortalia corda*, *G.* I. 123.

568. **auersus** describes attitude, not locality: 'nor does the rising sun so turn his chariot away'; he does not yoke his horses at dawn in such a direction as to leave Carthage utterly in darkness. The notion is fully expressed in VI. 795–6, *extra sidera, extra anni solisque uias*, which means (Ctn.) 'outside the pale', 'beyond the civilised world'—whether in Cimmerian darkness (N.) or under other stars (S.). There is nothing that one can point to as positively excluding a reference to the story of the sun's turning away in horror from the deeds of Atreus (so Serv. and Tib. Don. and prob. Sil. XV. 334); but there is certainly nothing in the whole context to suggest so needless a disclaimer, and everything to make it inappropriate on the lips of the young queen. In IV. 607 and XII. 176 the sun is the universal witness; and Ctn. cites many passages (e.g. Soph. *Aj.* 845) from Greek poets where the sun is regarded as a bearer of news and V. may have remembered them.

569. Serv. Dan. happily points out that Dido's benignity is connected with the promise of 303–4. **Hesperiam magnam** 'the great land of the west', spoken as befitted a queen of Tyrians, the navigators *par excellence* of the early Mediterranean, and containing their unconscious tribute to their future rivals. V. makes clear the reference to Italy (530 n.) by adding (54 n.) a parallel phrase. **Saturnia**, an epithet of early Italy drawn from the traditional name of its chief god and associated with the Golden Age (*E.* IV. 6), with the introduction of agriculture (*G.* II. 173; XI. 252) and settled life (VIII. 319 ff.), and ended by the introduction of iron (*G.* II. 537, 540) and of its sequel, in tradition, war (VIII. 327 *belli rabies*). That the expulsion of Saturn by Jove, as that of Κρόνος by Ζεύς, represents in history the conquest of a southern population by invaders from further north, who had learnt the secret of iron from Hallstatt, has been long recognised; most decisively, perhaps, by Sir. W. Ridgeway in his *Early Age of Greece* (1901); its bearing on the history of Italy and Rome I have examined in *Camb. Anc. Hist.* IV (1926), c. XIII, where references to the authorities are given. V., true as always to the traditions he found among the various peoples of Italy (which he knew from the Alps to Tarentum, see, e.g. *G.* II. 136–76; VII. 623–817), recognised what we call the Bronze Age as a real period just preceding recorded history, but he called it by the picturesque names of Gold and Saturn. That deity still conceals in his puzzling name and person a volume of prehistoric migrations.

570. **optatis** 'choose first', lit. 'count blessed' (cf. *probare* 'count excellent' from *probus*), from the old Adj. *opeto* (of which *opitumus*, *optumus* is the Superl.) 'full of help' and so either 'blessed' or 'blessing', an Adj. associated with the old Italian deity *Ops* who gave (if duly worshipped) what farmers wanted. Since the things men most desire are always beyond their own control, the word often came to mean 'pray for' (e.g. II. 655; Cic. *Cat.* II. 7. 15; Livy XXI. 43. 5).

571. **auxilio** in the military sense 'by troops in support'. **tutos**, the Partc. of *tueor*, or rather *tuor* (also in old Lat. *tuo*) always passive (cf. the double use of e.g. *expertus*, and see 246 n.). **opibus** 'supplies' (570 n.). The line recurs in VIII. 171, but *tutos*, appropriate here, is there changed to *laetos* in a more hopeful prospect.

572 is best printed as a question, though it is of course equivalent to a hypothesis, as in Hor. *Od.* I. 27. 9 and 13 (*uoltis?* followed by *cessat uoluntas?*).

Some prefer to take it as an assumption as Hor. *Epist.* I. I. 33 and I. 6. 31 are commonly taken. But the abruptness of familiar conversation, which Horace preserves in his Satires and Epistles, would be quite out of place in the stately courtesy of (what Ctn. rightly calls) this invitation.

573. **urbem quam**, for the prosaic *quam urbem*, a common trajection, as *telum quod* in XI. 552, where, as in 72 *sup.*, the noun takes the construction of the relative clause; cf. e.g. Ter. *Eun.* 653, *Eunuchum quem dedisti nobis quas turbas dedit.* **subducite**, 551–8 n.

574. **Tros Tyriusque**: cf. *custode* 564 n. **mihi**, a typical Dat. of Agent (344 n.). **nullo discrimine agetur** 'shall be regarded impartially', poet. var. (314 n.) for *nullum discrimen agetur inter*, on the pattern of e.g. *agere iudicium* (*arbitrium*, *censuram*), and perhaps with some thought of the old meaning of 'weighing' which survives in *exigere*, as in Gr. ἄγειν (τριακοσίους δαρεικοὺς and the like).

575. **noto...eodem** 'driven by the same wind (as yourselves)' (cf. *austris* 536 n.); nothing is gained, save harshness and prosaic precision, by separating *eodem* as an Adv. ('to the same spot') from *noto*. With the wish cf. VII. 263.

576. **Aeneas**. The mention of the name is the climax of Dido's goodwill in the speech, and also prepares us for the next step in the story. **certos** 'special', so Voss and Henry rightly, cf. e.g. Cic. *ad Fam.* XIV. 18. 2; *Leg.* II. 26. 66; Sil. XI. 277.

577. **dimittam**: "in diuersas partis mittam" (Heyne).

578. **si...errat** after *lustrare*, as *uidistis si quam* after *monstrate* (322); the colourless hypothesis (as to whose fulfilment nothing is implied, Roby, II. §§ 1551–5 with 1755; Hale and Buck, § 579 badly named "conditions of fact"), often passes into an Indirect Question, e.g. *inspice si possum* Hor. *Epist.* I. 7. 39; Plaut. *Trin.* 748; Cic. *de Amic.* 15; but the transition is not quite complete either here or in 322. The Subj. appears in clauses not very unlike, but implying some feeling, generally of hope (e.g. 181, II. 136, IX. 512), sometimes of fear (IV. 111). **eiectus**, more prob. (Henry) 'an outcast' (cf. 384, 599), than merely for *naufragus* (Serv.) as in IV. 373. **siluis, urbibus**: Loc. Abl. as in 547 (n.), 552; for the *urbes* of Libya cf. IV. 40, 173.

579. **animum arrecti** 'deeply roused', 246 n.; the verb implies a stimulus to hope, like Elizabethan Eng. *pricked* (cf. 152, V. 138, XII. 251; *G.* III. 105).

580. **nubem**, poet. var. (314 n.) for *nube* or *ex* (or *ab*) *nube* on the pattern of the construction of *rumpere, perrumpere* and verbs like *euadere*; imitated by Val. Flac. V. 465. The common Intrans. use of the verb, from which this use is derived, seems itself to have sprung from the reflexive (e.g. *G.* IV. 368; Lucr. IV. 1115).

581. **ardebant**, with *iamdudum*, equivalent to an Eng. Pluperf.

582. **nate dea**, a respectful address, here chosen to remind him of his mother's recent prophecy (399) as 585 shows. **surgit** represents a new thought as something living (so *stare, sedere*), and gives poetic colour to the everyday word *sententia*.

583. **tuta**, predicative, 'that all is safe'.

584. **unus**, Orontes (113, VI. 334).

587. **se** is the Obj. both of *scindit* and *purgat*, 'parts and clears itself away into the open sky'. See 411 n.

588. **restitit**: "abscedente nube" (Serv.). **refulsit**, 402 n.

589–91. A description taken from the picture of Odysseus, in *Od.* VI. 229 f. (repeated at *Od.* XXIII. 156); but the rosy light of youth and the radiance of the eyes are not in Homer, though it is possible that the colour *purpureum* (see below) was suggested to V. by Homer's description of the hair of Odysseus as like the 'blossom of hyacinth' (whatever that may mean), and happily transferred to his hero's face, leaving to *caesariem* the simpler epithet *decoram.*

The story of course has not quite shaken off the light of wonderland; but from l. 305 onwards, it has been carefully shaped to show how the minds of hero and heroine were prepared for mutual esteem long before they met; and in view of V.'s psychological method, it seems probable that he used the old-world imagery of this passage mainly to suggest the feeling with which the two gazed upon each other at their meeting.

589. **os umerosque**: Acc. as in 320 n.; V. abridges the somewhat laboured description of the imposing figure of Agamemnon among his troops (*Il.* II. 478), where in eyes and head he is compared to 'thundering Zeus', and in other parts to other gods, so that he is 'conspicuous as a bull among a herd of cows'. **decoram caesariem** may perhaps be rendered 'the hair of early manhood'; *decoram* corresponds to the *χάριν* of *Od.* VI. 225, and implies that all trace of middle age, thinned or grizzled hair, had vanished.

590. **nato genetrix**, a significant juxtaposition (cf. e.g. *magno miserae* 344, and 75, 318–19 nn.), 'with a mother's pride'. **iuuentae**. V. no doubt thought of *Od.* XVI. 172 ff., where a touch of Athene's wand rejuvenates the hero's white hair and sunken cheeks.

591. **purpureum** 'rosy', the colour of a boy's cheeks or of buds in springtime (*E.* IX. 40). It is unfortunate that the word *purple*, always strange to English lips, has come to denote for us something bluish, instead of the glowing crimson, shot through with hues of 'mother of pearl' (*ostrum*), which 'Tyrian purple' meant to a Roman. **laetos...honores** 'radiance of joy' (416 n.); for this meaning of *honos* (perhaps based on some ancient physical meaning of light or colour) cf. VII. 815; *E.* X. 24; *G.* II. 404; and its common use of the sacrificial flame, e.g. III. 547. By repeating these lines aloud the reader will realise that their rare beauty in warmth and delicacy of feeling and in word—i.e. in the images chosen to express the feeling—is completed by the melody of sound (cf. 166–9 n.); here note the careful, but not obtrusive, recurrence of *ŏ*, *s*, *d*, *l*, *m*, *en* and *u*; all have further echoes in 592–3. Whoever thinks these are accidents, should substitute words which might have satisfied a feebler writer, *faciem* for *umeros*, *uenustam* for *decoram*, *mater* for *genetrix*, *lucem* for *lumen*, *hilares* for *laetos*, or any one of many for *purpureum* and judge how much of the magic of the lines is lost. **adflarat** 'she had breathed upon his head'; the order here is from the less to the more significant marks of personality, hair, face, eyes; and since no wand or other visible tokens of magic are mentioned, the word *adflarat* is equally appropriate to all three, though in all equally remote from ordinary experience. Those who complain that there is not a separate verb for each gift, may be asked to specify the verbs which they would regard as scientifically accurate.

592. **manus** 'skilled hands', as in 455. **addunt**, from *χρυσὸν περιχεύεται ἀργύρῳ* *Od.* VI. 232, clearly of gilding, but equally clearly (*pace* Henry) of gilt applied only to parts of the underlying material, as e.g. to the hair of a statue, not to the whole surface, which in that case might just as well be deal or plaster as the costly materials here named. **decus** is the last touch of distinction which the artist could give by the gilding; so Heyne and Henry, looking to the Homeric pattern, and finding here, no doubt, a case of Theme (*decus*) and Variation (*auro*), see 175 n. Ctn.'s view that *decus* is the last touch of the sculptor's chisel would make an un-Vergilian transition which there is nothing in the context to bear out. Beauty shown by contrast of colour and material is the point of another comparison in X. 133 ff.

593. **Parius lapis** 'marble of Paros', of dazzling whiteness. For silver embellished with gold Heyne compares *Od.* IV. 132; for gold, silver and ivory upon wood *Od.* XXIII. 200; for gold and ivory together *G.* III. 26.

594. **sic**: "et sui gratia praepotens et matris auxilio" (Serv.); an attractive interpretation, supported by the distance of the word from 597 to which it is commonly referred. But in Servius' sense it should surely stand first in the sentence; and Dido is included in the subject of *quaeritis*. **cunctis...ait,** closely linked (75 n.), so that the Dat. has some reference to all three words.

596. **Troïus,** 119 n.

597. **sola** is naturally addressed to the first non-Trojan from whom the exiles have received pity. Helenus and Acestes in Book III are excluded, since the form *Troia* includes all and every Trojan in a way which names of towns never do to an English ear. But Dido's kindness is to be contrasted (Serv.) with the treacherous murder of Polydorus which Aeneas is shortly to relate to her (III. 51). This preparation for that story and the hint so given of the reciprocal effect it is sure to have on the minds of the queen and her guest are quite intensely Vergilian. **infandos,** 543 n.; the word is naturally repeated in II. 3, when Aeneas attempts to relate 'the unspeakable sorrow'.

598. **relliquias,** 30 n. **terrae**: "propter Cretensem pestilentiam (III. 137), *maris* propter Orontis (113) interitum" (Serv.).

599. **exhaustis**: "ueteres sic dicebant *clades hausi* id est 'pertuli'" (Dan.), confirming the reading of *F*; cf. IV. 14, X. 57, XI. 256. With the variant *exhaustos* 'stricken', 'drained of strength', cf. *exhaustae,* of the bees robbed of their honey, *G.* IV. 248. **omnium,** here only in V.; it can stand in the hexameter only by this harsh elision and it seems probable that V. has borrowed the phrase from some older poet.

600. **urbe domo socias** 'bidst us share in thy city and home'; "hoc est et publico et priuato dignaris hospitio" (Serv.). The nouns are coupled, as often in old Latin, merely by juxtaposition, like *terra mari, dextra laeua, pedites equites*; for the Sociative Abl. cf. 312 n.; *tibi* or *tecum* is naturally supplied. **persoluere dignas,** to make an adequate return in deeds, not in words merely (which would be *uerbis referre*); the phrase is repeated with bitter irony in II. 537.

601. **opis nostrae** 'within our powers' (Hale and Buck, § 340); Predicative Gen.; Horace, *Epist.* I. 9. 9, may have remembered this passage if he had heard it recited before 20 B.C. **quidquid,** governs *gentis* (Partitive Gen.), which is thus drawn into the relative clause. The equivalent in prose would be *gentis Dardaniae, quidquid ubique est eius,* where *gentis* would be Possessive Gen. after *opis*.

602. **sparsa,** sc. *est,* 237 n.

603–5 contains a double expression of the same feeling in two aspects (175 n.); Aeneas prays that Dido may be rewarded; he has faith of two things, the interest which Heaven feels in dutiful human conduct and the value which justice and a high conscience must claim all over the world. The second aspect is only the same as the first in so far as Aeneas believes that Heaven can influence men in the direction of its own designs. Dido is doubly praised, first for her *pietas,* that is her regard to the claims of the unhappy exiles, and secondly for the justice and deliberate rectitude which she has shown in protecting the Trojans from the wrongs offered them by her own people. Hence the view of Serv. that *iustitia* and *mens* are part of the subject of *ferant,* and that of most commentators, that they are the grounds on which Dido may expect reward, really come to the same thing; but in grammar, it is far simpler to take *di* alone as the subject of *ferant*. IX. 252–4 are closely parallel. This passage Henry quotes in favour of what appears to be his view (though it is contradicted by the printing of the Latin on his p. 791, where the parenthesis is closed, not at *est,* but at *recti*) that *et mens...recti* is part of the subject of *ferant*. But neither he nor Ctn. has observed the difference between the confident declaration in Book IX of the young Ascanius (*dabunt*) and the reverent prayer here (*ferant*) of the shipwrecked and anxious exile. It is surely more of a compliment to pray that the gods may reward her, if there be any power to reward the justice and sense of duty which she has shown, than to pray that her good conscience may be its own reward—which he need not have doubted at all. Henry's demand for a balance in length of apodosis and protasis overlooks the Latin feeling of a close connexion between the first and last words of a sentence; "ordo est *di tibi praemia ferant*", as Serv. rightly observes.

603. **pios**. The piety here is on the human side, in Dido, and in the grateful prayers of Aeneas; in II. 536 and V. 688 it is in the gods. **si quid iustitia est** 'if any heed (or value) is given to justice', exactly as Ov. *Met.* VI. 542 *si numina diuom sunt aliquid*. Henry's version "if justice exist at all" represents better the reading *iustitiae*. If *iustitiae* be read, the *mens* must be a sense of rectitude (not in Dido but) in mankind generally, through which the gods, with what justice there is in themselves or others, are besought to administer their rewards to Dido; a prayer which William De Morgan might well have called "one of Mr Capstick's complicated mixtures".

605–6 are suggested by the compliments of (the still unclothed) Odysseus to the young princess Nausicaa (*Od.* VI. 153–68), which are more lengthy and outspoken and therefore less weighty than the pregnant reserve of *tam* and *talem*, worthy both of Aeneas and of his royal hearer.

605. **quae tam, qui tanti**, cf. 539 n. **laeta** is especially appropriate to the joy of fruitfulness in home or field; cf. e.g. I. 441, III. 95, V. 40, VI. 786, XI. 73; *E.* VII. 60; and in the *Georgics* Book I. 1, 69, 101, 325, 339; Book II. 48, 112, 144, 184, 221, 262, 326, 525; Book III. 63, 310, 322, 385; Book IV. 55; with Lucr. I. 255, to cite only examples which are beyond question. This meaning may be inherent in the word, whose origin is uncertain; but in any case its continued use in this connexion is characteristic of Vergil and of Italian popular feeling to this day; cf. what is said of *Ecl.* IV, in *Cl. Rev.* XLV (1931), p. 32 f.

607–8. Other exx. of this form of promise or prophecy, common in all poetical utterance, measuring the speaker's faithfulness by the constancy of nature (e.g. "Can a woman forget her sucking child?...yea, they may forget, yet will I not forget thee", Isaiah xlix. 15), appear e.g. in XII. 201–11; *E.* I. 59; V. 78, whence this line is repeated (cf. Sparrow, *Half-lines and Repetitions*, p. 75).

607. **freta,** "abusiue...maria; nam proprie fretum est mare naturaliter mobile, ab undarum feruore nominatum" (Serv.). The last remark is instructive as to the meaning which the authorities on whom Serv. depends, like Varro or Verrius Flaccus, felt to lie in the word; and the etymology may be defended by supposing *fr-e-tum* to contain a shorter form of the root of *feru-ere, de-fru-tum*. **montibus**: Local Abl., cf. 547, 552, more prob. than Dat.; either replaces a prosaic Gen.: 'while the shadows scour the hollows upon (or "for"?) the hills'. No doubt the shadows of the peaks themselves upon neighbouring hillsides, or upon their own, are included (*E.* I. 83); but no one who loved mountains as V. did would exclude the shadows of moving clouds, or even those of tall trees ("siluarum", Heyne), like the land-marking cypress by whose shadow one can often tell the time in Italy.

608. **lustrabunt** is a metaphor from the *lustrum* in which the censors and their train marched all round the city. **conuexa**: Neut. Plur. of an old Partc. formed with *-so-* (cf. *nexus, flexus, nixus*) prob. from the root of *ueho*, denoting the shape formed by straight lines drawn (tent-wise) to a single point vertically above or below the centre of the circle from whose circumference they start. Here the inner side of the shape is regarded from within, as always in V. (e.g. 310, IV. 451); sometimes, e.g. in Ov. *Met.* XIII. 911

(*uertex*), as in English use, it means 'convex' (opposed to 'concave'), the shape being regarded from without. **pascet** 'sustains', like a flock of sheep, in the celestial pasture (κατ' ἠέρα βουκολέονται, Callim. *Del.* 176); but perhaps not without reference to guesses like that of Lucretius (e.g. v. 523) of some relation in substance between the stars and the sky.

609. **nomen** includes the mention of a name (as appears from e.g. the friendly repetition of *nomenque tuum* in 624), but also its renown, cf. II. 583, XI. 688; Mart. x. 103. 4.

610. **terrae** is neither *fatum* (future fortunes) nor *uenti* (merely future location), but includes, and was meant to include, both notions: wherever Aeneas goes and whatever may become of him, Dido's glory will always be known. Here, as often, V. chooses a pregnant phrase which covers more than one of the single ideas between which his commentators are divided.

611. **Īliŏnēă**, the Homeric (Aeolic) not the Attic (-ĕā) form. **Serestum**, a hero who appears many times (e.g. v. 487) and twice (IV. 288, XII. 561) in the same line with Sergestus, whom some wise persons wish to identify with him here because of 510.

612. **post**: Adv. 'and then' as in e.g. 740, II. 216, XII. 185; Gyas and Cloanthus and their epithet are repeated from 222, no doubt to lay stress on the joy of finding them alive; cf. 607–8 n., Sparrow, *Half-lines and Repetitions*, pp. 81 ff.

613. **obstipuit** 'stood silent and amazed'; as always in V. (19 times), the word implies a surprise which for the moment makes speech impossible, cf. e.g. II. 378 and 774, XI. 120. **primo adspectu...deinde** 'at the first sight of the hero...and then'; thus the phrase has a reference to the order of her thoughts, and there is no need to detach *primo* as an Adv.—a separation whose harshness would have, so far as I know, no parallel in V.; cf. IV. 176; *E.* VI. 1. **Sidonia**, 338 n.

614. **casu tanto**, i.e. his shipwreck to which she explicitly refers in 615–16; Abl. of Specification or Cause, cf. *curis* 208 (Hale and Buck, § 444). **ore** 'aloud', contrasting explicit speech with thought, as in e.g. XI. 535, XII. 47, with action in e.g. II. 524, 593, V. 842.

615–16. The questions are real, in that she desires an answer, but they also express wonder, as in Ctn.'s paraphrase "How inveterate the ill-fortune that persecutes you!" There is a closely similar use of *quis* in IX. 36.

615. **nate dea** (582 n.), here chosen to show how familiar Dido was with the story of Troy and the respect which she has learnt from it to feel for Aeneas; the delightfulness of such a welcome to the hero himself is part of the dramatic intention of the scene.

616. **immanibus**, 110 n.; 'wild, fierce, monstrous', orig. 'out of all measure', of huge size (e.g. 428), but extended to quality; the Eng. *monstrous* has extended its meaning in precisely the opposite direction, from quality (of being startling or terrifying) to size; "said with reference to the Libyans, an apology for the roughness of her own people being blended with an identification of his misfortunes with her own"—so Ctn., admirably. Cf. *Great Inher.* p. 38. **applicat**. Servius with Quintilian (VIII. 3. 24–5) and others (Ter. Scaur. *Lat. Gr.* VII. p. 26, Keil; cf. Prisc. II, § 10, Keil, II. p. 50) are decisive for V.'s spelling of any word which they explicitly cite; but they are equally good evidence for the ordinary use of the Augustan writers of whom it is clear (see Hale and Buck, §§ 50, 51; with my own additions in the Praefatio (§ 30) to the text of Livy in the Bibl. Class. Oxon. vol. I (1914) and in vol. III (1930), § 76) that the practice varied in different words, both according to the firmness with which the assimilated form of this or that Prepn. had in certain words (e.g. *allatus*, *appellare*) become fixed in use, and on the other hand, with the vividness with which the meaning of the Prepn. itself was felt (e.g. *adpellere*,

adnumerare). The meaning here is nearly that of *adpellere*, but it suggests how irresistible the force of misfortune was (cf. XII. 303).

617. **Dardanio Anchisae**, Greek words scanned with a Greek license of hiatus, cf. e.g. III. 74; *Parrhasio Euandro* XI. 31; *E.* X. 12; *G.* IV. 461 and 463 for the same; and the last of these, with III. 74, V. 761, also for the spondaic ending with a Greek word; for other Greek quadrisyllables cf. e.g. 651 and VI. 445, 484; X. 60, 749; XII. 515. On hiatus see also Shipley, cited in 308 n. Here as often (e.g. *G.* II. 5 and *G.* IV. 463) V. loves to put more than one departure from ordinary metre or prosody into the same line. It is worth while observing that in Catullus and V. this spondee in the fifth foot is regularly (but not in III. 74 and VII. 634) preceded by a dactyl in the fourth; and that (*nisi fallor*) there are no spondaic endings in Books IV, VI or XII, and only one in II (68)—the four Books which represent the most finished stage of V.'s work, so far as we can yet ascertain it. We may infer from this with some confidence that V. regarded the spondaic ending, though favoured by his beloved Catullus, much as Cicero did (*ad Att.* VII. 2. 1), i.e. as a playful fashion rarely to be allowed in serious poetry.

618. **alma**, the regular epithet of mothers (306 n.) and esp. appropriate here. **ad undam**: "deae uel nymphae enituntur (bear their children) circa fluuios uel nemora" (Serv.).

619. **Teucrum**. This story of Teucer's banishment from the isle of Salamis by his father Telamon, on returning home alone from Troy (without his brother Ajax or even Tecmessa the mistress of Ajax, or his son Eurysaces) and his subsequent foundation of the Cyprian Salamis, is characteristic of the Age of Migrations in the Aegean (cf. Hor. *Od.* I. 7. 21; Eurip. *Hel.* 92–150), and it is happily used by V. to supply some plausible link between Dido's earlier years and the fortunes of Troy. **Sidona**: Lative Acc. (2 n.), of Sidon (in Gr. decl.), which V. does not seem to distinguish from Tyre (338 n.).

620. **patriis**, see above.

621. **Belus**, a name apparently not connected with Dido, or even with Sidon, by any earlier writer, and prob. chosen by V. from various Graeco-Oriental myths (see Pauly-Wiss.-Kroll s.u. *Belus*) as convenient for the Phoenician king whom he represents as having befriended Teucer. Elsewhere Dido's father is otherwise named, e.g. *Methres* by Serv. ad 343 *sup.*

623. **casus** 'the calamity, fate' as in II. 507 *urbis captae casum* (cf. *occasum Troiae* 238, II. 432); but the Latin word is not used in the rather technical meaning of Eng. *fall*, i.e. the surrender of a city to its besiegers or assailants; note that *cecidit* in III. 2 is literal, as the next line shows.

624. **nomenque**, 609 n. **Pelasgi** in Homer (*Il.* II. 841) are a tribe dwelling in 'fertile Larissa', allied with the Trojans (for their habitat and history see Sir W. Ridgeway's *Early Age of Greece*, vol. I (1901), *passim*); but long before V. the name had come to be one of the many synonyms for 'Greeks' (e.g. II. 83, VI. 503).

625. **hostis**, i.e. Teucer. **insigni laude ferebat** 'was wont to extol with admiration'; cf. *carmine laudes Herculeas...ferunt*, VIII. 287–8.

626. **Teucrorum a stirpe**, because his mother was Hesione, daughter of Laomedon (and therefore Priam's niece), taken captive by Hercules and given by him to Telamon (Soph. *Aj.* 1301; see 619 n.). **uolebat** 'maintained', 'would have it that', the only example in V. of this use of the verb (fairly common, but in the 2nd and 3rd pers. only), as in e.g. Cic. *Brut.* 56. 206 *Aelius Stoicus esse uoluit* 'maintained that he was a Stoic', 'wanted to be (thought) a Stoic' (and so *De Or.* I. 4. 13); but it is not far from the notion of 'signifying' (VI. 318). Ctn. aptly compares the Homeric εὔχεται εἶναι.

627. **agite** and *age* (like Eng. *come*) are always used in V. to introduce a command or exhortation (occasionally only implied, as in *E.* III. 52) in the Impv., as here and e.g. in II. 707, or in the Pres. Subj. (but the 1st pers. sing. only occurs in the set phrase *age...expediam*, e.g. VI. 756 'let me set forth', really implying 'listen to me'); for the strengthening addition of *o* cf. *G.* II. 35. *o* always with either a vocative (though sometimes separated from it, as here and e.g. 735; VI. 194, 196) or a command or wish (e.g. VIII. 579; *G.* II. 486), rarely with an exclamatory *quis* or *quam* (*E.* X. 33; XII. 883). Its frequency (12 occurrences) in the *Ciris* and its use there merely to emphasise a statement (132, 278, 424) are marks of non-Vergilian authorship. **succedite**, with Dat., like *succede penatibus hospes* VIII. 123; for this regular use after compound verbs see Hale and Buck, §§ 371, 376–7; examples in this Book appear in e.g. 49, 69, 84, 112, 155, 174, 210, 226, 377, 419, 616.

628. **per...labores iactatam** intentionally repeated from phrases describing the toils of Aeneas (3, 615). **similis fortuna**, a thought which runs through all Dido's speeches in this Book (563, 572, 614, 732, and it is suggested, if not implied, in *tuorum*, *tuos*, 754–5).

629. **consistere** 'settle finally', 'stay for good', conveys a note of tragic irony, in view of the sequel. It is similarly contrasted with *iactari* in Cic. *Quint.* 2. 10.

630. Heyne's comment is as fresh as when he wrote it in 1767: "nobilissimus uersus...cuius (cum 628–9) ui percepta, si adulescentem non uoluptate gestire uideas, nae illum a poetae lectione statim abigas suadeo". For other lines which have become proverbial see 203 n. Henry well compares Aesch. *Supp.* 215 and a famous passage written at least a century after V.'s day, *Epist. Hebr.* IV. 15. **disco** 'I am learning', a modest present, of her desire and continued attempt, rather than the more complacent *didici* which some prosaic minds demand. Her learning is still continued, cf. 305 n. on *uoluens*.

631–2. **simul...simul**, as in e.g. II. 220. **templis** (Dat., 627 n.) represents the Roman custom of V.'s own day; (so Val. Flac. II. 650); among the Greeks it was later than Homer, where a sacrifice on the altar of the host's own house was the regular act of welcome (e.g. *Od.* VIII. 59, see 634–5 n.); but the more public rites appear (Heyne, Ctn.) in e.g. Aesch. *Ag.* 87 and 595 (though in 1056 we have the Homeric usage). **indicit**, generally used of commanding a special assembly, e.g. Caes. *B.G.* VII. 63. 5 (*concilium*), and metaphorically Lucan II. 4: "feriae aut legitimae sunt aut indictae" (Serv.); cf. *funus indictiuum*, a funeral to which the public are invited by proclamation, Varro, *L.L.* 5, § 160; 7, § 42.

634–5 give us an amplification (natural enough here, since Dido is providing for the whole fleet) of the 12 sheep, 8 pigs and 2 oxen needed for the banquet of Alcinous (*Od.* VIII. 59). But V. is fond of *centum* (416 n.) for its own sake, to represent a large number. **horrentia...terga suum**, poet. var. (314 n.) for *sues horrenti tergo*; cf. V. 404, VII. 20.

636. **munera laetitiamque dei** '(and therewith) the gift of the god and its gladness', poet. var. (75 n., 314 n.) for *laeta munera dei*, like γάνος (ἀμπέλου, βότρυος) in Aesch. *Pers.* 615; Eurip. *Bac.* 261, 383; the god is clearly that of 734 *adsit laetitiae Bacchus dator* and of IX. 336–7 *multoque iacebat membra deo uictus* (where the epithet *multo*, which cannot be applied to the god of sleep, confirms the obvious suggestion of that whole scene (e.g. l. 316) that we are to understand *deo* as *Baccho* (for the concrete use of such names cf. 215 and 177 n., and *multo Baccho*, *G.* II. 190–1)). Difficulties however have been felt about the half-line since the time of Gellius (IX. 14. 8) or (H.N.) of Caesellius Vindex whom Gellius quotes in the same chapter; but three facts of V.'s style are enough to justify this reading and interpretation; which are

those of Tib. Donatus, and also those first given by Serv., the reading indeed being that of all the reputable MSS. yet examined. These facts are: (1) that it is impossible, as Henry saw, to separate *munera* (so as to take it in apposition to the nouns that precede) from the words that follow, as if *munera* could be used alone (at the end of the list, without any genitive, and at a distance from *mittit*) to mean '(her) gifts'—no other such example occurs in V.; and hence that, since the phrase with *dei* (*pace* Henry, who thinks it means a godlike gift) is absurd when applied to a list of animals, it must denote as a whole some further supplies sent by Dido; (2) that all V.'s half-lines, if they end a sentence and are complete grammatically (i.e. all but III. 340 and such obvious stop-gaps (*tibicines*) as 534), contain a climax or conclusion of weight, fit to end a paragraph (cf. 534 n.), which is quite decisive for the MSS. reading *dei*, against the feeble *dii* or *die* alleged by Gellius 'of the day', whether we suppose that all these beasts were to be eaten on that day, or as Serv. (when he tries to interpret this reading) is driven to suggest, that Dido sent some 'gifts and gladness for that day', having despatched all the other 320 beasts to be kept in store—to which theories, with Heinsius, I humbly confess "ut accedam impetrare a me non possum"; (3) that V. regularly uses *deus* to denote any god implied in the context (Mercury 303 n., Cupid 710, Venus II. 632, Phoebus VI. 79, Hercules VIII. 365) or sometimes merely 'some god' (589, III. 715). In this context a poet might fairly reckon (though, alas, without the healthy appetites of northern interpreters like Heyne and Henry) that the reader would understand *dei* at once of the god who more than any other could contribute *laetitia* to a banquet. Gellius and his informants often preserve for us much useful information from early Latin authors; but they are far from infallible, especially in their belief that final *i* and final *e* were interchangeable (see e.g. X. 24. 1 and 8); and his evidence continually shows (e.g. II. 3) that the MSS. of V. and other authors to which he had access, varied in their readings. The combination of *munus* with *deorum*, especially the Abl. *munere deum*, is frequent (Henry), e.g. Tac. *Ann.* II. 40; IV. 27; Sil. XV. 71 and 88; cf. Cic. *Har. Resp.* 4. 6, *T. Annius quasi diuino munere reip. donatus*, and *De Dom.* 58. 146 *fortunae et temporum munera*. Ovid (*Trist.* I. 1. 20) uses *munus dei* of a boon from the Emperor. Henry wishes to refer *dei* to Venus (which is possible as in II. 632) and to take the whole phrase in apposition to what precedes, as representing the joy of the sailors at such 'heaven-sent' abundance. In view of 734 this seems to me less likely than to take *dei* of Bacchus, especially as the asyndeton of the three preceding phrases would make the apposition in which Henry would place the fourth, though grammatically possible, decidedly harsh. But there is no real ambiguity; V. could hardly foresee that anyone would interpret the 'god-sent gift and joy' as describing any quantity of butcher's meat.

637–8. **regali...instruitur**, all closely together (cf. 75 n. and 503–4).

637–42 owe much to Catull. LXIV. 43–51; l. 46 *tota domus gaudet regali splendida gaza* has been taken over but with characteristic improvements, *interior* for *tota*, *instruitur* for *gaudet* and the Roman *luxu* for the oriental *gaza*—see 119 n.; all substitutions of less highly for more highly coloured words so as to reserve prominence for *regali* and *splendida*, which contain the chief point of the description.

638. **parant**, sc. the proper persons, the servants; cf. e.g. 177 *expediunt*, VI. 177 *festinant*, 182 *aduoluunt*.

639. The nominatives imply some verb like *expromuntur*, *conspiciebantur*, or simply *ibi erant*. **uestes** 'drapery', coverings for the couches and hangings for the walls; cf. 700 and 697. **ostro**, cf. 591 n. on *purpureum*; the Abl. prob. with *laboratae*, the *-que* serving to link the art and its material;

but it may conceivably link the Partc. *laboratae* with a Descriptive Abl. (cf. VII. 187 *Quirinali lituo paruaque sedebat succinctus trabea*).

640. **ingens**, 114 n.; 'massy silver vessels' as in III. 466. **mensis**, prob. Loc. Abl. rather than Dat. (cf. 547, 552, 607 n.). **caelata in auro... facta**, poet. var. (314 n.) for *uasa aurea in quibus facta...caelata sunt*; a happy abridgement, providing also a change in the form of statement from that in which *argentum* stands.

641. **patrum**, i.e. the ancestors of Dido.

642. **tot** suggests a large number, and flatters both Dido and the reader, who (so the word implies) will be familar with 'all the' ancient prowess of Tyre. **uiros** suggests that Dido was no unworthy successor of these masculine heroes whose memory she piously cherished. **antiquae** is more likely to have been changed to *antiqua*, by the proximity of *origine*, than vice versa; and both the preparation for the final word of the line and the variation from the construction natural in prose (*antiqua*) are Vergilian; indeed it is hardly too much to say that to V. the bareness of *gentis* alone at the end of the line would certainly have appeared a blemish. It is hard to say why Ctn. thought the elision of *-ae* harsher than that of *-ā*. Cf. e.g. 383, 389.

643–756. Aeneas sends Achates to fetch Ascanius from his ship and to bring royal gifts for Dido. Meanwhile Venus prevails upon Cupid to take the shape of Ascanius for a night, and carries off the real Ascanius to Idalia. The queen receives the supposed Ascanius with affection, and while she innocently fondles the divine child her pity and admiration for Aeneas are changed into love. Presiding at the great banquet, Dido prays for happiness for Tyrians and Trojans alike, and after the bard Iopas has sung his Lay of Creation, she questions Aeneas about the Trojan War and finally bids him tell the whole story of the fall of Troy and his own wandering.

643–4. **patrius...amor** 'a father's affection', i.e. his anxiety for his son Ascanius.

643. **neque enim**, 198 n. **consistere** 'to rest', cf. 629.

644. **passus** (*est*), 602 n. **rapidum praemittit** 'sends in haste', i.e. bidding him hasten (for an Adj. as part of the Predic. cf. 352 n.) just as in VI. 34, implying that Achates is despatched to anticipate any undesired action or event, not that his chief will himself follow; cf. Caes. *B.G.* IV. 11. 2; Cic. *ad Att.* X. 8. 10.

645. **ferat...ducat**, oblique instructions depending on the notion of command implied in *praemittit* (Hale and Buck, § 502. 3 (*a*) ftn. 1). **ferat**: "adferat, nuntiet" (Serv.).

646. **stat** 'was always, lay always', a slightly stronger form of assertion than *est*; cf. II. 750 (the shade of meaning in II. 163 is slightly different) and Lucr. II. 181, *tanta stat praedita culpa*. In mod. Italian, and still more completely in Fr. *étant*, *étais* etc. (for (*e*)*stantem* etc.), *stare* has become a verb of mere predication.

647. **erepta ruinis**: cf. III. 476, and still more VII. 243, another resemblance between the approach to Dido and that to Latinus, such as we have had already in 521, 524, 540, 544, 548, 566 (cf. VII. 194, 228, 229, 235, 233, 222 respectively). We may certainly infer that V. was conscious of these and allowed them to stand as suggesting to the reader both the contrast between the false and the true goal of his hero's wanderings, and the likeness of the difficulties which surprised him in both places. Ilioneus as the eldest of the Trojan leaders naturally appears on both occasions; but he is perhaps more necessary (as representing Aeneas) in VII, which might incline us to regard that scene as being written earlier than the present; but the argument could be turned round with almost equal plausibility.

648. **signis auroque** 'with embroidery and its golden threads' (cf. *uinclis et carcere* 54 n.), no doubt a remembrance of Lucr. V. 1428.

650. **ornatus** (Plur.), in Greek κόσμος (H.N.). The origin of these gifts, though they were the best Aeneas could find, of course carried an evil omen (especially those from Helen's wardrobe), like that promised in IX. 266; cf. 165, 610 nn. **Argiuae** is from Homer (*Il.* II. 161) and like the noun Ἀργεῖοι means merely 'Greek'; but *Mycenis*, as in *patrias Mycenas*, II. 577, is a bolder identification or combination of Sparta, the city of Menelaus, with the greater Mycenae, of which his elder brother and commander, Agamemnon, was king.

651. **Pergama**, 467–8 n. **peteret**, like *uidet* (308 n.), has its last syllable treated as long in the caesura. The combination of this with the quadrisyllabic ending in the Greek word *hymenaeos*, two metrical licenses in one line, is characteristic (617 n.).

652. **extulerat**, as one of her κτήματα, cf. e.g. *Il.* III. 70, 72, 285.

653. **Ilione** was unknown to Homer, but her fortunes, as wife of Polymestor, the murderer of her brother Polydorus (III. 45), were probably the theme of a Greek tragedy translated by Ennius (Hor. *Sat.* II. 3. 61). **gesserat** as a royal princess; or possibly, as Serv. Dan. suggests, as bride of the Thracian king, cf. *sceptrum minus* of a young prince, in Stat. *Theb.* VI. 81; Hecuba carries one in Eurip. *Tro.* 150.

654. **collo**, like *collo decus aut capiti* X. 135, a free use of the Dat. common in old Latin, as in Cato's *satui semen, tutor liberis.*

655. **bacatum**: "ornatum margaritis" (Serv.), lit. 'with buds (i.e. pearls, cf. e.g. *Cul.* 66, Hor. *Sat.* II. 3. 241) upon it' like *ansatus* 'with handles' (*Mak. Lat.* § 232), *operata* 'full of work, busy' III. 136. For a somewhat similar description of a matron's array cf. (H.N.) a sumptuary rule of Alexander Severus (Lamprid. *Alex. Sev.* 41. 1). **duplicem**, an epithet repeated by Val. Flac. VIII. 235 of the crown given by Venus to Medea; of its precise meaning no more ancient evidence has been produced than Prudentius (*Peristeph.* 14. 7 and 119), who speaks first of *duplex corona* and then of *coronis duabus*—whence Henry infers that one hoop in the present case was of pearls, the other of gold; but Prudentius' pair are of too fine a tissue (virginity and martyrdom) to guide us here very clearly. But the position of *gemmis auroque* does suggest that the 'doubleness' consisted in this combination.

656. **haec celerans**, as in 357, VIII. 90; this verb is always transitive in V.

657–60. Here as in 411 V. has in mind Apoll. Rh. (III. 7 ff., 25 f., 112 ff.).

657. **nouas** looks back to the last intervention of Venus, 586–91, and may perhaps carry something of the bad sense of the word (563 n.) as in II. 98, III. 365. The phrase means more than the Homeric formula (e.g. *Od.* II. 393) ἔνθ' αὖτ' ἄλλ' ἐνόησε (*aliud secum ipse uolutat* XII. 843).

658. **faciem mutatus et ora**, like *oculos suffusa* 228 (246 n.). **faciem** 'shape, form', from *facio*, like Eng. (*a different*) *make.*

659–60. **furentem incendat**: "incendat et furere faciat" (Serv.); not merely the rarity and beauty of the gifts are the food of Dido's passion (else no Cupid had been needed); but the forethought and admiration in the mind of the great Aeneas which are implied in the gifts and in his sending them by the hands of his darling boy. The phrase combined with *donis* reminded Ctn. of the murderous gifts sent by Medea by her children's hands to her rival Dirce to which II. 43–9 bears more essential resemblance; the situation of Aeneas here is more like that of Deianira in Soph. *Trach.*, unconscious of the character of the gift.

660. **ossibus ignem**, poet. var. (314 n.) for *ossa igne*; "proprie ait, implicitI enim morbo dicuntur; nam et amor morbus" (Serv. Dan.). For *ossa* as affected by passion, cf. *G.* III. 258; Lucr. III. 250.

661. **ambiguam**, which contained unnatural traitors like Pygmalion as

well as the glorious Dido. **Tyrios bilingues** 'double-tongued sons of Tyre'. The Adj. occurs only here in V., and the meaning 'deceptive', 'lying' (as in Plaut. *Truc.* 781) is clear; but was this derived directly from the literal physical meaning 'with two tongues', as might appear from a playful line of Plaut. (*Pers.* 299) comparing a lying rascal to a serpent with a forked tongue? Or from the other common meaning 'speaking more than one language' (Hor. *Sat.* I. 10. 30) which is quoted from Ennius? When this latter meaning was established, it must have contributed to the ethical sense; so common experience suggests—expressed in common international misprisions like *perfide Albion*, *French leave*, *Welsher*; and that this factor did enter into the Roman opinion of *Punica fides* (i.e. 'bad faith') appears from Plaut. *Poen.* 112 *et is omnis linguas scit, sed dissimulat sciens se scire; Poenus plane est.*

662. **atrox Iuno** 'the thought of Juno's hate', as e.g. *Sychaeum* 720; XII. 895 *Iuppiter hostis* (*me terret*), so *puer Ascanius* IV. 354 and *E.* VIII. 83 *Daphnis malus* 'the thought of cruel Daphnis'. **sub noctem** 'as evening draws near', when Aeneas will be the guest of Dido; so Venus is thinking (670–2). But the meaning is prob. also more general, as e.g. in IV. 529–31, suggesting the common experience that anxieties grow deeper at nightfall; cf. e.g. with Henry *curarum maxima nutrix Nox*, Ov. *Met.* VIII. 81.

663. **aligerum**: "compositum a poeta nomen" (Serv. Dan.); nor is the word quoted from any earlier author (H.N.). But it was caught up by Pliny the Elder and the poets of the Silver Age. In XII. 249 *aligerum agmen* describes a host of sea-gulls.

664–5. **solus...qui** 'thou who alone'; no separate form of the Masc. Sing. Voc. is quoted from either *solus* or *unus*, no doubt because when used as in this passage (the only ex. in V. of the Masc.; for the Fem. see e.g. 597) they were felt to contain a statement and so to be predicative. The line has saved Ovid trouble in *Met.* V. 365–6, where there is nothing corresponding to *solus*, any more than in Stat. *Sil.* I. 2. 137, where Venus hails Cupid as *tu, mea summa potestas, nate*, or in his *Theb.* III. 154, which is also a reflexion of this passage. This, as Henry saw, strongly confirms the note of Serv.—"solus, nate, qui Iouis contemnis fulmina quae diis ceteris solent esse terrori"; and Tib. Don. expressly adopts the same view. Prop. II. I. 65 reads like an echo of V., and in any case supports the emphatic use of *solus* before the relative and at the end of a preceding line. That the pair of lines runs very smoothly without the pause before *solus* cannot be denied; but smoothness is not the only (or even the chief) excellence of V.'s verse; and the Servian punctuation gives a reason for the repetition of *nate*, and for its emphatic contrast with *patris*, both of which seem otherwise somewhat otiose—unless we supposed that in the opening sentence of her appeal Venus spoke in a more agitated tone than afterwards.

664. **uires...potentia** reflect the old Italian conception of deities as possessing or being one particular activity (e.g. *Flora*, *Portunus*; cf. 177 n. and see *Ancient Italy and Modern Religion* (Camb. 1933), p. 77), Cupido being that which causes the passion of love; Venus can exercise her power through him; if *solus* be taken with this phrase (so Ctn.), it is a rhetorical exaggeration to commend her appeal; with the Nom. *solus* cf. with Weidner Prop. II. 6. 20 and Stat. *Theb.* VII. 777 (*nudus iaciture*).

665. **Typhoea**, the spelling preferred by Serv., and defended by Latin forms like *marmoreus*, and even Greek words like δουράτεος (*Od.* VIII. 493, 512), though from Τυφω-εύς we should have expected -ωιος or -ῳος. Priscian (I. 54; II. 57) remarks: "quod Virgilius *Tuphoea* (*e.* correptam) protulit, Doricum est". The meaning is 'the thunderbolts which slew Typhoeus' (cf. Aesch. *Prom.* 360); Cupid was often pictured as trampling upon or breaking Jove's thunderbolts; e.g. Furtwängler, *Antike Gemmen* (Berlin, 1900), Taf. XXX. 31.

666. **ad te confugio** 'I take refuge with thee'; the compound generally implies reaching a safe haven after difficulty, e.g. Livy I. 2. 3, of Turnus taking refuge with the Etruscans; Cic. *De Fin.* II. 9. 28. This appeal to Cupid was no doubt in part taken from Apoll. Rh. III. 142 ff. **numina** 'divine will and pleasure', exactly as in 8 (see the note); III. 543 and VIII. 382 are closely similar.

667. **frater...tuus**: "non 'filius meus', ostendit enim ei profuturum qui rogatur; nam ex eo genere est illud 'et nostro doluisti saepe dolore'" (Serv. Dan., whose whole note on the persuasiveness of the speech is worth attention). **pelago**: Loc. Abl. (cf. 547, 552, 607), but one of the exx. where the place where is also the means by which, Roby, II. § 1174; Hale and Buck, § 436 *b*, cf. § 447. **omnia**, rhetorically for *plurima*, but in a bad sense, cf. 756, V. 627; the wanderings are those described in Book III.

668. **iactetur**. On the license by which the final *-tŭr* is lengthened (as in IV. 222, V. 284; *G.* III. 76) cf. 308 n., 651; in all these cases (though not in *G.* II. 5) there is something of a pause, and it adds force to this line to suppose that Venus gives the cause of her son's sufferings as a more or less separate phrase, by way of explanation, as in VIII. 292, which Ctn. rightly compares, *rege sub Eurystheo, fatis Iunonis iniquae*. The reading *iacteturque* cannot be justified by the cases like X. 313, XI. 171, where it introduces the first of a pair of phrases, the second of which is coupled to the first by the repetition of an emphatic word (instead of a second *-que*); nor is it parallel to cases like *grauis grauiterque* V. 447 (as in 1918 Sabbadini thought, keeping *-que* here and in VI. 254—readings abandoned in his text of 1931). But *-que* may here be defended, as connecting the adverbial ablatives *pelago* and *odiis I. a.* (as in II. 179 *pelago et curuis carinis*), if we assume that *frater...iactetur* is interwoven with the two clauses as *Acestes* and *heros* in 195–6 (see 13 n. and *ambo... feruntur* in XI. 906). It is perhaps harsh to have the main verb put before the *-que*, as though it belonged only to the second clause; but there is no logical objection to it when the Interwoven Order is recognised, and it is far less harsh than the arrangement in V. 87 and VIII. 694, where *et* and *-que* respectively do double duty.

669. **nota** '(all these things) are known'; the Plur. perhaps supports the reading *-que* in 668; cf. however, XI. 311, where *omnia* refers to a single preceding clause; and the Greek idiom with verbals like φυκτά (*Il.* XVI. 128) and ἀδύνατα, οὐκ ἀνεκτέα (for the origin of this use of the Neut. Plur. see *Mak. Lat.* § 211). So in Plaut. *mira sunt* (e.g. *Men.* 1046). **nostro**: "aut 'eo quo et ego' aut 'doluisti' ideo quia me dolentem uidisti" (Serv.). The second is probably right; for the first V. could have written without ambiguity *neque eras nostri sine parte doloris* or the like. But the only other example of a Case with *doleo* in V. is in 9 *quidue dolens*. Cicero uses both Acc. (e.g. *Sest.* 69. 145 *meum casum doluerunt*) and Abl. (e.g. *Amic.* 13. 47 *et laetari bonis rebus et dolere contrariis*), and the latter seems on the whole the commoner construction (Horace, Livy, Ovid, Pliny, *Ep.*), always of the occasion for grief; so that readers of V.'s time would naturally so understand it.

670. **blandis...uocibus**, no doubt from *Od.* I. 56 (where Athene complains to Zeus of Calypso's detaining Odysseus).

671. **quo se...uertant** 'what may be the outcome of'. **Iunonia**, i.e. Carthaginian, because Iuno was the defender of the city (15, 446).

672. **cessabit**, sc. *Iuno*. **cardine rerum**: "cum in incerto statutae res sunt, in cardine esse dicuntur, et translationem uerbi a ianua tractam uolunt, quae motu cardinis hac atque illac impelli potest" (Serv. Dan.). The Adj. *tanto* shows that the metaphor was well established: 'at so great a crisis'.

673. **capere ante dolis et cingere flamma**, metaphors from besieging a camp (cf. e.g. *moenia cingere flammis* X. 119): 'to take her by stealth and bind

her in a ring of fire'. The cruel play on the literal and metaphorical meaning (e.g. IV. 66) of *flamma* is meant to characterise Venus, whose affection, even for her son, never knows where to stop and does more harm than good.

674. **quo numine**: Circumst. Abl. (509 n.): 'under some divine impulse' (8 n.), i.e. from Juno.

675. **mecum**, i.e. by real affection, the simplest interpretation and the best (cf. *G.* I. 41); 'with my help' (Serv.) or closely with *teneatur* 'be kept on my side' (Ctn.) both seem far too harsh.

676. **qua** 'by what means', cf. *si qua* 18. **mentem** 'counsel, design' 303–4 n.

677. **cari**, as in 646.

678. **Sidoniam**, 'Tyrian', i.e. Carthaginian, 338 n.; the word is probably trisyllabic, since *Sidon* has ō- in 619 and *Sidonia Dido* ends the line in 446, 613, IX. 266, XI. 74; but in IV. 75, 137, 545, 683 and V. 571 the metre requires, as here, either a molossus or a choriambus; and in view of similar variations (557 n.) it is unwise to be dogmatic (cf. 73 n.) as to how V. meant the word to be read. **mea maxima cura**. In IV. 275 and X. 47 ff. we learn expressly the importance of Iulus in the Epic, as handing on the divine purpose to later generations. But his political aspect is here irrelevant, and like *Veneris iustissima cura* (X. 132) the words merely spring from a side of V.'s personality often forgotten by commentators, his sense of the delight of parents (and grandparents) in young children, a delight which he keenly shared; cf. my *Vergilian Age*, Harvard University Press, 1928, p. 106. Of this Henry was partly conscious, and his whimsical expression of it is worth quoting (p. 820): "I remember well when I was a youngster myself, how very ill I took this treatment of young Ascanius by his grandmamma (putting him to bed before the feasting and merry-making begin), but, until I was almost a septuagenarian, I as little perceived as either Servius, or Wagner, or Conington, that our author himself is conscious of it, and in the words *mea maxima cura* makes, with his usual tact and ability, such *amende honorable* for it as the case admits of".

679. **pelago et flammis**, prob. pure Abl. 'from the sea and the flames', though we should expect *de* (as in IV. 324) or *ex* (as is implied in Cic. *De Off.* III. 2. 9). But the Dat. with *restare* in V. regularly (II. 70, 142; VII. 271; X. 367) denotes the possessor ('remains for me') as in Cic. *l.c.*; Ctn.'s suggestion that we have here the construction of *superesse* 'has survived the voyage and the flames' lacks parallels, unless Cic. *Cat.* III. 10. 25 be so understood.

680. **sopitum** 'unconscious' as several times in Livy, e.g. I. 41. 5, *sopitum regem subito ictu*, with XLII. 15. 10 and XLII. 16. 2 (Henry); cf. X. 642 *sopitos sensus* 'the dulled perceptions', and often of a smouldering fire whose flame has died down (e.g. VIII. 410). **alta**: cf. 415 (*sublimis*), 692 and X. 51, 86; both in the hilly isle of Cythera (S. of Laconia), and on Mt Idalium, as in her famous seat in *celsa Paphos* (both in Cyprus), Venus has her temples in high places. The instinct that built them there is still active, as any traveller may see in the torch-lit processions up the steep hill of Einsiedeln in honour of Our Lady, or the pilgrimages to the shrine of St Francis on the hill of Assisi.

682. **scire...occurrere**, of intentional and accidental intervention, both equally likely to disturb his grandmother's little plot (Henry). The line is an example of V.'s happy power of narration by suggestion; in prose we should need: *ne qua dolos meos media re interrumpat uel de industria quia resciuerit uel per casum occurrendo.* **dolos** here first mentioned, to prepare Cupid for what follows; or, in other words, to rouse the reader's curiosity. Critics who think that the removal of Ascanius should have been mentioned only later (as an explanation to Cupid) do not know how to tell a story. **medius**, predicative, as in 348 and X. 402; cf. 352 n. on *malus* and the note on *scire* above.

683. **noctem...unam**: "artis poeticae est non omnia dicere; unde nunc praemisit *noctem unam*; nec enim dicturus est aut abscessum Cupidinis aut aduentum (i.e. reditum) Ascanii" (Serv.). **non amplius**, orig. a parenthesis, as in Eng. 'one night (no more)'; see *Mak. Lat.* § 272, and cf. e.g. *G.* IV. 207 and on the apparent "omission of *quam*" Hale and Buck, § 416 *d.*

684. **falle dolo** 'counterfeit'—the Abl. completes the meaning of the verb by showing that the deception is to be deliberate. The verb is used only here in this sense save in the imitation of Apul. *Mund.* 16 *fallunt imaginem irides*, i.e. *falsam praebent*; and in *Ciris* 432 Ribbeck read *forma uel sidera fallas* ('you could counterfeit, i.e. rival, even the stars in beauty'). That this is the meaning, as commentators from Serv. onwards have assumed, mostly in silence, can hardly be doubted; it is a daring extension of the ordinary meaning of the verb, justified in the poet's mind, one may conjecture, as an active use corresponding to the common meaning of the Partc. *falsus* 'counterfeit, false' as in 407 *falsis imaginibus* (and so *falsa gaudia* VI. 513, *falsi Simoentis* III. 302) taken as passive, like *simulatus*, the truth being that in these uses *falsus* was orig. (246 n.) active and meant 'deceiving'. That this conjecture is not too daring may be seen from *E.* IV. 42 *nec uarios discet mentiri lana colores*, with the Partc. in II. 422 *mentitaque tela* 'weapons that lied', passages which Ctn. no doubt had in mind ("comp. the use of *mentior*"). Observe V.'s care to place the meaning beyond doubt by the following sentence. **notos** 'familiar', a common meaning of the Partc., e.g. IV. 648, VII. 491; *E.* I. 51; Lucr. II. 366.

685. **laetissima** 'to her great delight', between *accipiet* and *Dido*, is carefully attached to this clause; her 'delight' is in the charm of her new nursling, though this feeling itself, combined with her pride as a royal hostess to the great stranger and the exhilaration of the banquet, exposes her to the infection which she unconsciously draws from every kiss on the child's lips. The conditions named in the sentence all lead to one effect; but to combine *laetissima* especially with l. 686 is a gross neglect of the poet's deliberate order.

686–8 are excellent examples of the 'Theme and Variation' method of description which V. loves (175, 546 nn.), each representing doubly what in prose would be stated merely as one thing. The lines also subtly suggest the magical effect of Venus' behest by the frequent recurrence of *-l-* and *-u-* sounds; cf. 166–9 n.

686. **regalis** differs from the more general Adj. *regius* in referring always to the outward splendour of royalty; the modern Eng. *regal* taken directly from Latin differs in the same way from *royal*, though that came to us from the same source but through French (*legal* and *loyal* form a similar pair of doublets). **Lyaeum**, elsewhere (IV. 58; *G.* II. 229) a name of Bacchus (Λυαῖος) is here treated as an Adj. 'Bacchic'; so *Lenaeos latices G.* III. 510; *cineri Sychaeo* IV. 552; *Romula tellus* VI. 876. This license is derived from a primitive use which was largely extended by Horace (e.g. *Metaurum flumen, Poenus sanguis*) and later poets, no doubt because of its great metrical convenience.

687. **figet**: cf. II. 490 and Lucr. IV. 1178, of kisses prolonged by strong feeling.

688. **inspires** needs an indirect (*ei*) and **fallas** a direct object (*eam*), both to be supplied from the subject of the preceding verbs; *fallas* has here its orig. sense (cf. Gr. σ-φάλλειν, where the σ- is the remnant of a Prepn.) 'make to stumble, trip up, bewitch'; the word implies always that the victim is unconscious of what is happening, cf. VII. 350. **ueneno** as always has a bad sense, but here is used with a recollection of its orig. meaning 'love-charm, philtre' (*uenes-no-* from the stem *uenus*, *Mak. Lat.* § 191).

689. **paret**, standing first in the sentence, implies a prompt assent, which

therefore need not be put into words (Serv. Dan., comparing IV. 238, VII. 341). **carae**: cf. 677.

690. **gressu**, contrasted with *alas*; he is now in human form instead of a winged god. **gaudens**, like *laetus* in 696; Cupid enjoys the ruse.

691. **Ascanio**: Dat. as in 627 (see n.).

691–2. **per membra quietem inrigat** from Lucr. IV. 907, and that ultimately from the Homeric phrases like ἐπὶ γλυκὺν ὕπνον ἔχευεν; so in V. 854 Sleep shakes over the brow of Palinurus *ramum Lethaeo rore madentem*, which Val. Flac. (IV. 15) improves into *redolentem nectare rorem* for Hercules. No doubt the natural moisture of the body in sleep, esp. in warm climates, first suggested the image.

692. **fotum** 'fondled'; "ornatius quam *positum*, cf. 718" (Heyne). The verb, if, as seems likely, it is a Causative from *fui*, φύειν, means properly 'to keep alive (by warm nursing)'. **dea** 'as a goddess could', part of the predicate, cf. 412 and *malus* 352 n. **altos Idaliae**, 680 n.

693–4. The sentence is interwoven (13 n.) with the two ablatives, both of which probably depend upon both *adsp.* and *compl.*: 'enfolds him in a bed of flowers and sweet shadows, breathing their fragrance o'er him'. The tall heavily scented crimson spikes of wild marjoram are just what Venus would choose as a bed for her nursling; the god Hymen is bidden to wreathe his temples with it by Catullus (LXI. 8). The marjoram of Cyprus was famous (Pliny, *N.H.* XXI. § 163).

695. **dona**, 650 n.

696. **duce laetus Achate** 'gaily following Achates'; cf. *gaudens* 690, *laetus* 275 and II. 417—all expressing the *joie de vivre* of young or strong creatures.

697. **cum uenit** 'as he approaches'; this use of the Hist. Pres. after *cum* and *postquam* (cf. *fumat* III. 3, with II. 275 and 663; in a main clause *intramus* V. 57) is a poetical and colloquial survival; in this use Lat. *ut* and *ubi* are more frequent (the examples quoted here should be added to those in Hale and Buck, § 557; cf. § 491. 2 (with the ftns.)). Here it is easier because *iam composuit* and *locauit* are Presents too (Ctn.) though of a completed action, 'has already taken her place'. In ordinary prose we should have had *ubi uēnit*, iam *composuerat*. **aulaeis** means (Serv., Henry) as always, 'curtains', here those which overhang the dais, in the centre of the hall, on which the queen takes her seat; the Abl. is Circumstantial (509 n.) with *aurea composuit sponda*, and in prose would have needed *sub*; the phrase is rather playfully put round the word *regina*, and gives her a background, or rather an aureole, of splendour, though the phrase does not characterise the queen herself (she is not 'la reine aux tapisseries superbes').

698. **aurea** is of course Abl., scanned as a spondee (so 726). **composuit...mediamque locauit**. By the Vergilian idiom (90 n.) the *-que* takes the place of *postquam*. **mediam** of course agrees with *se* and refers to her place in the whole gathering—certainly not, as some have supposed, to the centre of an ordinary triple couch. That is precisely the kind of trivial modern detail which V. studiously avoids (cf. the Servian note quoted on 683); and his wisdom may be seen by considering the absurd contortions whenever the queen and her guest wished to address one another, which are implied in the assumption that they and Ascanius occupied one Roman *lectus*. In fact the middle place at Rome was only taken by the host for exceptional reasons. See James Gow's excellent note (1907) on Hor. *Sat.* II. 8, or Marquardt, *Röm. Privatalt.* p. 304. The line was clearly so understood by Val. Flac. II. 341, 346, where the story of the banquet given by Hypsipyle to Jason (341–54) has been influenced by V.'s picture—note especially his *praecipue* in 351 from V.'s in 712 *inf.*

700. **discumbitur** 'the company takes its places'—the earliest and always the favourite use of the Passive in Latin, really concealing an old 3rd Pers. Plur. which survives in Oscan and Umbrian, and in Celtic (*Mak. Lat.* §§ 311 f.), and whose place is taken by Italn. *si*, Fr. *on* (e.g. *si dice*, *on dit*). **ostro**, 639 n.

701–706 are an expansion of *G.* IV. 376–9 (cf. 430–6 n.) with some changes; the nymph Cyrene was attended by her own sex only, whereas here V. has in view the Homeric picture (*Od.* I. 145 ff.) in which heralds serve the water (*famuli*), maids the bread (but here the other *dapes* 706) and boys the wine (705–6); in VIII. 179 all three things are done by the *lecti iuuenes araeque sacerdos*.

701. **manibus**: Dat., 'to pour over the hands', ὕδωρ ἐπὶ χεῖρας ἔχευαν *Od. l.c.*; this is why V. put it closely after *dant*; the inferior authorities who put *famuli* first, as the subject, may have thought *manibus* was Abl.

702. **mantelia** 'towels for the hands' as the word (from *manus* and *tela*) literally means. **tonsis uillis**, with the "nap", i.e. the ends of thread, closely clipped so as to present a firm but not too rough a surface.

703. **quinquaginta**, the πεντήκοντα δμωαί all cheerfully reappear from *Od.* VII. 103; in Phaeacia they had several occupations, here only two. **ordine** 'duly', cf. e.g. III. 548, V. 53, in proper sequence of duty (not 'in a line', which would be highly inconvenient for work in the store-room). **longam...penum struere** 'to furnish the long (shelves or rows of hooks of the) store-house'; Gell. IV. I. 17 shows that *penus* contained *quae (prandii aut cenae causa) longae usionis gratia contrahuntur et reconduntur*. So Serv.: "cellarium est paucorum dierum, penus uero temporis longi"; and the passage seems to be imitated by Auson. *Id.* III. 27, describing his own villa:

conduntur fructus geminum mihi semper in annum;
cui non longa penus, huic quoque prompta fames.

704. **cura**, sc. *est* 'whose duty is'. The Inf. from its origin as a Loc. (and Dat.) Case of a verbal noun of action (*Mak. Lat.* §§ 315 ff.) was naturally used in old Latin as equivalent to an adverbial phrase of description, often of purpose, and this use survived in poetry, e.g. Horace's *audax perpeti* 'bold in enduring', *tempus abire* 'time for departing', cf. 319 n., 527 n., and e.g. *G.* I. 213; and this was the orig. meaning of the use after words like *cura* 'their business lies in'. But in prose, just as the Eng. Inf. with *to*, the forms became more and more restricted to uses in which they appeared to represent an Acc. (e.g. *uolt facere*) or Nom. (*satis est facere*). **flammis adolere penatis** 'to hallow the gods of the hearth with flaming offerings'. In this and the three other examples of this verb in V. (*Iunoni honores*, III. 547; *altaria taedis*, VII. 71; *uerbenas pingues et mascula tura*, *E.* VIII. 65) and once in the Intrans. use of *adolescunt* (*Panchaeis ignibus arae*, *G.* IV. 379) there appear always the ideas (*a*) of an offering, (*b*) made by fire and (*c*) producing fragrant flames. "Verbum est proprie sacra reddentium quod significat uotis uel supplicationibus numen auctius facere" (Non. 58 Merc.). Similarly Serv. here: "*adolere*, colere, sed proprie est augere; in sacris autem κατ' εὐφημισμὸν adolere per bonum omen dicitur; nam in aris non adolentur aliqua sed cremantur"; to which Serv. Dan. adds: "quia ueteres in focis sacrificabant, ut ipse alibi (III. 134) *hortor amare focos*". On *E.* VIII. 65 Nonius renders *adole* by 'adde, cumula' but the magical process there described certainly implies burning also; and the same is surely true of the offerings ridiculed by Lucr. IV. 1237 (cf. e.g. on the burning of *liba*, Ov. *F.* III. 727–34). Eng. *hallow*, used equally of the object of worship, the place of worship, and the offering, is exactly parallel in point of syntax to the varying use of *adolere* (and of *mactare*,

III. 118); nor does it seem necessary, or even possible, to distinguish *penatis* here as an External Obj. from *honores* in III. 547 as an Internal one, for *altaria* is half-way between the two in meaning. The derivatives *adoletum* 'uictimarum bustum' i.e. place of burning (*Glossae Nominum* C. Gl. Lat. p. 564, 19) shows the common signification of *adolere*, which appears in most of its occurrences; in four only is the sacrificial notion absent (Ov. *Met.* I. 492; Petr. 115, and Gell. XVII. 10. 7, in all of which it means simply 'kindle into flame'—and the *Moretum* 38 where it means 'make (water) to steam'). The question how this one word came to have so complex a meaning may now, I think, receive at least a probable answer. It seems to belong to the class of double words like *numen* (8 n.) and *ingens* (114 n.), in which V. was always interested. We are bound to start, on one side, with the meaning 'augere' recorded by the early lexicographers, in which it belongs to the group of words (like *proles, suboles, adultus, abolescere*) generally connected with the root of *alere*; and on the other, to explain the notion of fragrance which it breathes, from the (farmer's, really Sabine) word *olēre* (*Mak. Lat.* § 165) from which the best MSS. of Plaut. *Cas.* 236 give *adolent*, and with which V. certainly connected his *adolescunt* (see above), and his *abolere* ('free from ill odour') in *G.* III. 560. His use of the word *adolere* combines the two meanings, not merely 'hallow' but 'hallow with fragrance'; and that, when applied to incense and indeed to any offerings, meant 'to burn'.

705. **pares aetate** 'all of the same age' as compared one with another (not with the women slaves); this appears from Tac. *Ann.* XV. 69. 1, which shows that to keep a number of slaves of the same age was counted a mark of imperial splendour. Apoll. Rh. III. 838 gives Medea a troop of twelve maidens who were ἥλικες.

706. See 701–6 n. There is nothing in these words to imply that the *dapes* and *pocula* were simultaneously set on the table, as in Homer; 723–4 suggest that V. had in view rather the custom of his own age, to postpone drinking till the *mensae secundae*. But the poet has been careful not to imply either.

707. **frequentes** 'crowding in', the old sense of the word as a Partc. from some Intrans. derivative (**frequeo*?) from the root of *farcio*.

708. **iussi** placed where it is, clearly represents the instructions given to the guests as each arrived by the royal stewards 'to take their several places' (*discumbere*); the epithet *pictis* ('embroidered') also shows that the whole phrase refers merely to the actual scene; royal invitations do not describe the royal furniture, *pace* Ctn., whose difficulty prob. was that he felt bound to give *iussi* a past sense; but see 246 n.

709. For the anaphora cf. 307 n., and for this use of an emphatic verb II. 483–4.

710–11. Since *dona* are mentioned before *Iulum* in 709, the reversed order in the next two lines has been questioned; but Wagner is prob. right in his feeling that 709 denotes the first sight of which the guests are conscious as they enter, and then 710–11 their reflections as they look again and again. Henry in any case rightly protests against demanding the order of "an auctioneer's catalogue"; and the dispute is nugatory since we are meant to think of the gifts as still in the custody of Iulus.

710. **flagrantis** 'glowing', as Cupid's would; cf. Catull. LXIV. 91. **uoltus** is frequently used of the eyes, like Eng. *look*, e.g. 255, II. 539, XII. 70.

711–12 is a shorter version of 648–9, and such a repetition from so near a passage is more Homeric than Vergilian (though cf. e.g. 237 with 260; IV. 262–3 with XI. 74–5, and Sparrow, *Half-lines and Repetitions*, p. 65). Since however the gifts would contribute to the ἦθος of the scene, as being reflected in the thoughts and conversation of the Tyrian guests, some mention of them was needed; and to condense the description, without otherwise changing it, no doubt seemed to the poet the most natural expedient. **praecipue** with the whole sentence, not with *infelix*, for the Tyrians were not *infelices* at all. **pesti**, of the passion of love, as in IV. 90; it is used of literal fire in V. 683, 699. **deuota** 'doomed', by the action of Venus, a curse from which she had no escape, whether her part in the story be read as myth or as psychology (718 n.).

713. **expleri mentem**, a poet. var. (314 n.) by a Greek use of the Acc. (320 n. on *genu*) for *explere mentem*, forcing upon the Lat. Pass. a half-active meaning, common in the Partc. in *-tus* (320 n. on *sinus collecta*), but very rare in other parts of the verb. **expleri nequit**, possibly suggested by οὔτοι σὸν βλέπων ἐμπίμπλαμαι πρόσωπον (Eurip. *Ion*, 925).

714. **Phoenissa** 'the Tyrian queen'; the allusion to her oriental blood prepares us for the story of her passion.

715. **Aeneae...pependit**, interwoven with *complexu colloque* (13 n.). These two nouns are a poet. var. (314 n.) for *complexus collum*, but they mean rather more, since the first implies that Aeneas embraced the boy. The action is deliberate on Cupid's part (Sabb.). He creates an atmosphere of warm feeling in order that Dido may follow the father's example, and be drawn to that father by seeing and sharing his love for the boy. "This feigned son... having satisfied the affection of the father first, proceeds to play the same game towards Dido, *reginam petit*" (Henry).

716. **falsi** 'supposed; cf. *falsi Simoentis* (684 n. on *falle*); Serv., less probably, takes it to mean 'whom he was deceiving'. **impleuit** 'satisfied'. **genitoris**, Subjective Gen. 'felt by his father'.

717. **petit** 'turns upon, attacks' with definitely hostile intentions, as e.g. IV. 675; *E.* III. 64. **haec...haec** connect the two clauses by anaphora like *mirantur* in 709, and point to Dido as the centre of the scene, the growth of whose passion is the real event of the banquet—poor *inscia Dido* as the next line names her. **oculis, pectore**, Abl. Instr. 'clings to the boy, with gaze and every thought absorbed'.

718. **gremio fouet** intentionally repeated from 692; Cupid is fondled as Ascanius was—so the spell of Venus works. The psychology behind the miracle is obvious, to the reflecting reader; cf. *Ancient Italy and Modern Religion*, p. 89, ftn. 8.

719. **insidat...deus** 'how great a god she has taken, alas, to her heart'. The verb is used in VI. 708 of bees settling on and in flowers; in hexameters only a few forms of *insideo* can be used, except the Perf. *insedi* which is ambiguous. In meaning the two verbs can hardly be distinguished; in construction both can take either Dat. or Acc. (*insideo* with Acc. in prose generally, though not always, has a military sense; e.g. Livy XXI. 54. 3, see my note in Bibl. Class. Oxon. *ad loc.*) but the Acc. with *insido* is only quoted from Statius. *insido* is the older word and for that reason seems to be preferred by V. since, if we trust the best evidence, no forms occur which must come from *insideo*, whereas in VI. 708 the MS. reading *insidunt* is necessary to the metre. The meaning here is both physical and psychological; by taking Cupid in her arms, Dido is also admitting him to her heart; it is one action, he has "settled upon her". **quantus**, well explained by Val. Flac. VI. 673; *mole dei quem pectore toto iam tenet*, an avowed imitation of this passage (see 717). **miserae**: Dat. as in *tectis* in 627 n.; Advl. use of Adj. as in 644 n. (*rapidum*). The avoidance of the pronoun is particularly happy since *sibi* might suggest, in spite of *inscia*, that the clause was what Dido was thinking. **at memor ille**, a double-dissyllable-ending, rare in Books I–VI; Warde Fowler (*Class. Rev.* XXXIII (1919), p. 95) counted only 22 examples in the 4700 lines. But in V.'s earlier work, as in Lucretius, they are far more frequent, e.g. 20 in the

414 lines of *Culex*; and I have counted 24 in Book x, which contains much early material.

720. **Acidaliae**, an epithet of Venus, from a Boeotian fountain where the Graces bathed, "quas Veneri esse constat consecratas" (Serv.). **abolere,** as in IV. 497; lit. 'make to fade away, put out of date' (on this meaning of *-olēre* in compounds see 704 n.). **Sychaeum** for 'the thought of Sychaeus' (662 n.).

721. **uiuo**, see n. on *desueta* 722. **praeuertere** 'take by surprise', 'occupy', lit. 'turn (her heart) first towards', 'divert (from all possible intentions) towards', like *praeripere* and *anticipare*; see 317 n.

722. **resides**, 'stagnant', 'torpid', 'slumbering', a Varronian word, taken over prob. from V. (VI. 813, VII. 693) by Livy and later writers. The combination of *resides* with *desueta* here and in its only other occurrences in V., and in Ov. *Met.* XIV. 436, suggests that both are quoting from an earlier poet. **animos**, 57 n. 'heart'. **desuetaque** 'and thoughts long strange to passion' (lit. 'disused'); i.e. since the death of Sychaeus. For this Theme and Variation cf. 175 n.; both phrases are contrasted with *uiuo* (cf. e.g. *uiui lacus*, *G.* II. 469 'lakes of moving water') and II. 719; and it is further contrasted with *desueta*, her love for the living Aeneas (Serv.) with that she once had for Sychaeus.

723. **quies**, sc. *facta est*; **remotae**, sc. *sunt*, cf. 237 n. **prima quies epulis**: "propter regalem affluentiam; contra supra (216) ait *postquam exempta fames*" (Serv.). It is possible that this phrase was remembered by Livy (XXI. 5. 9); on his Vergilian recollections see my note Livy II. 50. 9 (Camb. 2nd ed. 1924). **mensaeque remotae**: cf. 706 n.; and cf. *G.* II. 101; and perhaps *G.* III. 527.

724. **crateras magnos** represents the Greek form and is therefore Masc.; the Latinised *cratera* is Fem. (*crātērās*) in Pers. II. 52 (Serv.). **magnos**: cf. III. 525 and the story of Rhoetus in IX. 346 (where *magnum* has been taken as an Adv. with *metuens*; but this use seems to be always of noise, as in IX. 705 with Plaut. *Mil.* 3. 2. 10, *Most.* 2. 2. 57, Val. Flac. I. 262. Heyne's criticism there that no crater could be large enough to hide a man, overlooks the facts (*a*) that Rhoetus was huddled on the ground; (*b*) that the Impf. *tegebat* means 'tried to conceal'; and (*c*) that his desperate attempt failed. Not all *crateres* were *magni*, cf. VII. 147 where the line recurs but with *laeti* in place of *magnos*. **coronant**, as in III. 525; *G.* II. 528, which seem to suggest a literal wreathing with flowers, though Serv. here is in doubt giving as an alternative explanation "aut implent usque ad marginem"—which shows that the fashion of wreathing the wine-bowls (if it ever existed) had gone out in the fourth century A.D. The passages in Homer where στέφεσθαι is used (*Il.* VIII. 232 πίνοντες κρητῆρας ἐπιστεφέας οἴνοιο and I. 470 ἐπεστέψαντο ποτοῖο) cannot mean anything but that the bowls were filled to the brim with wine, as Athenaeus explains (I. 13 d–e). But in III. 525 it is difficult (though just possible, see 175 n.) to suppose that *cratera corona induit* refers to the same act as *impleuitque mero* (though the *-que* might be taken as *et* in 90 n.).

725. **strepitus** 'a murmur', like the buzzing of bees (*strepit omnis murmure campus* VI. 709); this, as Henry rightly protests against some earlier commentators, does not mean the noise of brawling, only the hum of conversation (cf. *Od.* I. 365) when the eating—in ancient times, as still amongst uncivilised peoples, a toilsome process—is well over, and only the easier occupation of drinking wine remains, and loosens men's tongues. The bruit includes the noise made by the servants in clearing the dishes, lighting the candelabra, and distributing the wine-cups; but there is no need to exclude conversation altogether, though *uocem* 'sound' is not the same thing as *uoces*. But Silius,

in the banquet given to Hannibal at Capua, a passage full of quotations from this, took *strepitus* to refer to the serving-men (XI. 278), *strepituque mouentum murmurat alta domus.* **it strepitus tectis**, like *it clamor caelo* V. 451, shows an ancient use of the Dat. of literal Direction, cf. 195, II. 36, III. 678; Hale and Buck, § 375; for the meaning cf. *it clamor ad alta atria* IV. 665, where the different epithet marks the different colour of the verb—here 'extends to, pervades', there 'rises sharply to'; the English word 'escapes' would serve in both places. With the reading *fit, tectis* will be Loc. Abl. as in 730 'in the hall'. **uolutant** '(the hall) rolls the sound through the broad court', just as the *inclusa litora* echo the shouts of the spectators of the ship-race, in V. 149; and in X. 98 most probably *siluae* (from the preceding *siluis*), where the first stirrings of wind are caught in the boughs of the forest and chafe like wild beasts in a cage; but the forest 'rolls on the hidden mutterings' to warn sailors of the coming storm. The relation of *tecta* 'the hall', i.e. the covered part of the building, to *ampla atria* of which part was open to the sky, is well shown by IV. 494 and 665, both describing the scene of the queen's death, in the same palace, possibly in the same *tectum interius*.

726. **dependent lychni** are the chandeliers with metal hooks or sockets which held the *funalia*, i.e. torches made of wax with a wick or core of rope (in Lucr. V. 295 *pendentes lychini* are combined with *taedae*). Statius (*Theb.* I. 520) clearly means to describe the same thing: *ast alii, tenebras et opacam uincere noctem adgressi, tendunt auratis uincula lychnis*; he varies the description by applying gilt to the chandeliers, though no doubt he meant the *uincula* also to be respectably gilt. **laquearibus** has been generally (e.g. by Serv.) understood here in the sense which it certainly has in VIII. 25; Pliny, *N.H.* XXXIII. § 57 and XII. § 9, and Stat. *Theb.* I. 144, for which *lacunaria* is more commonly used, 'panels of the roof', the *laqueata tecta* of Hor. *Od.* II. 16. 11, cf. Lucr. II. 28; if so we have here a Pure Abl. 'hanging from' (cf. 358 n.). But H.N. prefers the interpretation 'chains' preserved by many ancient Glossaries; Goetz (*Corp. Gloss. Lat.* VI, p. 625) cites seven different sources for this: one of them (V. 306. 42) gives *laquearia* 'catenae, candelabrum', and another (IV. 104. 21—contrast *ib.* 29) 'catenae aureae'; and the passage from Satius (*Theb.* I. 520) quoted above strongly supports this view, since, to my mind, it proves that the Glossaries were not simply misinterpreting this line. On VIII. 25 Serv. mentions *lacuaria* as a variant reading ("nam 'lacus' dicuntur"); Serv. Dan. does so here, and on VIII. 25 explicitly derives it from *lacus* ("non enim a laqueis dicuntur"); *lacuaria* is given by Schol. Veron. on VIII. 25, where *V* itself gives *laquaria*. H.N. suggested that in the sense of 'panels' *lacuaria* was the right form; but the use of the Partc. or Adj. *laqueatus* suggests that one orig. meaning of the noun *laqueare* may have been 'knot-work, net-work, netted roof', i.e. a roof divided like a net; the other meaning could of course naturally come from *laqueus* 'chain-work, chains'. H.N. can hardly have intended to change the text in *Cul.* 64, in Pliny and Statius, *ll.c.* and in at least seven passages cited in the sense of 'panel' from later writers and glossaries, still less in *C.I.L.* VIII. 1183, an insc. of the third or fourth century A.D.; but merely to conjecture an ancient confusion of two words, distinct in origin though closely alike in everyday pronunciation; and this seems to me quite probable. It is commended by the alternative word *lacunar* (from *lacuna*), but the only direct evidence is from the reading here of *V* and the Schol. Veron., and the Servian notes; Serv. Dan. here cites from Ennius *tectis caelatis lacuatis* by which Ribbeck corrected the quotation in Cic. *Tusc.* I. 35. 85 and III. 19. 44, where the MSS. give *laque-*. After repeated consideration I am convinced (1) esp. by the evidence of Statius that the word here means 'chains'; and (2) that in VIII. 25 V. wrote *lacuaria*.

727. **incensi** 'now lit', part of the predicate.

728. **gemmis auroque**, Abl. of Specif. (102 n. on *Aquilone*) attached to *grauem*; a happy variation for "grauem ut ex auro solido (739) factam et gemmis ornatam"; for jewelled cups cf. *G.* II. 506.

729. **pateram** 'cup', but no word in English will represent its shape, not so shallow as a saucer, but more shallow than any modern vessel used to drink from, as Bitias does here. But in Rome its use was confined to the libation. **Belus**, not the Belus mentioned in 621 as Dido's father, but the *antiquus Belus* of Stat. *Theb.* VI. 61; "primus rex Assyriorum...unde et lingua Punica Bal deus dicitur apud Assyrios autem Bel dicitur...et Saturnus et Sol" (Serv.). The Carthaginian name is familiar to us in its derivatives *Hannibal, Hasdrubal* and the like; as well as in the *Baal* of the Old Testament. **omnes a Belo**, briefly for *omnes inde a Belo reges* 'Belus and all his successors'.

730. **soliti** (*sunt*, 237 n.), sc. *implere*, cf. IX. 300. **facta silentia tectis**: cf. *tum facta silentia linguis* XI. 241, which shows that *tectis* is prob. Dat., 'silence is enjoined', as by our toastmasters, cf. *circum pateris it Bacchus et omnis aula silet*, Val. Flac. II. 348; and 698 n.; the note of Serv. Dan., though its text is in part uncertain, makes two statements which seem credible: (1) *mos erat apud ueteres ut lumine incenso silentium praeberetur*, and (2) *sublatis mensis primis silentium fieri solebat.*

731. **Iuppiter**. So Zeus is invoked with libation by Alcinous to protect his guest (*Od.* XIII. 50) and suppliant (*Od.* VII. 179) Odysseus. In this function he was called Ξένιος, and *Hospitalis*, Cic. *ad Quint.* Fr. II. 12. 3. **dare iura**, 507 n. **locuntur** with Acc. and Inf. in V. only here and in *E.* V. 28, in Cicero twice with *uolgo*, *ad Att.* XVI. 10. 1, *Verr.* Act. II. lib. V. 30. § 78; otherwise rare.

732. **laetum** looks to the future as well as to the present moment.

733. **uelis** 'may it be thy will', a regular formula of prayer which Serv. calls Etruscan. **nostros** refers to both Tyrians and Trojans; their union in one word is significant of her desires. **huius** (*diei*); with this prayer contrast IV. 622 ff. (Ctn.).

734. **laetitiae dator**: cf. 636. **et bona Iuno**. On the prosody see 719 n.

735. **coetum celebrate fauentes** 'join in this banquet with good will'. The verb means lit. 'to make (some performance) thronged, attend in great numbers', and so 'celebrate'. **coetum**, used by Catullus (LXIV. 33, 385, 407) of the wedding assembly; "bono uerbo ad dignitatem duorum in uno populorum usus est" (Dan.).

736. **in mensam**: "diis enim hospitalibus et Ioui in mensam libabatur" (Serv. Dan.); cf. VIII. 279. Some *mensae*, we learn from Paul. *ex Fest.* ed. W. M. Lindsay, 1913, p. 149 *in aedibus sacris ararum uicem obtinebant*; and a critic in Macrob. III. 11 so wishes to understand *mensa* in VIII. 279 as dedicated to Hercules, guessing that Dido is here behaving in non-Roman fashion; but it is likely that V. knew best, as Lersch (*Ant. Verg.* 1843, p. 187) wisely remarks.

737. **libato** 'with libation, after libation', like *composito* (II. 129) and the common *auspicato, explorato*, the Circumst. Abl. (orig. Instr.) of the Neut. of the *-to-* Partc. used as a verbal noun. For its relation to the "Impersonal Passive" see *Mak. Lat.* §§ 266, 313; cf. 515 n. on *res incognita.* **summo tenus...ore**: "usque ad labra. Et uerecundiam reginae ostendit et morem Romanum; nam apud maiores nostros feminae non utebantur uino nisi sacrorum causa certis diebus" (Serv.).

738. **Bitiae**: "per transitum ('in passing') Poenorum ducum nomina introducit; nam Bitias classis Punicae fuit praefectus, ut docet Liuius (this statement is ascribed, as Fragm. 7, by Weissenborn to Book 16), Iopas uero rex Afrorum, unus de procis Didonis, ut Punica testatur historia" (Serv.).

"Seruauit autem τὸ πρέπον: quare non Aeneae dedit ne aut contumeliosum uideretur aut petulans" (Dan.). V. has used this name for a tall Trojan in IX. 672 ff. Silius (II. 409) addresses the present Bitias as *iustae Bitia uenerande senectae*, saying that he had allotted *tecta domosque* to the new settlers. The cup is handed first to Dido's own people; this is equivalent in modern usage to treating them all as hosts and bidding them join in drinking a welcome to their guests. **increpitans** 'challenging him with a jest'; in *G.* IV. 138 the word means 'lightly grumbling at, chiding (the delaying summer)', but there is nothing in the context here to show cause for a grumble, and any complaint (even, as Henry fancied, of the wine for being so strong as to be disagreeable to her!) would certainly have carried an ill omen at the moment of libation. Serv., after giving this meaning 'inclamans', adds: "aut certe arguens familiariter segnitiem tarde accipientis cum esset auidus in bibendo"; so Ctn. 'bidding him be quick'. Serv. Dan. prefers to call her utterance merely 'clara uoce hortatum'; and so Heyne 'adhortans' and Sabb. 'eccitandolo'. But the word must, I think, imply a pretence of some critical attitude, and its use by combatants (e.g. X. 900; Caes. *B.G.* II. 30. 3; Livy I. 7. 2) is of challenging your adversary to do his worst; Dido challenges Bitias (to drink the whole patera) if he can, a touch of queenly humour to put the banqueters at their ease. **hausit** applied to a drinking vessel must mean 'drained'. Serv. renders it by 'accepit', not realising that the two statements refer to two aspects of the same action (see 54 n. on Theme and Variation).

739. **pleno se proluit auro**, as in *Copa*, 29 'drank deep from the brimming gold'. In V. elsewhere the word is only used of the action of floods in washing things down or up; here it is no doubt used as suggesting a picture of the half-barbarous warriors whom Dido had to rule. Henry happily compares the half-humorous use of βεβαπτισμένος of deep drinkers by one of the company in Plat. *Symp.* 176 B and later writers.

740. **Iopas**. The bard at the banquet comes from Hom. *Od.* I. 325, and VIII. 260 ff. He is *crinitus* 'long-haired', as Apollo was pictured (cf. IX. 638) even on archaic monuments (Daremb. Saglio, I, p. 318), though not so described (*nisi fallor*) in Homer. A bard named Cretheus who sang 'always' of warlike topics is mentioned among Aeneas' own men, slain by Turnus in IX. 774.

741. **personat** 'made music through the hall'; the verb is transitive 'makes to resound' in VI. 171 and 418; here it keeps the simpler use of *sonare* ('to make a sound') and the region which would be the object of *per* if it were uncompounded is left to be supplied from the context, as e.g. in *perfer* 389 and IX. 692, *perlabitur* in VII. 646. Henry aptly compares mod. Italn. *suonare* 'to play upon a musical instrument'. **docuit**. The abstruse subject of this song, like that of Silenus in *E.* VI, is taken from Apoll. Rh. I. 496 ff., and further commended to V. not merely by earlier Greek didactic poets like Empedocles, and by Aratus (whom he used in *G.* I. 351 ff.) but above all by Lucretius whom he had once desired to follow (*G.* II. 475 ff.). "Bene philosophica introducitur cantilena in conuiuio reginae adhuc castae: contra inter nymphas (*G.* IV. 346) ait *Volcani Martisque dolos et dulcia furta*" (Serv.), a quaint comment to which 'in poematio iuuenali' might have been added. Hear also Henry: "The calm...subject...contrasts finely with the...exciting narrative of Aeneas. In this respect, as in so many others, V. has improved upon his master who (in *Od.* VIII and IX) making his minstrel sing and his hero tell similarly romantic stories, loses the advantage of contrast". **quem**, in which all our MSS. agree, represents the regular bardic fashion of referring one's inspiration to an earlier source (cf. e.g. *E.* VI. 31, IX. 21; and even IV. 57; *G.* II. 176; and of other arts, e.g. V. 704; Apoll. Rh. I. 65 and III. 529) better than the Serv. reading *quae*, which by providing

an object, though a non-Vergilian one, for *personat* (see above) might seem at first attractive. **Atlans**, the Lat. form of the Nom. of Ἄτλας, Ἄτλαντος, the name given by the Greeks to the great peak in Morocco which makes the Southern 'Pillar of Hercules' opposite Gibraltar. The mention of him "Didonis temporibus" offended the learned persons from whom Serv. drew and who observed that Atlas (before he became a mountain) had taught Hercules (and "nepotem suum Mercurium" adds Serv. Dan.), and could not therefore have lived to teach Iopas! They might have reflected that since the poet was prepared, for his epical (and ethical) purpose, to disregard the four centuries of tradition between the fall of Troy and the founding of Carthage, he would feel no difficulty in making good use (in passing) of the African and Homeric (*Od.* I. 53–4) associations of Mt Atlas. Serv. Dan. explains the astronomical merits laid on the patient shoulders of this giant by the allegorising Stoics whom Iopas remembers in his song. In IV. 249 his *piniferum caput* appears in its natural place, of which the epithet *maximus*, well understood by every one who has been past Gibraltar, is meant to remind us here.

742–6. The best commentary on these lines is in V.'s earlier versions of the same theme, *E.* VI. 31–40; *G.* IV. 221–7 and *G.* II. 476–82, from which 745–6 are deliberately taken, as a tribute to the studies which the poet had outgrown, but still respected.

742. **errantem** refers to the revolution of the moon (so *erret* of a planet in *G.* I. 337 and the κέλευθοι of Apoll. Rh. I. 500); the phrase is taken over by Shakespeare ("the wandering moon" in *Mid. N.D.* 4. 1 (Oberon to Titania)); *labores* refers to eclipses, as in *G.* II. 478, compared e.g. with Lucr. V. 751 and Prop. II. 34. 52 (*fraternis luna laboret equis*). Henry and Sabb. prefer to take *labores* of the rising and setting merely, for which there appear to be no parallels in V. or earlier poets, and few even in Ovid.

743. Iopas sings a Lay of Creation (cf. with Ctn. Lucr. I. 712 ff.) but gives to it in 744–6 a special astronomical colour as befitted a pupil of Atlas (741 n.).

744. **Arcturum** 'the Bear's Tail', i.e. the brightest star in Bootes, sometimes counted in the tail of Ursa Minor. **pluuias** is a translation of *Hyadas* as Cicero quite rightly says (*Nat. Deor.* II. 43. 111, *pace* Gell. XIII. 9. 5). This group of stars makes the head of the constellation Taurus, and they, like Arcturus, are mentioned because the dates of their rising and setting were regarded by sailors as marking stormy periods; cf. e.g. *G.* I. 68 and 204; Hor. *Od.* III. 1. 31 for Arcturus, and *Od.* I. 3. 14 for the Hyades. **Triones** 'the Great Bear and the Little', named also for their importance to sailors as skymarks for steering by.

746. **tardis** sometimes taken with *obstet* as predicative (proleptic) 'hinders the nights that they move slowly' (cf. 644 n.); but it is perhaps more like V. to take the epithet as expressing the feeling of wonder at the 'long winter nights' in the mind of primitive folk. *tardis* 'the slow nights', clearly of winter since *hiberni* has preceded and no hint of any other season has intervened; cf. Lucr. V. 699 *propterea noctes hiberno tempore longae cessant*, which is decisive as Henry saw, quoting (*inter alia*) Ov. *Ex Pont.* II. 4. 26 (with the contrast of *Heroid.* XVIII. 114); Val. Flac. III. 211; Auson. *Id.* VIII. 49. Earlier commentators, even Heyne, followed Serv.: "tardis id est aestiuis, tarde uenientibus; *uel* enim disiunctiua est coniunctio nec partitur bis eandem rem dici", a comment which seems to show that some doubt had been felt, but which is unconvincing; the two clauses here are quite as different, especially pictorially, as those in e.g. 315–16 or X. 603.

747. **ingeminant plausu**, poet. var. ("exquisitius" Heyne) of the simpler *ingeminant plausum* (cf. *ictus* V. 457; *terrorem* VII. 578, V. 434; *G.* I. 411 and III. 45, with II. 509), based on the "absolute" or intransitive use as in *ingeminat clamor* V. 227, *curae* IV. 531, *austri* *G.* I. 333, a vague object like

'the action', 'the effort' being easily supplied, as with Eng. *repeat* (' a repeating rifle'). This appears with an Abl. in IX. 811 also (*hastis*). **Tyrii Troesque secuntur**: "bono usus est ordine ut prius plauderent ciues; nec enim aliter poterant audere peregrini" (Serv.); in the banquet described by Petronius the *familia* always expresses its feelings first, before the guests, e.g. c. 50 *init.*, 54 *init.*

748. **uario noctem sermone trahebat** 'let the night pass in talk on many a theme', poet. var. for *trahebat sermonem per noctem*, so that *trahere* means little more than 'pass', though it implies a consciousness (sometimes joyful, more often painful) of what one is doing—so *tempus per talia* VI. 537; *uitam in siluis* III. 646; so II. 92 and in later authors, e.g. Sil. XII. 21, and imitated by Tac. *Ann.* XIII. 20. 1 and III. 37. 3; *ducere* is similarly used in IX. 166; *G.* III. 379. The variation arose easily from the use with words which could denote equally an occupation or the time spent in it, like *laborem G.* III. 98, *moras* X. 888, and often. Serv. notes the purpose of these lines: "arte poetica utitur ut praemittat aliquid quo sequens Liber uideatur esse coniunctus; quod in omnibus seruat".

749. **infelix**, repeated from 712 as an omen of the story's end in Book IV. **longumque bibebat amorem** would have been in prose (90 n.) *dum longum bibit amorem*, closely attached to *trahebat* 'all the while drinking draughts of love'. In view of Dido's fate it is difficult to apply *longum* to the future ('long-lasting', as in III. 487), though just possible if we take it of quality ('enduring', i.e. 'deep'). The metaphor is suggested by the banquet, as Serv. points out.

750–2. Dido asks about the conspicuous figures of the war, especially those familiar to her from the paintings in the temple (470–89) where all those here mentioned were represented.

750. **super**, poet. var. of the prosaic *de*, cf. VII. 344, 358; X. 839; *G.* IV. 560.

751. **Aurorae filius**, Memnon (489). **armis**: "quia etiam ei fecerat arma Volcanus" (Dan.); see VIII. 384.

752. **quales equi** 'how swift', prob. those stolen from Rhesus (472); much less prob. ("nec enim congruit" Serv.) those he took from Aeneas (*Il.* V. 263, XXIII. 377) mentioned in X. 581. No doubt V. is thinking of the fire-breathing, man-eating horses of ancient Thrace once captured (Lucr. V. 30) by Hercules (so Serv.) from which the horses of Rhesus were descended. But it is most unlikely that Dido should be represented as being aware that the Thracian king from whom Hercules took them was called Diomedes, though some few readers of V. might know it from Lucr. *l.c.* In any case the main point would seem to be rather the splendid horsemanship of Diomede (whom Aeneas had met in combat, see below) represented in a poet's pictorial way by the qualities of his horses. **quantus** 'how tall', 'how mighty'—physical size being always part of the outfit of a genuine hero (Sir W. Ridgeway plausibly connects this with the Northern origin of the conquering Achaean invaders; see his *Early Age of Greece, passim*). οἷος ἔην ὅσσος τε is the Homeric equivalent (*Il.* XXIV. 629, cf. XXI. 108). The same point is made about Aeneas by Diomede in XI. 283.

753. **immo**, 'Yea, but', marks a request or statement acknowledging what has been before asked or stated, but going beyond it. "Vidit specialia cito posse finiri et contulit se ad generalitatem" (Serv.). **a prima... origine**: "id est a raptu Helenae: quod quidem Dido cupit, sed excusat Aeneas, et dicit ruinam se Troiae breuiter esse dicturum" (Serv.). **hospes**, a term natural (though definitely friendly) at this stage of the drama, which Dido repeats with tragic meaning at the end (IV. 323).

754. **insidias**: "hoc ad Troianorum fauorem ne uideantur uirtute esse superati" (Serv.); Serv. Dan. points to Aeneas' words in II. 65. **casusque**

tuorum: "ut euentu ('by ill fortune') Troia corruerit, non fati necessitate" (Serv.).

755. **nam te iam...portat**. Dido chooses this form of justification for her request in order to show the interest she has long taken (623) in the Trojans. **septima** has for some time been regarded (esp. by Sabb., vol. II of ed. 3 of his Commentary, 1930, Intr. p. xiv) as evidence for the view that V. left the poem in some degree of confusion, especially in chronology. The statement ascribed to Dido there, as we are told, is "provvisoria" and contradicted in Book V, where Aeneas is represented in l. 626 as being still at the end of the *septima aestas*. Whatever theory we may hold of 'the original design of the Aeneid', which Sabbadini has discussed with insight, but perhaps with too much ingenuity, it is well not to impute to the poem as V. left it more imperfections than are in fact present. The statement of this line, put in the climax of the Book, combined with that in v. 626, in the most exciting episode of that Book, is V.'s way of intimating to the reader that the tragedy of Book IV was short, and all contained in the summer months—say July, August and September—of a single year. This was first pointed out in the *Classical Journal*, XXI (1926), p. 615 by Prof. Franklin H. Potter, whose view I supported by further considerations in the same *Journal*, XXVI (1931), p. 620.

756. **omnibus**, a rhetorical, partly depreciatory use of the word ('every kind of'—the bad kinds being by no means excepted); cf. 376 n. and 667 n.

INDEX I

INDEX II

INDEX III

The following is an Index of passages in other Books of Vergil referred to in the Notes on *Aeneid*, Book I. The left hand column in each case shows the passages to which reference is made, and the right hand column shows the line in *Aeneid* I upon which the Note containing the reference occurs.

For EU product safety concerns, contact us at Calle de José Abascal, 56–1°, 28003 Madrid, Spain or eugpsr@cambridge.org.

www.ingramcontent.com/pod-product-compliance
Ingram Content Group UK Ltd.
Pitfield, Milton Keynes, MK11 3LW, UK
UKHW010731190625
459647UK00030B/427

* 9 7 8 1 1 0 7 6 6 2 4 9 0 *